高职高专财会专业课程思政教材

基础会计

主　编　陈　莺　周丽华
副主编　陈瑞芳　吴晓玲　陈泽罕　朱燕红

厦门大学出版社
XIAMEN UNIVERSITY PRESS
国家一级出版社
全国百佳图书出版单位

图书在版编目(CIP)数据

基础会计:含实训材料/陈莺,周丽华主编;陈瑞芳等副主编.—厦门:厦门大学出版社,2022.1

ISBN 978-7-5615-8503-0

Ⅰ.①基… Ⅱ.①陈… ②周… ③陈… Ⅲ.①会计学 Ⅳ.①F230

中国版本图书馆 CIP 数据核字(2022)第 006887 号

出 版 人 郑文礼
责任编辑 潘 瑛
封面设计 张雨秋
技术编辑 朱 楷

出版发行 厦门大学出版社
社 址 厦门市软件园二期望海路 39 号
邮政编码 361008
总 机 0592-2181111 0592-2181406(传真)
营销中心 0592-2184458 0592-2181365
网 址 http://www.xmupress.com
邮 箱 xmup@xmupress.com
印 刷 厦门兴立通印刷设计有限公司

开本 787 mm×1 092 mm 1/16
印张 23.75
字数 518 千字
版次 2022 年 1 月第 1 版
印次 2022 年 1 月第 1 次印刷
定价 68.00 元(全 2 册)

本书如有印装质量问题请直接寄承印厂调换

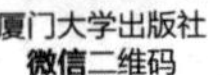

厦门大学出版社
微信二维码

厦门大学出版社
微博二维码

内容简介

本教材遵循《小企业会计准则》编写，融入思政元素，引入新税法，增加移动支付会计核算方法，突出对学习者会计岗位能力的训练。本教材理论知识的选取紧紧围绕小型制造业企业会计岗位任务需要，充分考虑了高等职业教育的特点，通过学习与训练，学习者除了能学到会计基本知识以外，还能够达到"在做中学"、"在学中做"，实现理实一体。

本教材共分两篇，第一篇"会计基础理论与会计岗位基本能力的培养"，将会计入门所需要的基础知识充分引入，根据会计核算基本程序编写，由七个项目组成，分别是项目一"走进会计"、项目二"复式记账"、项目三"借贷记账法运用"、项目四"会计凭证"、项目五"会计账簿"、项目六"财产清查"、项目七"会计报表的编制"；第二篇"自我提高再训练"，以小型制造业主要经济业务为主线。教材还配套设计了相应的实训材料，学习者通过练习，可以有效提升会计岗位基本能力。附录部分含丰富的参考阅读资料，方便课后提高学习。

本教材配备了丰富的教学资源、电子教案、PPT课件、微课、训练答案、实训指导书、教学进度表、课程标准等资料，为教与学提供更多的便利。

本教材可作为高职高专、职业中专财会、税务、审计、统计、贸易及经济管理等各类相关专业作为专业基础课程来学习，也适用于欲掌握会计基本知识和会计岗位基本职业能力的社会各界人士自学。

内容简介

致读者

亲爱的读者，首先恭喜您拥有这本《基础会计》，感谢您通过它来学习会计基础理论，提高会计岗位基本能力。

会计基础知识是所有将要或正在参与经济管理、贸易营销、投资理财、创业发展人员必须拥有的重要专业基础知识。掌握会计基础知识，可以在未来管理、理财、统计、审计、创业等职业生涯中发挥重要作用，也可以为您将来的行业会计学习打好基础。

本教材具有以下显著特色：

一、强化思政元素，培养善良社会人

根据《高等学校课程思政建设指导纲要》以及《关于深化教育体制机制改革的意见》，人才培养只懂得专业技术还不够，要把学生培养成对国家有强烈认同感，有文化修养，高尚道德品质和良好情商理智的社会人。本教材引入习近平总书记金句，增加了职场智慧内容，设计了思政小任务，课后阅读也推荐了学习强国、思政教育资源平台，旨在推动人才思政素养的提升。

二、注重职业素养，培养高尚职业人

在素质育人的大背景下，教师只传授专业技能还不够，还应当培养学生良好的职业素养。本教材中每个大的教学项目中均包括：习近平总书记金句、思政目标、知识目标、能力目标、思政案例、职场智慧、阅读建议等。教材内容突出对学生会计职业道德的培养，以及职业能力训练，融合了会计职业道德要求和会计人员基本职业素养培养，注重思政育人。扫描教材中的二维码，可以学习会计行话、职场智慧，旨在提高专业基本能力的同时提升综合素质，促进学习者自我提升和会计文化传承。

三、遵循教学规律，培养专业技能人

本教材融入了最新会计准则和新税法，介绍了移动支付核算方法，突出“互联网＋”特色。在教材例题和训练中设计了与会计岗位对接的实训案例，保证会计专业基础理论与基本能力学习训练的岗位性、实用性、可发展性。

在本教材编写过程中，衷心感谢为教材编写工作做出努力的团队。第一主编陈莺，漳州职业技术学院副教授，从事会计专业教学21年，负责项目三、项目六、项目七的编写；第二主编周丽华，高级会计师，从事财务管理工作近30年，兼、专职从事会计专业教学近25年，在本教材编写中担任总策划、指导、审稿工作，并负责编写项目二等。第一副主编陈瑞芳，漳州职业技术学院讲师，从事会计专业教学18年，负责项目四及新税法的编写；第二副主编吴晓玲，漳州职业技术学院讲师，从事会计专业教学10年，负责编写项目五、训练题设计及审稿；第三副主编陈泽罕，漳州职业技术学院教师，从事专业教学8年，负责教材中移动支付、二维码相关内容资料的收集和编写等工作；第四副主编朱燕红，厦门东海职业学院讲师，从事专业教学8年，负责教材中项目一、课后训练的编写及全书审稿，总字数约5万字。

为方便教与学，本教材编写团队准备了丰富的教学资源。根据教材仿真经济业务，提供电子教案、自我提高再训练答案、PPT课件、实训指导书、教学进度表、课程标准等资料，为教学和读者自学提供更多便利。

本教材可作为高职高专、职业中专财会、税务、审计、统计、贸易及经济管理等各类相关专业的专业基础课程教材，也适用于希望掌握会计基本知识和会计岗位基本职业能力的社会各界人士自学。

由于时间仓促，加之作者水平所限，书中难免存在缺点和不妥之处，诚挚地希望各位专家、读者对本教材的不足之处提出批评指正，以便再版时完善修改。如需反馈意见、建议，获取教学资源，请致编写组QQ邮箱：270523345@qq.com。

《基础会计》编写团队衷心感谢您的订阅！

编写组

2022年1月

目 录

第一篇 会计基础理论与会计岗位基本能力的培养

第二篇 自我提高再训练

第一篇

会计基础理论与会计岗位基本能力的培养

项目一

走进会计

“现在，青春是用来奋斗的；将来，青春是用来回忆的。”

——习近平总书记金句

思政目标

1. 价值塑造：爱国守法，明礼诚信。
2. 会计职业道德：诚实正直，爱岗敬业。

知识目标

1. 了解会计的定义。
2. 熟悉会计的基本特征、基本职能。
3. 了解会计准则体系。
4. 熟悉会计的基本假设。

能力目标

1. 能够准确描述会计的定义。
2. 能够正确介绍会计的基本职能。
3. 能够正确说明会计的基本特征。
4. 能够正确描述会计的基本假设。

思政教育小任务

请1～2位同学说说，自己有什么日行一善的故事。

会计职业道德规范

会计职业道德规范，是会计职业道德的基本内容，是指约定俗成或明文规定的一种标准。会计职业道德规范包括会计职业道德认识和道德感情、会计职业道德理想和道德意志、会计职业道德行为和道德习惯。会计职业道德是从事会计工作的会计人员在本职岗位上所应遵循的行为规范，是正确处理国家、集体、个人三者之间利益分配关系并使其相互协调的行为准则。我国会计职业道德规范的内容包括爱岗敬业、诚实守信、廉洁自律、客观公正、坚持准则、提高技能、参与管理、强化服务。

一、爱岗敬业

爱岗就是热爱本职工作、本职岗位。对会计人员来说，爱岗意味着在任何时候和任何场合下做到忠于职守，尽职尽责。这也就是说，不仅仅在日常的工作中需要付出巨大的努力工作，还应当意识到在工作中面临各方利益出现冲突的情况下，应当如何做出正确的选择，在个人所承担的责任和与之相对应的多方权利主体之间如何达到权利与责任的对等和均衡。

二、诚实守信

诚实守信作为会计职业道德的一个重要内容。作为一名会计人员，诚恳老实，有信无欺。诚实守信是一切道德的基础和根本，是人之为人的最重要品德。诚实就是实事求是，不弄虚作假，不欺上瞒下。诚实是社会公德的基本要求，诚实是会计职业道德的客观需要，诚实对整个社会经济生活的正常运作具有深远影响。

三、廉洁自律

廉洁是指廉洁奉公、坚持原则，不利用职权损公肥私。自律是指行为主体能够自我约束、自我规范。廉洁自律是中华民族的一种传统美德，也是社会主义职业道德规范的重要内容之一。

四、客观公正

客观公正是会计人员道德的灵魂，也是会计工作最主要的职责行为。会计人员在办理会计事务中，应当实事求是、客观公正。会计人员做到客观公正，必须过好以下“两关”：一是“权势”关。会计人员在执法时，无论是有权力的，还是普通职员，都应平等对待，坚持在法律面前人人平等。二是“人情”关。会计人员在执法时，不因关系亲疏而异，应坚持法不容情的原则，在会计工作的各个环节上把好“人情”关。会计人员要做到实事求是，客观公正，从实质上、形式上保持独立。

五、坚持准则

准则，是由财政部制定的用于指导具体会计业务操作的行为准则。准则是处于法律法规和会计制度之间的规范，其法律效力比法律法规低，比会计制度高。

六、提高技能

会计职业技能，是指一切从事会计工作的人员必须具备的专业知识和经验，以及应用这些知识和经验处理会计具体问题的能力。

七、参与管理

管理是人类各种活动中最重要的活动之一。管理工作包括计划、组织、人事、领导和控制等五种基本职能。参与管理，简单地讲就是间接参加管理活动，为管理者当参谋，为管理活动服务。会计人员要树立参与管理的意识，积极主动地做好参谋。要经常主动地向领导反映经营管理活动中的情况和存在的问题，主动提高合理化建议，协助领导决策，参与经营管理活动，不能只是消极被动地记账、算账和报账。

八、强化服务

强化服务是指加强会计服务意识，树立会计服务思想。会计职业道德水平的高低并不是虚无的、观念性的东西，不是看不见、摸不着的，而是可通过一定的表现形式体现出来，这就是会计职业的服务。通过强化会计人员的服务质量、服务效果和服务水平，可以体现出会计职业的精神风貌和职业道德水平。

在长期的就业指导与跟踪调查中我们发现，每一届都有会计专业学生毕业后没有从事会计相关工作而选择创业当老板。在基础会计课程中，我们设计了一个小组项目任务——“创业方案设计”，要求学生们以小组为单位，在还没学习基础会计课程时先做出一个创业方案，并派出一名学生上台介绍他们自己的设计成果。他们有的开服装店，有的开饰品店，有的开素餐厅。可是，每一个小组做出来的创业方案，前几个月都是亏损的，而且亏损不少。众所周知，创业初期要付场地租金，装修店铺，购买设备、原材料或商品等，需要花的钱都是在创业初期集中投入的，亏损就好像不可避免。

之所以会这样，是因为当他们尚未学习会计基本方法时，他们不知道什么是“权责发生制”，所以，所有开支都算在了支付的当月。等到学习了会计基础知识，所有同学重新修改自己原先做出来的创业方案后，终于有了信心，因为他们的创业方案不再是百分百的亏损了。这样的变化，就是因为他们学习了基础会计课程，应用了“权责发生制”进行收入支出的测算，使利润的计算更加合理、准确。

现在，让我们一起开始学习会计基础理论与基本能力吧。

任务一 认识会计

一、会计的发展历史

一个国家的政治环境、经济环境、资本市场的变化一直指引着会计的演化与发展，同时会计也受本国传统文化和外来文化的影响。会计规章制度在很大程度上取决于社会价值观、道德观和商业观在内的文化观念。我国传统文化博大精深，儒家、道家、佛家思想及其他思想流派都有可能影响我国会计的发展。

我国会计起源很难确切地追溯到某个朝代，但类似“会计”的术语在 2200 年前就出现了。以“入”、“出”为“记账符号”的单式簿记始自西周，一直到“中华民国”时期，用于官厅会计，这对符号的影响极其深远，在我国官厅会计核算中相继沿用数千年之久。

明代中期，社会经济发生了一系列的变化，日益增多的商业活动、日趋复杂的交易以及生产方式的改变客观上要求建立新的会计核算方式，“三脚账”应运而生，然后逐步发展到明末清初的“龙门账”，最后进化为清代的“四脚账”，形成了我国固有的复式簿记法，但这种复式簿记直到 19 世纪才得到较为广泛的使用。由此可见，经济因素是推动我国古代会计演化的主要影响因素，特别是在推动明清簿记方法创新方面起了很大作用。

在古代会计中，很少见到成本计量和利润核算，会计核算信息只是作为政府普查统计数据的一部分。而在簿记中，即使要核计利润，官厅会计也会隐晦地使用“红”字代替“利润”，毕竟，核算利润是民间会计的工作。

文化观念影响着政治、经济和法律体制，而政治和经济因素反过来又会影响文化观念。在历史变革和外来经济、文化的影响下，传统文化中的某些观念、思维模式也可能发生变化，或者在某个时期某些方面会显得比较突出。1949 年至改革开放之前，我国的会计体系基本是照搬苏联的会计模式，以资金核算为特点。在计划经济的条件下，会计的主要作用是帮助政府规划和控制经济活动。政府是会计信息的主要使用者，不存在对外财务报告，也不存在信息披露的程度和质量问题。会计核算根据政府的规定执行，和税法保持一致，使用统一的会计科目，由财政部制订会计原则，会计原则随法律的变更而变更。税务法规在财务报告中起着重要作用，财政政策决定税务法规，而税务法规又支配着会计规则。而“文革”期间，会计人员被怂恿去操纵数据和做“无账本会计”，基本不存在有意义的会计核算，从业人员的价值观念受到极大的冲击，会计素养受到严重影响。

1978 年改革开放至 1992 年，我国经济逐步从计划经济向社会主义市场经济过渡，随着国际贸易的发展以及合资企业和外资企业的大量涌现，我国会计也发生了较大变化，合资企业开始引进西方会计做法，企业会计逐步代替了资金会计，虽然政府仍然是主要的会计信息使用者，但财务报告已逐步对投资者开放。1993 年颁布实施的《企业会计准则》是我国改革开放以来会计改革中的一个重要的里程碑，标志着我国结束了传统会计做法，开始向国际准则靠拢。

1993 年的《企业会计准则》本身并不是操作准则，鉴于此，财政部于 1993 年 7 月颁布实施了与 13 个行业相关的会计制度，适用于国企。这些行业会计制度继承了不少传统会计中严格而统一的规定，诸如严格规定交易记录规则，使用统一的会计科目和对财务报表的详尽规定。《企业会计准则》和行业制度明显体现了很强的政府监管机制，以及传统文化中规避风险的取向。

二、会计的定义

会计是以货币为主要计量单位，以提供经济信息和反映受托责任履行情况为主要目的的经济管理活动。会计运用专门方法对企业、机关、事业单位和其他组织的经济活动进行全面、综合、连续、系统地核算和监督，提供会计信息，并随着社会经济的日益发展，逐步开展预测、决策、控制和分析的一种经济管理活动，是经济管理活动的重要组成部分，在现代社会中，会计职业需求量大，但对从业者的业务能力及职业道德也有较高的要求。

三、会计的分类

会计可分为财务会计、管理会计和统计会计。

财务会计的作用是编制财务报表，为企业内部和外部用户提供信息。财务会计的信息是提供给广泛的用户的，其重点在于报告企业的财务状况和营运状况。

管理会计主要是为企业的管理层提供信息，作为企业内部各部门进行决策的依据。其没有标准的模式，且不受会计准则的控制。

统计会计的作用主要是反映和控制经济活动过程，保证会计信息的合法、真实、准确和完整，为管理经济提供必要的财务资料，并参与决策，谋求最佳的经济效益。

本教材将要学习的是财务会计。

四、会计特征

从会计的定义可以知道，会计的基本特征有：

1.会计以货币作为主要计量单位

2.会计具有核算和监督的基本职能

3.会计核算需要采用一系列专门的方法

4.会计是一种经济管理活动

5.会计是一个经济信息系统

五、会计对象

会计对象是指会计核算和监督的内容，具体是指社会再生产过程中能以货币表现的经济活动，即资金运动或价值运动。

比如，服装制造业企业，会计核算对象就是从资金投入、采购原材料、生产、销售这样一个反复的制造过程。再比如，商品流通业企业，会计核算对象就是从资金投入、采购商品、销售商品这样一个不断反复的购入与销售过程。如果是第三方物流企业，会计核算对象就是从资金投入、接受委托运输、收取运输劳务费用这样一个反复的服务过程。

六、会计目标

会计目标也称会计目的，是要求会计工作完成的任务或达到的标准，即向财务会计报告使用者提供与企业财务状况、经营成果和现金流量等有关的会计信息，反映企业管理层受托责任履行情况，有助于财务会计报告使用者做出经济决策。

任务二　会计的职能与方法

一、会计职能

会计的基本职能包括会计核算职能、会计监督职能和会计拓展职能。

1.会计核算职能

会计核算职能就是对企业发生的会计事项（也就是对影响企业资产、负债、所有者权益、收入、费用和利润这六大要素的变动事项）进行确认、计量、记录和报告。主要运用货币计量形式，通过确认、计量、记录和报告，从数量上连续、系统和完整地反映各个单位的经济活动情况，为加强经济管理和提高经济效益提供会计信息。会计核算职能包括："五个环节"——确认、计量、记录、计算、报告；"三项工作"——记账、算账、报账；"七种方法"——设置会计科目和账户、复式记账、填制和审核会计凭证、登记账簿、成本计算、财产清查、编制财务报表。

会计的国际通行语言是会计确认、会计计量、会计记录和会计报告。

2.会计监督职能

会计监督职能是依照国家有关法律、法规、规章对会计工作进行控制，并利用正确的会计信息对经济活动进行全面、综合的协调、控制、监督和督促，以达到提高会计信息质量和经济效益的目的。

会计监督职能，又称会计控制职能，是指对特定主体经济活动和相关会计核算的真实性、合法性和合理性进行监督检查。会计监督是一个过程，它分为事前监督、事中监督和事后监督。

3.会计拓展职能

为更好参加企业经济管理活动，会计的拓展职能主要有：

（1）预测经济前景

会计的拓展职能可以包括对每个下一会计年度的预算，对部门费用的计划与定额管理，还可以根据本企业发展宏图进行经济预测，为决策者提供更恰当可靠的会计信息。

（2）参与经济决策

会计是企业经济管理的重要组成部分，会计可以通过其特有的信息资料，进行充分分析和应用，参与企业重大经济决策。

(3)评价经营业绩

会计核算结果与会计提前制定的部门费用计划与定额管理相对比,可以更客观地反映成本执行情况,通过主要经营指标的对比,可以正确评价企业经营业绩。

二、会计核算方法

会计核算方法是指对会计对象进行连续、系统、全面、综合的确认、计量和报告所采用的各种方法。

1.会计核算方法体系

会计核算方法体系由填制和审核会计凭证、设置会计科目和账户、复式记账、登记会计账簿、成本计算、财产清查、编制财务会计报告等专门方法构成。它们相互联系,紧密结合,确保会计工作有序进行。

2.会计循环

会计循环是指按照一定的步骤反复运行的会计程序。从会计工作流程看,会计循环由确认、计量和报告等环节组成;从会计核算的具体内容看,会计循环由填制和审核会计凭证、设置会计科目和账户、复式记账、登记会计账簿、成本计算、财产清查、编制财务会计报告等组成。填制和审核会计凭证是会计核算的起点。

3.会计信息分析与应用

会计信息是会计循环过程中会计核算所产生的结果,会计循环的终点是编制财务会计报告,而财务会计报告中包含了许多重要会计信息。这些会计信息以数字形式体现,许多老板无法真正准确解读,会计人员应利用其职业优势,将这些会计信息及时准确地进行充分分析,形成企业经营管理需要的参考资料,尽快显现给决策者,以便充分应用,提升管理水平,提高经济效益。

任务三　会计使用者及其质量要求

一、会计信息使用者

会计信息的使用者主要包括投资者、债权人、企业管理者、政府及其相关部门和社会公众等。

二、会计信息的质量要求

会计信息质量要求是对企业财务会计报告中所提供高质量会计信息的基本规范，是使财务会计报告中所提供会计信息对投资者等使用者决策有用而应具备的基本特征。会计信息质量主要包括可靠性、相关性、重要性、及时性、谨慎性、可比性、实质重于形式、清晰性等。

1.可靠性原则

可靠性原则要求企业应当以实际发生的交易或者事项为依据进行确认、计量和报告，如实反映符合确认和计量要求的各项会计要素及其他相关信息，保证会计信息真实可靠、内容完整。

会计信息的使用价值，必须以可靠为基础，如果财务报告所提供的会计信息是不可靠的，就会给投资者等使用者决策造成误导甚至损失。为了贯彻可靠性要求，企业应当做到：

(1)以实际发生的交易或者事项为依据进行确认、计量，将符合会计要素定义及其确认条件的资产、负债、所有者权益、收入、费用和利润等如实反映在财务报表中，不得根据虚构的、没有发生的或者尚未发生的交易或者事项进行确认、计量和报告。

(2)在符合重要性和成本效益原则的前提下，保证会计信息的完整性，其中包括应当编报的报表及其附注内容等应当保持完整、不能随意遗漏或者减少应予披露的信息、与使用者决策相关的有用信息都应当充分披露。

(3)包括在财务报告中的会计信息应当是中立的、无偏的。如果企业在财务报告中为了达到事先设定的结果或效果，通过选择或列示有关会计信息以影响决策和判断的，这样的财务报告信息就不是中立的。

2.相关性原则

相关性原则要求企业提供的会计信息应当与投资者等财务报告使用者的经济决策需要相关，有助于投资者等财务报告使用者对企业过去、现在或者未来的情况做出评价或者预测。

会计信息是否有用，是否具有价值，关键是看其与使用者的决策需要是否相关，是否有助于决策或者提高决策水平。相关的会计信息应当能够有助于使用者评价企业过去的决策，证实或者修正过去的有关预测，从而具有反馈价值。相关的会计信息还应当具有预测价值，有助于使用者根据财务报告所提供的会计信息预测企业未来的财务状况、经营成果和现金流量。例如区分收入和利得、费用和损失，区分流动资产和非流动资产、流动负债和非流动负债以及适度引入公允价值等，都可以提高会计信息的预测价值，进而提升会计信息的相关性。

会计信息质量的相关性要求，需要企业在确认、计量和报告会计信息的过程中充分考虑使用者的决策模式和信息需要。但是，相关性是以可靠性为基础的，两者之间并不矛盾，不应将两者对立起来。也就是说，会计信息在可靠性前提下，尽可能地做到相关性，以满足投资者等财务报告使用者的决策需要。

3.重要性原则

重要性原则要求企业提供的会计信息应当反映与企业财务状况、经营成果和现金流量有关的所有重要交易或者事项。

在实务中，如果会计信息的省略或者错报会影响投资者等财务报告使用者据此做出的决策，该信息就具有重要性。重要性的应用需要依赖职业判断，企业应当根据其所处环境和实际情况，从项目的性质和金额大小两方面加以判断。

4.及时性原则

及时性原则要求企业对于已经发生的交易或者事项，应当及时进行确认、计量和报告，不得提前或者延后。

会计信息的价值在于帮助所有者或者其他方面做出经济决策，具有时效性。即使是可靠、相关的会计信息，如果不及时提供，就失去了时效性，对于使用者的效用就大大降低甚至不再具有实际意义。在会计确认、计量和报告过程中贯彻及时性，一是要求及时收集会计信息，即在经济交易或者事项发生后，及时收集整理各种原始单据或者凭证；二是要求及时处理会计信息，即按照会计准则的规定，及时对经济交易或者事项进行确认或者计量，并编制出财务报告；三是要求及时传递会计信息，即按照国家规定的有关时限，及时地将编制的财务报告传递给财务报告使用者，便于其及时使用和决策。

5.谨慎性原则

谨慎性原则要求企业在对交易或者事项进行会计确认、计量和报告时应当保持应有的谨慎，不应高估资产或者收益、低估负债或者费用。

在市场经济环境下，企业的生产经营活动面临着许多风险和不确定性，如应收款项的可收回性、固定资产的使用寿命、无形资产的使用寿命、售出存货可能发生的退货或者返修等。会计信息质量的谨慎性原则要求企业在面临不确定性因素的情况下做出职业判断时，应当保持应有的谨慎，充分估计到各种风险和损失，既不高估资产或者收益，也不低估负债或者费用。

例如，企业对可能发生的资产减值损失计提资产减值准备、对售出商品可能发生的保修义务等确认预计负债等，就体现了会计信息质量的谨慎性要求。

谨慎性原则的应用也不允许企业设置秘密准备，如果企业故意低估资产或者收益，或者故意高估负债或者费用，将不符合会计信息的可靠性和相关性要求，损害会计信息质量，扭曲企业实际的财务状况和经营成果，从而对使用者的决策产生误导，这是会计准则所不允许的。

6.可比性原则

可比性原则要求企业提供的会计信息应当相互可比。这主要包括两层含义：

(1)同一企业不同时期可比

为了便于投资者等财务报告使用者了解企业财务状况、经营成果和现金流量的变化趋势，比较企业在不同时期的财务报告信息，全面、客观地评价过去、预测未来，从而做出决策，会计信息质量的可比性原则要求同一企业不同时期发生的相同或者相似的交易或者事项，应当采用一致的会计政策，不得随意变更。但是，满足会计信息可比性要求，并非表明企业不得变更会计政策，如果按照规定或者在会计政策变更后可以提供更可靠、更相关的会计信息，可以变更会计政策。有关会计政策变更的情况，应当在附注中予以说明。

(2)不同企业相同会计期间可比

为了便于投资者等财务报告使用者评价不同企业的财务状况、经营成果和现金流量及其变动情况，会计信息质量的可比性要求不同企业同一会计期间发生的相同或者相似的交易或者事项，应当采用规定的会计政策，确保会计信息口径一致、相互可比，以使不同企业按照一致的确认、计量和报告要求提供有关会计信息。

7.实质重于形式原则

实质重于形式原则要求企业应当按照交易或者事项的经济实质进行会计确认、计量和报告，不仅仅以交易或者事项的法律形式为依据。

企业发生的交易或事项在多数情况下的经济实质和法律形式是一致的，但在有些情况下，会出现不一致。例如，企业以融资租赁方式租入的资产虽然从法律形式来讲并不拥有其所有权，但是由于租赁合同中规定的租赁期相当长，接近于该资产的使用寿命；租赁期结束时承租企业有优先购买该资产的选择权；在租赁期内承租企业有权支配资产并从中受益等因素，因此，从其经济实质来看，企业能够控制融资租入资产所创造的未来经济利益，故在会计确认、计量和报告上就应当将以融资租赁方式租入的资产视为企业的资产，列入企业的资产负债表。

又如,企业按照销售合同销售商品但又签订了售后回购协议,虽然从法律形式上实现了收入,但如果企业没有将商品所有权上的主要风险和报酬转移给购货方,没有满足收入确认的各项条件,此时即使签订了商品销售合同或者已将商品交付给购货方,也不应当确认销售收入。

8.清晰性原则

清晰性原则也称可理解性原则。这一原则要求企业提供的会计信息应当清晰明了,便于投资者等财务报告使用者理解和使用。

企业编制财务报告、提供会计信息的目的在于让使用者有效使用会计信息,了解会计信息的内涵,弄懂会计信息的内容,这就要求财务报告所提供的会计信息应当清晰明了、易于理解。只有这样,才能实现财务报告的目标,满足向投资者等财务报告使用者提供决策有用信息的要求。在实际工作中 ,会计人员还可以将报表数据充分解读后,写成文字说明提供给老板或决策者,这样更通俗易懂。

会计信息毕竟是一种专业性较强的信息产品,在强调会计信息的可理解性要求的同时,还应假定使用者具有一定的有关企业经营活动和会计方面的知识,并且愿意付出努力去研究这些信息。对于某些复杂的信息,如交易本身较为复杂或者会计处理较为复杂,但其对使用者的经济决策相关的重要信息,企业就应当在财务报告中予以充分披露。

任务四　会计基本假设与会计基础原理

一、会计基本假设

会计基本假设是企业会计确认、计量和报告的前提,是对会计核算所处时间、空间环境等所做的合理设定。会计基本假设包括会计主体、持续经营、会计分期和货币计量四项。

1.会计主体

会计主体,也称为会计实体,是指企业会计确认、计量和报告的空间范围。典型的会计主体是企业。在会计主体假设下,企业应当对其本身发生的交易或者事项进行会计确认、计量和报告,反映企业本身所从事的各项生产经营活动。明确界定会计主体是开展会计确认、计量和报告工作的重要前提。

会计主体不同于法律主体。一般来说,法律主体必然是一个会计主体。例如一个企业作为一个法律主体，应当建立财务会计系统，独立反映其财务状况、经营成果和现金流量。但是，会计主体不一定是法律主体。例如，在企业集团的情况下，一个母公司拥有若干子公司，母子公司虽然是不同的法律主体，但是母公司对于子公司拥有控制权。此时为了全面反映企业集团的财务状况、经营成果和现金流量，就有必要将企业集团作为一个会计主体，编制合并财务报表。再如，由企业管理的证券投资基金、企业年金基金等，尽管不属于法律主体，但属于会计主体，因此应当对每项基金进行会计确认、计量和报告。

例如，某母公司拥有10家子公司，母子公司均属于不同的法律主体，但母公司对子公司拥有控制权，为了全面反映由母子公司组成的企业集团整体的财务状况、经营成果和现金流量，就需要将企业集团作为一个会计主体，编制合并财务报表。

2.持续经营

持续经营，是指在可以预见的将来，企业将会按当前的规模和状态继续经营下去，不会停业，也不会大规模削减业务。这是一个假设，不论这个企业是否可能在1～3年内倒闭，都要当成它将永远持续经营下去一样来进行会计核算。持续经营的假设要求会计人员以企业持续、正常的生产经营活动为前提进行会计核算，日常核算所使用的一系列的会计处理方法都是建立在持续经营前提的基础上。这也是权责发生制的理论基础。

企业是否持续经营，在会计原则、会计方法的选择上有很大差别。一般情况下。应当假定企业将会按照当前的规模和状态继续经营下去。明确这个基本假设，就意味着会计主体将按照既定用途使用资产，按照既定的合约条件清偿债务，会计人员就可以在此基础上选择会计原则和会计方法。如果判断企业会持续经营，就可以假定企业的固定资产会在持续经营的生产经营过程中长期发挥作用，并服务于生产经营过程，固定资产就可以根据历史成本进行记录，并采用折旧的方法。将历史成本分摊到各个会计期间或相关产品的成本中。如果判断企业不会持续经营，固定资产就不应采用历史成本进行记录并按期计提折旧。

例如，某企业购入一条生产线，预计使用寿命为10年，考虑到企业将会持续经营下去，因此可以假定企业的固定资产会在持续经营的生产经营过程中长期发挥作用，并服务于生产经营过程，即不断地为企业生产产品，直至生产线使用寿命结束。为此固定资产就应当根据历史成本进行记录，并采用折旧的方法，将历史成本分摊到预计使用寿命期间所生产的相关产品成本中。如果一个企业在不能持续经营时还假定企业能够持续经营，并仍按持续经营基本假设选择会计确认、计量和报告原则与方法，就不能客观地反映企业的财务状况、经营成果和现金流量，从而就会误导会计信息使用者的经济决策。

3.会计分期

会计分期，是指将一个企业持续经营的生产经营活动划分成一个个连续的、长短相同的期间，据以结算账目、编制财务报表。《企业会计准则》规定：我国企业的会计期间按年度划分，以日历年度为一个会计年度，即从每年1月1日至12月31日为一个会计年度。会计分期的目的是据此结算盈亏，按期编报财务会计报告，从而及时向各方面提供有关企业财务状况、经营成果和现金流量的信息。

会计期间分为年度、半年度、季度和月度。年度、半年度、季度和月度均按公历起讫日期确定。半年度、季度和月度均称为会计中期。最常见的会计分期是一年，即会计年度。按年度编制的财务会计报告也称为年报。

由于会计分期，才产生了当期与其他期间的差别，从而出现了权责发生制和收付实现制的区别，进而出现了应收、应付、递延、预提、待摊等会计处理方法。

4.货币计量

货币计量，是指会计主体在财务会计确认、计量和报告时以货币计量，反映会计主体的生产经营活动。

货币计量是指企业在会计核算中应当以货币为主要计量单位，记录和反映企业生产经营过程和经营成果。会计主体的经济活动是多种多样、错综复杂的，为了实现会计目的，必须综合反映会计主体的各项经济活动，这就要求有一个统一的计量尺度。可供选择的计量尺度有货币、实物和时间等，而在商品经济条件下，货币作为一种特殊的商品，最适合充当统一的计量尺度。会计在选择货币作为统一的计量尺度的同时，还要以实物量度和时间量度等作为辅助的计量尺度。

要实际进行会计核算，除了应明确以货币作为主要计量尺度之外，还需要具体确定记账本位币，即按某种统一的货币来反映会计主体的财务状况与经营成果。货币计量隐含币值稳定假设。

在会计的确认、计量和报告过程中之所以选择货币为基础进行计算，是由货币的本身属性决定的。货币是商品的一般等价物，是衡量一般商品价值的共同尺度，具有价值尺度、流通手段、贮藏手段和支付手段等特点。其他计量单位，如重量、长度、容积、台、件等，都只能从一个侧面反映企业的生产经营情况，无法进行汇总和比较，不便于会计计量和经营管理。因此只有选择货币尺度进行计量才能充分反映企业的生产经营情况，所以，基本准则规定，会计确认、计量和报告都应选择货币作为计量单位。

二、会计基础

会计基础是指会计确认、计量和报告的基础，包括权责发生制和收付实现制。

1.权责发生制

玩中学

权责发生制，也称应计制或应收应付制，是指收入、费用的确认应当以收入和费用的实际发生作为确认的标准，合理确认当期损益的一种会计基础。在我国，企业会计核算采用权责发生制。

权责发生制是会计记账方法，按收入和支出权责的实际发生时间来记账，并不考虑是否已收到或支付款项。其主要内容是：

（1）属于本期的收支，不论款项是否已经收到或付出，都应当作为当期的收入和费用；

（2）凡是不属于本期的收支，不论款项是否在本期收到或付出，都不能作为当期的收入和费用。比如：支付一个会计年度的网络费用，它不能全部归在当期列支出，而应当按月分别摊入各月成本费用；又比如，提前支付 3 个月房租，也同样不能归到支付时那个月的费用，应当在真正租用的那 3 个月分别列支。

2.收付实现制

收付实现制，也称现金制，是以收到或支付现金作为确认收入和费用的标准，是与权责发生制相对应的一种会计基础。

事业单位会计核算一般采用收付实现制；事业单位部分经济业务或者事项，以及部分行业事业单位的会计核算采用权责发生制核算的，由财政部在相关会计制度中具体规定。

任务五　会计准则体系

为与国际接轨，统一核算方法，保证数据的可比性，我国于 2006 年颁布了企业会计准则，在企业管理的实际工作过程中，根据具体情况，还要制定在大准则框架下的内部会计制度，以提升企业整体管理水平。

《企业会计准则》适用于上市公司及大型企业,《小企业会计准则》适用于中小企业。由于高职人才培养的定位,本教材以《小企业会计准则》为依据编写。

一、会计准则的构成

会计准则是反映经济活动、确认产权关系、规范收益分配的会计技术标准,是生成和提供会计信息的重要依据,也是政府调控经济活动、规范经济秩序和开展国际经济交往等的重要手段。会计准则具有严密和完整的体系。我国已颁布的会计准则有《企业会计准则》、《小企业会计准则》和《事业单位会计准则》。

二、企业会计准则

我国的企业会计准则体系包括基本准则、具体准则、应用指南和解释公告等。2006 年 2 月 15 日,财政部发布了《企业会计准则》,自 2007 年 1 月 1 日起在上市公司范围内施行,并鼓励其他企业执行。

三、小企业会计准则

2011 年 10 月 18 日,财政部发布了《小企业会计准则》,要求符合适用条件的小企业自 2013 年 1 月 1 日起执行,并鼓励提前执行。《小企业会计准则》一般适用于在我国境内依法设立、经济规模较小的企业,具体标准参见《小企业会计准则》和《中小企业划型标准规定》。

四、《企业会计准则》和《小企业会计准则》对比

《企业会计准则》和《小企业会计准则》由于规范对象不同,存在一些相同点,也有不同点。

1.《企业会计准则》和《小企业会计准则》相同点

(1)制定依据相同

《企业会计准则》和《小企业会计准则》都是依据《中华人民共和国会计法》和其他有关法律法规制定的。

(2)会计核算基础工作的要求相同

《企业会计准则》和《小企业会计准则》都要求企业填制会计凭证、登记会计账簿、管理会计档案等,按照《中华人民共和国会计法》、《会计基础工作规范》和《会计档案管理办法》的规定执行。

(3)会计核算的前提条件相同

《企业会计准则》和《小企业会计准则》都要求企业的会计核算应当以持续、正常的生产经营活动为前提,划分会计期间,分期结算账目,会计期末编制财务会计报告。

(4)会计核算应遵循的基本原则相同

《企业会计准则》总则第11条和《小企业会计准则》总说明第11条都要求企业遵循客观性原则、实质重于形式原则、相关性原则、一贯性原则、可比性原则、及时性原则、明晰性原则、权责发生制原则、收入与费用配比原则、划分收益性支出和资本性支出原则、谨慎性原则和重要性原则。

(5)会计核算方法基本相同

①会计科目设置基本相同。《企业会计准则》设置了85个一级科目,《小企业会计准则》设置了60个一级科目,其中有58个一级科目与《企业会计准则》的不仅名称相同,而且核算内容也基本相同。

②会计核算方法基本相同。如资产计价方法都以取得时发生的货币支出,或以形成前所发生的料工费支出,或以换出非货币资产的账面价值加上应支付的相关税费,或以重组债权的账面价值,作为资产的入账价值。短期投资、应收账款、其他应收款和存货等流动资产都要计提减值准备,并且估计资产损失的方法也相同。资产增减,负债增减,所有者权益增减,收入的分类及其确认,费用的分类归集,利润形成等的账务处理基本相同。

③对外提供财务报告的内容和要求基本相同。如都要求定期编报"资产负债表"、"利润表",同时提供财务报表附注,但《小企业会计准则》要求在财务报表附注中披露的内容相对更为简化。

2.《企业会计准则》和《小企业会计准则》的区别

(1)适用范围不同

《小企业会计准则》适用于在中华人民共和国境内设立的不对外筹集资金、经营规模较小的企业(不包括以个人独资及合伙形式设立的小企业)。符合《小企业会计准则》规定的小企业,按照制度规定可以选择执行《企业会计准则》。若选择执行了《企业会计准则》,就不能同时选择执行《小企业会计准则》的有关规定。而《企业会计准则》的适用范围,按照《企业会计准则》的规定,除不对外筹集资金、经营规模较小的企业,以及金融保险企业外,在中华人民共和国境内设立的企业(含公司),执行《企业会计制度》。从《小企业会计准则》的规定看,符合《小企业会计准则》规定的小企业也可执行《企业会计准则》。

(2)会计科目设置不同

《小企业会计准则》比《企业会计准则》少设了25个一级科目。原因主要有如下两个方面：第一，小企业经济业务相对简单，因此可将《企业会计准则》中的部分科目进行归并，如应收股利和应收利息合为应收股息科目，原材料和包装物归并为材料科目等。第二，小企业会计核算简化或者没有某科目所要反映的经济业务，从而可少设。如资产科目少设了自制半成品、分期收款发出商品、各项长期资产的减值准备、未确认融资费用和待处理财产损溢，负债科目少设了应付股利、预计负债、应付债券，所有者权益科目少设了已归还投资，损益类科目少设了补贴收入、以前年度损益调整。

(3)账务处理不同

①财产清查的处理不同

《小企业会计准则》中没有设置“待处理财产损溢”科目，小企业在财产清查中发生资产的盘盈或盘亏时直接进行处理。这种处理方法简明扼要，与资产负债表中所反映的内容相符。而《企业会计准则》中的资产负债表中已取消了资产待处理项目，企业在编报前必须将待处理的资产进行处理，因此财产清查还要通过“待处理财产损溢”科目核算。

②不计提长期资产减值准备

长期资产的可收回金额较难确定，计提减值准备时需要进行较多的职业判断，而小企业会计人员少，高素质的会计人员更少，所以《小企业会计准则》仅要求对短期投资、存货和应收款项计提跌价或坏账准备，不要求对固定资产、无形资产等长期资产计提减值准备。

③简化长期投资的核算

小企业投资的业务比较少，按重要性原则对长期股权投资采用简化了的成本法或简化的权益法核算。

④简化了专门借款费用的核算

《小企业会计准则》对于借款费用的核算，要求企业在固定资产开始建造至达到预计可使用状态之前发生的专门借款费用，均可资本化计入固定资产成本，而不必与资产支出数挂钩。这简化了借款费用资本化的计算手续，但可能会导致资本化金额夸大，进而多计固定资产价值，少计本期利润，但长远看又会使未来时期的折旧费用予以抵销。

⑤简化了所得税的账务处理

《小企业会计准则》规定，小企业计算出当期应交的所得税，借记“所得税费用”科目，贷记“应交税费——应交所得税”科目。可见，所得税的账务处理采用了本期所得税费用按照本期应税所得与适用的所得税税率计算的应付税款法，即本期所得税费用等于本期应交的所得税费用，时间性差异影响所得税的金额均在本期确认所得税费用或在本期抵减所得税费用，而不作为资产负债表中的一项负债或一项资产加以反映。这简化了时间性差异的核算。

(4)财务报告方面的不同

《小企业会计准则》只要求小企业提供资产负债表和利润表两张基本报表，而且报表的内容比较简单。同时，根据小企业业务比较简单，有些业务发生的可能性很少的情况，删除了若干项目。资产负债表的资产项目中减少了预付账款、应收补贴款、递延税款借项等项目，负债中减少了预收账款、应付股利、专项应付款、递延税款贷项等项目，所有者权益中减少了已归还投资项目。利润表中减少了补贴收入项目等。

五、事业单位会计准则

2012 年 12 月 6 日，财政部修订发布了《事业单位会计准则》，自 2013 年 1 月 1 日起在各级各类事业单位施行。该准则对我国事业单位的会计工作予以规范。

六、企业单位内部会计制度

企业内部会计制度是具体指导一个企业会计工作的规则、方法和程序的规范性文件。是企业管理制度的重要组成部分。单位内部会计监督制度，是一个单位为了保护其资产的安全完整，保证其经营活动符合国家法律、法规和内部规章要求，提高经营管理效率，防止舞弊，控制风险等目的，而在单位内部采取的一系列相互联系、相互制约的制度和方法。

◎ 职业指导

请尽早开始职业规划

作为一名职业指导师，我经常对学生说，职业规划应该从高一开始。因为，许多地区从高二开始分文理科，而有的高校相关专业只收文科或只收理科生。从高一开始规划自己的未来职业以及将要就读的专业，决定从高二开始读文科还是理科，才能在高考后如愿地报读相关专业，不让自己错过机会。

为自己的将来打好基础是一件十分重要的事情。“活到老，学到老”，人生是一个不断学习的过程，青年时打好基础，就业、创业时才会更加顺利。

在教学过程中，我遇到一位学生，他是班干部，虽然每次上课他都坐在前排认真听课，但他的眼睛是没有光彩的，一脸茫然。下课后，我找他聊天，问他，是不是不喜欢会计专业？他说是的，是妈妈叫他报考这个专业的。其实，家长这样做是不对的。孩子的路要让他们自己选择，自己设计。虽然有点迟了，但是，在大学，还是可以自己规划未来。首先我们应该明白自己喜欢做什么，将来要做什么，这点尤其重要。方向明确可以让您明白自己今天努力的目的。当目标确定后，就可以有计划、有目的地为目标的实现而努力。大学不仅可以系统学习专业知识和技能，还可以培养我们的价值观，培养处理问题的能力，锻炼团队合作能力，培育批判创新能力，从而实现综合素养的全面提升。

美国康奈尔大学的校训说：“走进这里，您将变得博学和智慧；从这里走出去，您将对社会和人类更有价值。”可见，大学教育对将来职业生涯发展至关重要。

◎ 课后阅读建议

1.学习强国网址：https://www.xuexi.cn/。

2.中华人民共和国财政部：财会字19号，《会计基础工作规范》，1996年6月17日。

3.梁文涛：《会计职业道德》，中国人民大学出版社2021年版。

◎ 自我提高再训练

1.请完成自我提高再训练任务1。

2.根据老师安排选择完成任务2——“走进制造业企业”小组项目任务。

项目二

复式记账

"志向是人生的航标。一个人要做出一番成就,就要有自己的志向。"

——习近平总书记金句

思政目标

❶价值塑造:知行合一,富有爱心。

❷会计职业道德:崇德向善,职业良心。

知识目标

❶ 熟悉会计要素的含义与特征

❷ 了解制造业基本经济业务的类型。

❸ 熟悉常用的会计科目。

❹ 掌握账户、账户与会计科目的关系。

❺ 熟悉借贷记账法原理。

❻ 掌握会计分录编制、试算平衡方法。

能力目标

❶ 能够正确判断企业主要经济业务发生时对会计要素的影响。

❷ 能够分析企业主要经济业务发生时应使用相对应的会计科目。

❸ 能够根据复式记账法判断经济业务的发生对会计等式的影响。

❹ 能够正确应用借贷记账法编制会计分录。

❺ 能够对企业所核算的经济业务进行试算平衡。

思政教育小任务

请用手机百度查阅最新的习近平总书记的金句或讲话。(2～4 分钟,先查阅到的同学举手示意,老师可以请 3 位同学来分享)

◎ 思政案例——会计职业道德案例

原始凭证审核

某单位的会计蔡大伟和一个业务员洪小兵平时关系比较好。有一次洪小兵报销出差费用,会计蔡大伟发现洪小兵送来的审核报销单据中多了一个人的飞机票。蔡大伟问洪小兵是怎么回事,洪小兵说:“因家里有特殊情况,带了一个亲属同时去出差地。”蔡大伟看了看单据,其他的单据都有领导签字,唯独这两张飞机票没有任何人的签字。按规定是不可以报销的,但是他又想到自己平时和这个业务员关系不错,于是将这两张飞机票和其他公差的单据一起审核完毕,并交洪小兵向出纳报销。

分析与提示:该单位会计蔡大伟这种做法是违背会计职业道德的。会计职业道德要求会计人员坚持准则,忠于职守。坚持准则就是要求会计人员在办理业务过程中,严格按照会计法律制度办事,不为主观或他人意志左右。具体说来,坚持准则有以下几点要求:熟悉准则、执行准则依法监督。

忠于职守,就是要求会计人员“三忠于”,即忠于国家,忠于社会公众,忠于服务主体(也就是会计主体)。会计蔡大伟的这种做法没有坚持准则,不忠于职守,是违背会计职业道德基本要求的。

企业会计核算借助复式记账方法,可以全面系统地反映所有经济活动的来龙去脉。在许多学生创业方案设计中,他们想要开一间服装店,那么他们需要在创业时投入资金。在会计核算上,就要记录这些资金是创业者自己投入的,还是向他人借的,这就是来龙去脉中的“资金从哪里来”;同时还要记明,这些资金是以什么形式得来的,是现金还是从银行转账来的;如果是投入现金,那么,在会计核算上就记录:库存现金增加,实收资本同时增加。此外,创业资金投入后,还要记录,这样资金用于做什么了,开服装店需要购衣架、柜台、电脑收银机、空调、饮水机、卫生工具等。这就是资金来龙去脉中的“到哪里去”。这样在会计核算上同时反映的方法就是复式记账方法。如果是单式记账方法,就只记投入多少资金,不记录去向。

现在,让我们一起来学习这样一种反映企业经济活动来龙去脉的科学核算方法吧。

任务一 会计要素与会计恒等式

一、认识会计要素

会计要素又称会计对象要素，是指按照交易或事项的经济特征所做的基本分类，也指对会计对象按经济性质所做的基本分类，是会计核算和监督的具体对象和内容，是构成会计对象具体内容的主要因素，分为反映企业财务状况的会计要素和反映企业经营成果的会计要素。

二、会计六要素

我国《企业会计准则》将会计要素划分为资产、负债、所有者权益、收入、费用、利润六类。

资产、负债和所有者权益三项属于反映财务状况的会计要素，在资产负债表中列示，是组成资产负债表的会计要素，也称为资产负债表要素。负债和所有者权益是企业资产的“来龙”；资产是资金的占用形态，也就是企业资金去向、用途，是“去脉”。这三项是反映企业财务状况的会计要素。

收入、费用和利润三项属于反映经营成果的会计要素，在利润表中列示，也称为利润表要素。收入是经济活动中经济利益的总流入，费用是经济活动中经济利益的总流出，收入与费用相配比，即形成经济活动的利润，利润是资金运用的成果，它们反映企业的生产经营成果。

行政事业单位与企业单位不一样，其会计要素分为五大类，即资产、负债、净资产、收入和支出。

三、会计要素的确认

1.资产

(1)资产含义与特征

资产是指企业过去的交易或者事项形成的，由企业拥有或者控制的，预期会给企业带来经济利益的资源。

资产具有以下特征：

①资产是由企业过去的交易或者事项形成的；

②资产是企业拥有或者控制的资源；

③资产预期会给企业带来经济利益。

(2)资产的确认条件

将一项资源确认为资产,需要符合资产的定义,还应同时满足以下两个条件:

①与该资源有关的经济利益很可能流入企业;

②该资源的成本或者价值能够可靠地计量。

(3)资产的分类

资产按流动性进行分类,可以分为流动资产和非流动资产。

流动资产是指预计在一个正常营业周期中变现、出售或耗用,或者主要为交易目的而持有,或者预计在资产负债表日起一年内(含一年)变现的资产,以及自资产负债表日起一年内交换其他资产或清偿负债的能力不受限制的现金或现金等价物;非流动资产是指流动资产以外的资产。

一个正常营业周期是指企业从购买用于加工的资产起至实现现金或现金等价物的期间。正常营业周期通常短于一年,一年内一般有几个营业周期。但是,也存在正常营业周期长于一年的情况,在这种情况下,与生产循环相关的产成品、应收账款、原材料尽管是超过一年才变现、出售或耗用,仍应作为流动资产。当正常营业周期不能确定时,应当以一年(12 个月)作为正常营业周期。比如,生产服装,可能一个月就生产好多批次了,从投料到成品销售回笼资金有时候在 2～3 个月内就完成了,这样我们会计核算上就可以按月来进行会计核算;而造船业,需要很多年才生产一艘船,那么要销售出去不只需要一个会计年度,但这样的生产成本核算仍然要以一个会计年度作为正常营业周期。

资产按流动性分类详见图 2-1:

2.负债

(1)负债的含义与特征

负债是指企业过去的交易或者事项形成的,预期会导致经济利益流出企业的现时义务。所有者权益是指企业资产扣除负债后,由所有者享有的剩余权益。

负债具有以下特征:

①负债是由企业过去的交易或者事项形成的;

②负债是企业承担的现时义务;

③负债预期会导致经济利益流出企业。

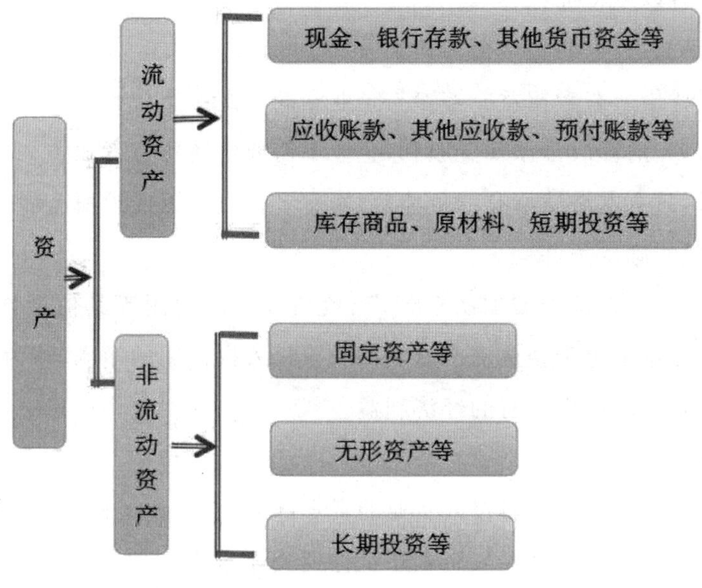

图 2-1　资产按流动性分类

(2)负债的确认条件

将一项现时义务确认为负债,需要符合负债的定义,还应当同时满足以下两个条件:

①与该义务有关的经济利益很可能流出企业;

②未来流出的经济利益的金额能够可靠计量。

(3)负债的分类

按偿还期限的长短,一般将负债分为流动负债和非流动负债。

流动负债是指预计在一个正常营业周期中偿还,或者主要为交易目的而持有,或者自资产负债表日起一年内(含一年)到期应予以清偿,或者企业无权自主地将清偿推迟至资产负债表日以后一年以上的负债。

非流动负债是指流动负债以外的负债。

3.所有者权益

(1)所有者权益的含义及特征

所有者权益是指企业资产扣除负债后由所有者享有的剩余权益,是指企业所有者对企业净资产的要求权。所谓净资产,在数量上等于企业全部资产减去全部负债后的余额,这可以用会计恒等式的变形来表示,即:资产—负债=所有者权益。

所有者权益具有以下特征：

①它是企业投资者投入的资本金；

②它是所有者凭借所有者权益能够参与企业利润分配的资金；

③除非发生减资、清算或分派现金股利，企业不需要偿还所有者权益；

④企业清算时，只有在清偿所有的负债后，所有者权益才返还给所有者。

(2)所有者权益的确认条件

所有者权益的确认、计量主要取决于资产、负债、收入、费用等其他会计要素的确认和计量。所有者权益在数量上等于企业资产总额扣除债权人权益后的净额，即为企业的净资产，反映所有者（股东）在企业资产中享有的经济利益。

(3)所有者权益的分类

所有者投入的资本是指所有者投入企业的资本部分，它既包括构成企业注册资本（实收资本）或者股本部分的金额，也包括投入资本超过注册资本或者股本部分的金额，即资本溢价或者股本溢价，这部分投入资本在我国企业会计准则体系中被计入了资本公积，并在资产负债表中的资本公积项目反映。

所有者权益的来源包括所有者投入的资本、直接计入所有者权益的利得和损失、留存收益等，具体表现为实收资本（或股本）、资本公积（含资本溢价或股本溢价、其他资本公积）、盈余公积和未分配利润。

直接计入所有者权益的利得和损失，是指不应计入当期损益、会导致所有者权益发生增减变动的、与所有者投入资本或者向所有者分配利润无关的利得或者损失。

留存收益是盈余公积和未分配利润的统称。

4.收入

(1)收入的含义与特征

收入是指企业在日常活动中形成的、会导致所有者权益增加的、与所有者投入资本无关的经济利益的总流入。日常活动是指企业为完成其经营目标所从事的经常性活动以及与之相关的活动。

收入具有以下特征：

①收入是企业在日常活动中形成的；

②收入会导致所有者权益的增加；

③收入是与所有者投入资本无关的经济利益的总流入。

(2)收入的确认条件

收入的确认除了应当符合定义外,至少应当符合以下条件:

①与收入相关的经济利益应当很可能流入企业;

②经济利益流入企业的结果会导致资产的增加或者负债的减少;

③经济利益的流入额能够可靠计量。

(3)收入的分类

收入包括主营业务收入和其他业务收入。主营业务收入是由企业的主营业务所带来的收入;其他业务收入是除主营业务活动以外的其他经营活动实现的收入。收入按性质不同,可分为销售商品收入、提供劳务收入、让渡资产使用权收入等。

5.费用

(1)费用的含义与特征

费用是指企业在日常活动中形成的,会导致所有者权益减少的,与向所有者分配利润无关的经济利益的总流出。这里所讲的费用是广义的费用,包括成本与期间费用。

费用具有以下特征:

①费用是企业在日常活动中发生的;

②费用会导致所有者权益的减少;

③费用是与向所有者分配利润无关的经济利益的总流出。

(2)费用的确认条件

费用的确认除了应当符合定义外,至少应当符合以下条件:

①与费用相关的经济利益应当很可能流出企业;

②经济利益流出企业的结果会导致资产的减少或者负债的增加;

③经济利益的流出额能够可靠计量。

(3)费用的分类

费用包括生产成本与期间费用。

生产费用是指与企业日常生产经营活动有关的费用,按其经济用途可分为直接材料、直接人工和制造费用。生产费用应按其实际发生情况计入产品的生产成本;对于生产几种产品共同发生的生产费用,应当按照受益原则,采用适当的方法和程序分配计入相关产品的生产成本。

期间费用是指企业本期发生的，不能直接或间接归入产品生产成本，而应直接计入当期损益的各项费用，包括管理费用、销售费用和财务费用。

6.利润

(1)利润的含义与特征

利润是指企业在一定会计期间的经营成果。包括收入减去费用后的余额、直接记录当期利润的利得和损失。

通常情况下，如果企业实现了利润，表明企业的所有者权益将增加，业绩得到了提升；反之，如果企业发生了亏损(即利润为负数)，表明企业的所有者权益将减少，业绩下降。利润是评价企业管理层业绩的指标之一，也是投资者等财务会计报告使用者进行决策时的重要参考依据。

(2)利润的确认条件

利润反映收入减去费用、直接计入当期利润的利得减去损失后的净额。利润的确认主要依赖于收入和费用，以及直接计入当期利润的利得和损失的确认，其金额的确定也主要取决于收入、费用、利得、损失金额的计量。

(3)利润的分类

利润包括收入减去费用后的净额、直接计入当期损益的利得和损失等。其中，收入减去费用后的净额反映企业日常活动的经营业绩；直接计入当期损益的利得和损失反映企业非日常活动的业绩。

直接计入当期损益的利得和损失，是指应当计入当期损益、最终会引起所有者权益发生增减变动的、与所有者投入资本或者向所有者分配利润无关的利得或者损失。企业应当严格区分收入和利得、费用和损失，以便全面反映企业的经营业绩。

四、会计要素的计量

会计计量是为了将符合确认条件的会计要素登记入账并列报于财务报表而确定其金额的过程。企业应当按照规定的会计计量属性进行计量，确定相关金额。会计的计量反映的是会计要素金额的确定基础，主要包括历史成本、重置成本、可变现净值、现值和公允价值等。

1.历史成本

历史成本又称实际成本，是指取得或制造某项财产物资时所实际支付的现金或者其他等价物。在历史成本计量下，资产按照其购置时支付的现金或现金等价物的金额，或者按照购置资产时所付出的对价的公允价值计量。负债按照其因承担现时义务而实际收到的款项或者资产的金额，或者承担现时义务的合同金额，或者按照日常活动中为偿还负债预期需要支付的现金或者现金等价物的金额计量。比如：2014 年 1 月 2 日购入手机一部，买入价 2 000 元，这就是历史成本。

2.重置成本

重置成本又称现行成本，是指按照当前市场条件，重新取得同样一项资产所需支付的现金或现金等价物的金额。在重置成本下，资产按照现在购买相同或者相似资产所需支付的现金或者现金等价物的金额计量，负债按照现在偿付该项债务所需支付的现金或者现金等价物的金额计量。

3.可变现净值

可变现净值，是指在生产经营过程中，以预计售价减去进一步加工成本和销售所必需的预计税金、费用后的净值。在可变现净值计量下，资产按照其正常对外销售的所能收到现金或者现金等价物的金额扣减该资产至完工时估计将要发生的成本、估计的销售费用以及相关税金后的金额计量。

4.现值

现值，是指对未来现金流量以恰当的折现率进行折现后的价值，是考虑货币时间价值因素等的一种计量属性。在现值计量下，资产按照预计从其持续使用和最终处置中所产生的未来现金流入量的折现金额计量。负债按照预计期限内需要偿还的未来净现金流出量的折现金额计量。

5.公允价值

公允价值，是指在公平交易中，熟悉情况的交易双方自愿进行资产交换或者债务清偿的金额。在公允价值计量下，资产和负债按照在公平交易中，熟悉情况的交易双方自愿进行资产交换或者债务清偿的金额计量。

五、会计恒等式

“会计恒等式”是复式记账的基本原理，即“资产＝负债＋所有者权益”所反映的资金平衡关系。事实上，从会计核算反映企业资金的“来龙去脉”这点来说，这个等式应该写成：“所有者权益＋负债＝资产”。在企业没有负债的情况下，“所有者权益＝资产”，因为先有资金投入然后才有去向。

1.会计等式的表现形式

复式记账的经济内容是会计要素，它们是相互联系相互依存的，各自具有独立的含义，并以不同的具体形式存在着，企业发生的经济业务，都会引起每一个具体形式的价值数量变化，因而设置相应的账户进行登记，使复式记账组成一个完整的、系统的记账组织体系。有了这样一个记账组织体系，不仅反映了资产、负债和所有者权益的增减变化和结存情况，而且还能确知收入、费用和利润的数额及其形成原因。这是复式记账能够全面核算和监督企业经济活动的根本原因。

复式记账通过价值形式的计算和记录，为经济管理提供核算指标，因而，复式记账必然有一定的记账技术方法，它是以记账内容之间所表现出的数量上的平稳关系作为记账技术方法的基础。会计恒等式即是各会计要素之间的关系表达式，它不仅是价值数量的关系表现，而且也有经济性质上的说明。会计恒等式的等量双方，必然要求经济事物发生相互联系和等量的变化，为此，必须通过两个或两个以上的账户，相互联系地作双重记录，才能得到全面地反映。显然，这是复式记账本身的要求所决定的。

会计恒等式有以下三种表现形式：

等式一：

资产＝负债＋所有者权益

这是会计最基本等式。不管会计六要素中由于经济活动发生金额如何变化，最后都会回到这一等式。在实际工作中要是等式不平了，那就说明记账有错了。如果您带了100元去买东西，一定要能说出100元买了什么，如果只能说出90元，那么估计您丢失了10元，那么这10元也要当成损失来记录，等式还是平的。

［例2-1］2021年10月1日，张鹏新创业投资100万元创办了一家服装厂，买机器设备花了50万元，买原材料花了20万元，还有银行存款30万元。那么，这时：

资产（固定资产50万元＋原材料20万元＋银行存款30万元）＝负债（0）＋所有者权益（100万元），如表2-1所示：

表 2-1

资产(万元)		负债及所有者权益(万元)	
固定资产	50	负债	0
原材料	20	所有者权益(实收资本)	100
银行存款	30		
资产总额	100	负债及所有者权益总额	100

通俗地说,资金从哪里来:张鹏新创业投资 100 万元;资金到哪里去:买机器设备花了 50 万元,买原材料花了 20 万元,还有银行存款 30 万元。"来龙"和"去脉"一定是相等的,如果不相等,不是错了就是钱丢掉了,丢掉也要做会计处理,比如意外损失等。

等式二:

利润=收入-成本费用

[例 2-2]2021 年 10 月,张鹏取得销售收入 50 万元,支付成本费用 40 万元,即取得利润 10 万元。

利润(10 万元)=收入(50 万元)-成本费用(40 万元),如表 2-2 所示:

表 2-2

利润(万元)		收入-成本费用(万元)	
利润	10	收入	50
		成本费用	40
利润	10	收入-成本费用	10

等式三:

资产=负债+所有者权益+利润

[例 2-3]2021 年 10 月,张鹏从银行取得销售收入 50 万元,从银行支付成本费用 40 万元,得到利润 10 万元。

延续例题 2-1,把上述两张表合并后,如表 2-3 所示:

表 2-3

资产(万元)		负债及所有者权益(万元)	
固定资产	50	负债	0
原材料	20	所有者权益	100
银行存款	40	利润	10
资产总额	110	负债及所有者权益	110

2.经济业务对会计等式的影响

经济业务,又称会计事项,是指在经济活动中使会计要素发生增减变动的交易或者事项。

企业经济业务按其对财务状况等式的影响不同可以分为以下九种基本类型:

(1)一项资产增加、另一项资产等额减少的经济业务;

(2)一项资产增加、一项负债等额增加的经济业务;

(3)一项资产增加、一项所有者权益等额增加的经济业务;

(4)一项资产减少、一项负债等额减少的经济业务;

(5)一项资产减少、一项所有者权益等额减少的经济业务;

(6)一项负债增加、另一项负债等额减少的经济业务;

(7)一项负债增加、一项所有者权益等额减少的经济业务;

(8)一项所有者权益增加、一项负债等额减少的经济业务;

(9)一项所有者权益增加、另一项所有者权益等额减少的经济业务。

从上面例题可以了解到,不论哪一种情形变动,会计等式都将永远相等。

任务二 会计科目与会计账户

一、认识会计科目

会计科目,是对会计要素的具体内容进行分类核算的项目。会计科目是会计制度的重要组成部分,它是对会计要素的内容按照经济管理的要求进行具体分类核算和监督的项目,是编制会计凭证、设置账簿、编制财务报表的依据,是进行会计记录和提供会计信息的基础,会计科目在会计核算中具有重要意义:

第一，会计科目是复式记账的基础。复式记账要求每一笔经济业务在两个或两个以上相互联系的账户中进行登记，以反映资金运动的来龙去脉，账户是根据会计科目开设的。

第二，会计科目是编制记账凭证的基础。会计凭证是确定所发生的经济业务应计入何种科目以及分门别类登记账簿的凭据。

第三，会计科目为编制财务报表提供了方便。财务报表是提供会计信息的主要手段，为了保证会计信息的质量及其提供的及时性，财务报表中的许多项目与会计科目是一致的，并根据会计科目的本期发生额或余额填列。

会计科目名称能明确地反映其内容并简明实用，符合会计电算化的需要等原则和要求，以保证会计信息需求者取得有用的以及不同企业间相互可比的会计核算指标，并发挥会计分析和会计检查的作用。

在实际工作中，以“用友”财务软件为代表的会计电算化软件已经在系统中对会计科目、会计科目编号进行了设置，会计人员使用起来十分方便。

二、会计科目的分类

1.按其归属的会计要素分类

企业会计科目按其所归属的会计要素的不同，通常可以划分为资产类、负债类、所有者权益类、成本类和损益类五大类科目。

(1)资产类科目按资产的流动性分为反映流动资产的科目和反映非流动资产的科目。反映流动资产的科目主要有“库存现金”、“银行存款”、“原材料”、“应收账款”、“库存商品”、“预付账款”等；反映非流动资产的科目主要有“长期股权投资”、“长期应收款”、“固定资产”、“无形资产”等。

(2)负债类科目按负债偿还期限分为反映流动负债的科目和反映长期负债的科目。反映流动负债的科目主要有“短期借款”、“应付账款”、“应付职工薪酬”、“应交税费”、“预收账款”、“应付股利”等；反映长期负债的科目主要有“长期借款”、“应付债券”、“长期应付款”等。

(3)所有者权益类科目按所有者权益形成和性质分为反映资本的科目和反映留存收益的科目。反映资本的科目主要有“实收资本”或“股本”、“资本公积”等。反映留存收益的科目主要有“盈余公积”、“本年利润”、“利润分配”等。所有者权益类的“本年利润”科目属于利润要素，由于企业实现利润会增加所有者权益，因而将其作为所有者权益科目。

(4)成本类科目按成本的不同内容和性质可以分为反映制造成本的科目和反映劳务成本的科目。反映制造成本的科目主要有“生产成本”、“制造费用”等;反映劳务成本的科目主要有“劳务成本”等。成本类科目归属于资产要素,成本是企业生产产品、提供劳务所耗费的价值。为了单独核算产品成本、劳务成本,因而设置了成本类科目。

(5)损益类科目按损益的不同内容可以反映收入的科目和反映费用的科目。反映收入的科目主要有“主营业务收入”、“其他业务收入”、“营业外收入”等;反映费用的科目主要有“主营业务成本”、“其他业务成本”、“管理费用”、“财务费用”、“销售费用”、“所得税费用”、“营业外支出”等。损益类科目分别属于收入要素和费用要素。

2.按提供信息的详细程度及其统驭关系分类

会计科目按提供信息的详细程度及其统驭关系,可以分为总分类科目和明细分类科目。

(1)总分类科目又称一级科目或总账科目,它是对会计要素具体内容进行总括分类、提供总括信息的会计科目。总分类科目反映各种经济业务的概括情况,是进行总分类核算的依据,如应收账款、库存商品、原材料等等。

(2)明细分类科目又称明细科目,是对总分类科目作进一步分类,提供更详细和更具体会计信息的科目。如:“应收账款”科目就需要根据债务人名称或姓名设置明细科目,以反映应收各债务人款项的具体情况。

(3)总分类科目和明细分类科目的关系

总分类科目对其所属的明细分类科目具有统驭和控制作用,而明细分类科目是对其归属的总分类科目的补充和说明;它们共同反映经济业务既总括又详细的情况。

三、会计科目的设置

1.会计科目解读

会计科目是会计制度的重要组成部分,它是对会计要素的内容按照经济管理的要求进行具体分类核算和监督的项目,是编制会计凭证、设置账簿、编制财务报表的依据。做好会计科目的设计,对保证会计工作完成质量、充分发挥会计的职能作用具有重要意义。2006 年 10 月 30 日财政部制定了《企业会计准则——应用指南》,在附录中依据企业会计准则中确认和计量的规定制定了涵盖各类企业的主要交易或事项的会计科目和主要账务处理,要求各企业在不违反会计准则中确认、计量和报告规定的前提下,可以根据本单位的实际情况自行增设、分拆、合并会计科目。企业不存在的交易或者事项,可不设置相关会计科目。由于各企业的业务性质、经营目标、规模大小、业务繁简及组织状况有所不同,会计科目的设计必须充分考虑这些客观条件,遵循合法合规性原则、全面性原则、有用性原则。本教材提供的是以《小企业会计制度》为标准的小型制造业会计科目。

为帮助认识和正确理解每个会计科目的内涵,保证会计科目的正确使用,对各科目所涉及的会计要素、有关确认方面的会计准则、会计政策、会计方法,结合单位实际情况做出详细说明。

2.会计科目的设置原则

会计科目作为反映会计要素的构成及其变化情况,为投资者、债权人、企业经营管理者等提供会计信息的重要手段,在其设置过程中应努力做到科学、合理、适应。因此,会计科目在设置过程中应遵循下列原则:

(1)统一性和灵活性相结合的原则

企业的经济业务千差万别,在分类核算会计要素增减变动时,要将统一性与灵活性相结合。为了适应国家宏观管理和不同企业管理需要,会计科目分类口径必须符合《企业会计准则》和有关会计法规的要求,在此基础上设计适应企业实际情况的会计科目体系。一般来说。总分类科目由《企业会计准则》统一规定,企业可以根据业务规模和性质从中选择;明细分类科目除了个别项目外,允许企业在不违背企业会计准则的前提下,不影响会计核算要求和财务报表指标汇总的前提下,根据实际情况由企业自行设计明细科目进行会计核算。

(2)内外兼顾原则

会计科目设置应兼顾对外报告信息和对内加强管理的需要,这样才能提供与经济管理决策有关的会计信息。具体来说,企业在设计会计科目时,首先要符合对外提供经济信息的要求,根据会计信息需求来划分经济业务类别,设定分类标志。其次要满足企业内部经济管理决策的需要,在会计科目设置时,考虑企业内部加强管理的需求。

(3)简明实用原则

会计科目是分门别类地反映经济业务活动的,因此会计科目的名称必须与其所反映的经济业务内容相一致。为了便于记忆和记账,会计科目设计应力求名称简明扼要、内容确切界限清楚、通俗易懂,以避免引起混乱和误解。同时,会计科目的设计不宜分得过细,以避免会计核算过于繁琐,但也不能设计过少,那样会使会计核算不能满足经济管理的要求。

(4)相对稳定原则

为了便于在不同时期分析比较会计核算指标,并在一定范围内汇总核算指标,应保持会计科目的相对稳定,不能经常变动会计科目的名称、内容、数量,使核算指标保持可比性。

(5)符合会计电算化的需要

会计科目是会计核算的基础,也是计算机处理会计数据的主要依据。会计电算化要求会计科目的名称、编码、核算内容应统一。为了减少初始设置的工作,会计科目的层次、内容尽可能统一和相对稳定。力求做到标准化。

3.会计科目表

财政部制订的企业会计制度中,统一规范了企业会计科目的名称和编号,以及各科目的核算范围,以便提供口径相同的会计信息。企业主要会计科目列表如表 2-4 所示。

表 2-4 小企业会计科目一览表

序号	名 称	序号	名 称
一、资产类		二、负债类	
1	库存现金	36	短期借款
2	银行存款	37	长期借款
3	其他货币资金	38	应付账款
4	交易性金融资产	39	交易性金融负债
5	可供出售金融资产	40	应付职工薪酬
6	应收票据	41	应付票据
7	应收股利	42	应付股利
8	应收利息	43	应付利息
9	其他应收款	44	其他应付款
10	预付账款	45	预收账款
11	应收账款	46	应付利润
12	长期应收款	47	应交税费
13	在途物资	48	其他应交款
14	原材料	49	应付债券
15	低值易耗品	50	长期应付款

续表

序号	名　称	序号	名　称
16	库存商品	51	递延所得税负债
17	商品进销差价		三、所有者权益类
18	委托加工物资	52	实收资本
19	发出商品	53	资本公积
20	委托代销商品	54	盈余公积
21	存货跌价准备	55	本年利润
22	固定资产	56	利润分配
23	累计折旧		四、成本类
24	固定资产清理	57	生产成本
25	固定资产减值准备	58	制造费用
26	工程物资		五、损益类
27	在建工程	59	主营业务收入
28	无形资产	60	其他业务收入
29	无形资产减值准备	61	投资收益
30	累计摊销	62	营业外收入
31	递延所得税资产	63	主营业务成本
32	短期投资	64	其他业务成本
33	短期投资跌价准备	65	税金及附加
34	长期股权投资	66	销售费用
35	长期股权投资减值准备	67	管理费用
		68	财务费用
		69	营业外支出
		70	公允价值变动损益
		71	资产减值损失
		72	所得税费用

为帮助认识和正确理解每个会计科目的内涵,保证会计科目的正确使用,对各科目所涉及的会计要素做出详细说明,如表 2-5 所示。

表 2-5 小企业常用会计科目解析一览表

编号	会计科目	解析
		一、资产类
1001	库存现金	核算企业因日常零星收支而由出纳员管理的现金、备用金。
1002	银行存款	核算企业存放在银行或其他金融机构的各种款项。小型私营企业因公司业务需要开设的用于企业经营活动的个人银行卡里的存款也应在本科目进行核算。
1012	其他货币资金	1.核算企业因临时采购需要,存在公司辖区外的银行的外埠存款。 2.核算企业为取得银行汇票、银行本票、信用卡或信用证等按规定存入银行的款项,包括银行汇票存款、银行本票存款、信用卡存款、信用证保证金存款、存入证券公司专用账户的投资款。 3.核算企业通过支付宝、微信办理的移动收付业务。
1121	应收票据	核算企业因销售商品、产品、提供劳务等而收到的商业汇票包括银行承兑汇票和商业承兑汇票。本科目在销售过程使用。
1122	应收账款	1.核算企业因销售商品、产品而应收而尚未收到的购货单位的款项。 2.核算企业因提供劳务等而应收而尚未收到接受劳务单位的款项。 本科目在销售过程使用。
1123	预付账款	核算企业按照购货合同或协议约定预先支付给供应单位的采购款项。本科目在采购过程中使用。
1131	应收股利	1.核算企业对外因股权投资而应收取的现金股利。 2.核算企业应收取其他投资单位分配的利润。
1132	应收利息	核算企业因持有交易性金融资产、持有至到期投资、可供出售金融资产、发放贷款、存放中央银行款项、拆出资金、买入返售金融资产等而应收取的利息。
1221	其他应收款	1.核算企业存出保证金。 2.核算企业内部员工或老板向公司的借款。 3.核算企业为员工代垫付的应收款项。 4.核算企业员工因个人原因给企业资产造成损失而应赔付的款项。 5.核算企业其他各种应收款。
1401	原材料	核算企业实际验收入库的各种原材料。包括原料及主要材料、辅助材料、外购半成品、修理用备件、包装材料、燃料、低值易耗品、劳保用品等。
1402	在途物资	核算企业采购材料物资时,不论货款是否已经支付,单据已经到了,但材料物资尚在运输途中,尚未验收入库的采购物资成本。

续表

编号	会计科目	解　　析
1403	材料采购	核算企业在采用计划成本进行材料日常核算时，购入材料的采购成本，包括买价、运杂费、运输途中的合理损耗、入库前的挑选整理费用、购入物资负担的税金和其他相关采购费用。
1405	库存商品	1.核算企业的产成品实际成本。 2.核算企业库存的各种商品，包括外购商品。 3.核算企业存放在销售部准备出售商品。 4.核算企业发出展览的商品。 5.核算企业寄存在外的商品。
1406	发出商品	核算企业未满足收入确认条件但已发出的商品或产成品。
1601	固定资产	1.核算企业使用期限超过1年的且单位价值在1000(或2000)元以上的机器、机械、运输工具以及其他与生产、经营有关的设备、器具、工具等原值。 2.核算企业自有，用于生产经营的房屋、建筑物原值。
1602	累计折旧	核算企业根据固定资产的性质和消耗方式预计固定资产每期的损耗。本科目是固定资产的备抵科目，也称调整类科目。
1603	固定资产清理	核算企业固定资产报废、出售，以及因各种不可抗力的自然灾害而遭到损坏和损失的固定资产所进行的清理。本科目为过渡性科目，项目清理完成后没有余额。
1701	无形资产	核算企业拥有的、没有实物形态的非货币性长期资产，包括专利权、非专利技术、商标权、著作权、土地使用权等。
1901	待处理财产损益	核算企业在清查财产过程中查明的各种财产盘盈、盘亏和毁损的价值。
1902	资产减值损失	核算企业在每年年末根据实际情况计提的各项资产减值准备所形成的损失。
二、负债类		
2001	短期借款	核算企业向银行或其他金融机构等借入的期限在一年以内(含1年)的各种借款。本科目在筹集资金过程中使用。
2201	应付票据	核算企业因购买材料、商品和接受劳务等，向供应方开出并承兑的银行承兑汇票和商业承兑汇票。本科目在采购过程使用。
2202	应付账款	核算企业因购买材料、商品和接受劳务等经营活动产生应付而未付的款项。本科目在采购过程使用。
2203	预收账款	核算企业按照购货合同或协议规定向购货单位预收的款项。本科目在销售过程使用。
2211	应付职工薪酬	1.核算企业根据有关规定应付给职工的各种薪酬，包括工资、奖金、津贴、补贴、社会保险费、住房公积金、非货币性福利、辞退福利、困难补助等。 2.核算企业按规定从净利润中提取的职工奖励及职工福利费。

续表

编号	会计科目	解　　析
2221	应交税费	核算企业按照税法及地方性法规等规定计算应缴纳的各种税费，包括小规模纳税人缴交的增值税、消费税、所得税、资源税、城建税、教育费附加、矿产资源补偿费等。企业代扣代缴的个人所得税也可以在本科目核算。
2231	应付利息	核算企业按照合同约定应支付的利息，包括吸收存款、分期付息到期还本的长期借款、企业债券等应支付的利息。本科目在筹资过程中使用。
2232	应付股利	核算企业经董事会或股东大会等机构决议确定分配的现金股利或利润。
2241	其他应付款	核算企业在非采购、销售过程中产生的其他各项应付、暂收的款项。包括企业向职工代扣的各种应付应交款项；各种暂收款项，如暂收包装物押金、暂收保证金等。本科目核算企业向老板或其他个人借入的款项。
2501	长期借款	核算企业向银行或其他金融机构等借入的期限在1年以上（不含1年）的各种借款。本科目在筹集资金过程中使用。
		三、所有者权益
4001	实收资本	核算企业按企业章程接受投资者投入的资本金。本科目金额应等于企业注册资金数额。本科目在筹资过程中使用。
4002	资本公积	1.核算企业资本溢价。 2.核算企业接受捐赠等原因增加的资本公积。 3.核算企业收到的拨款。 4.核算企业外币资本折算差额、关联交易差价和其他资本公积。 “其他资本公积”包括现金捐赠、债务重组、资本公积准备转入、确实无法支付的应付款项等。
4101	盈余公积	核算企业从净利润中提取的用于扩大生产规模、用于职工集体福利、归还投资等的利益。
4103	本年利润	核算企业当年实现的净利润或发生的净亏损。
4104	利润分配	核算企业从开办设立至上一会计年度所产生的累计利润或累计亏损净额。如果是贷方余额则反映尚未分配给股东的盈利，如果是借方余额则反映未能弥补的亏损。
		四、成本类
5001	生产成本	1.核算企业生产各种产品的直接生产成本，包括产成品、自制半成品、自制材料、自制工具、自制设备。 2.核算企业提供劳务等发生的各项生产直接生产成本。

续表

编号	会计科目	解析
5101	制造费用	1.核算企业生产车间为生产产品而发生的各项间接费用。 2.核算企业提供劳务而发生的各项间接费用。包括车间管理部门及人员而发生的各种工资薪酬、为相关人员缴交的“五险一金”、相关人员意外保险费、相关固定资产保险费、招待费、电话通讯费、劳保费、低值易耗品费，办公费、折旧费、固定资产修理费用、水电费等。
五、损益类		
6001	主营业务收入	1.核算企业销售商品而取得的收入。 2.核算企业提供劳务等日常经营活动而产生的收入。
6051	其他业务收入	1.核算企业除主营业务收入以外的其他销售收入，包括包装物、材料销售、下脚料、废品销售收入等。 2.核算企业其他业务收入，包括出租固定资产、出租无形资产、出租包装物和商品的收入。 3.核算企业进行非货币性交换、债务重组等实现的收入。
6301	营业外收入	核算企业发生的与其生产经营无直接关系的各项收入，主要包括非流动资产处置利得、非货币性资产交换利得、债务重组利得、政府补助、资产清查盘盈利得、捐赠利得等。本科目核算因政府税收减免而获得的免税收入。
6401	主营业务成本	1.核算企业因销售商品、产品而应结转的实际销售成本。 2.核算企业因提供劳务而应结转的实际成本。 这个科目与主营业务收入科目相配比。
6402	其他业务成本	核算企业确认的除主营业务成本以外的其他经营活动所发生的支出，如材料销售成本、出租固定资产的折旧额、出租无形资产的摊销额、出租包装物的成本或摊销额等。这个科目与其他业务收入科目相配比。
6403	税金及附加	核算企业经营活动发生的消费税、城市维护建设税、资源税、教育费附加等相关税费。
6601	销售费用	1.核算企业因销售产成品、商品、材料、提供劳务等过程中发生的各种销售费用，包括企业内外设置的销售机构的各种工资薪酬、为相关人员缴交的“五险一金”、意外保险费、固定资产保险费、招待费、差旅费、交通费、汽车相关性费用、电话通讯费、快递费、包装费、展览费、展销费、广告费、代言费等。 2.核算企业外派销售机构人员经费、办公费、折旧费、固定资产修理费用、水电费、办公场所租金等销售费用。 3.核算企业支付给区域代理商的佣金。 4.核算企业支付的销售折扣。 5.核算企业销售前、中、后的所有销售费用，包括售后服务费等。

续表

编号	会计科目	解　　析
6602	管理费用	1.核算企业除销售部费用以外的管理部门发生的各种薪酬、为企业管理人员缴交的“五险一金”、劳保费、相关人员意外保险费、管理人员房租费等。 2.核算企业管理部门固定资产保险费、折旧费、维修费等。 3.核算企业管理部门开支的招待费、电话通讯费、低值易耗品费,办公费、水电费、差旅费、交通费、汽车相关性费用、办公场所租金、房产税、土地使用税、印花税等其他费用。
6603	财务费用	1.核算企业为筹集生产经营所需资金等而发生的利息支出。 2.核算企业支付给银行的手续费、票据费、信息费、保管箱租金等。 3.核算企业汇兑损益。 4.核算企业利息收入。 5.核算企业通过支付宝、微信等移动收付产生的手续费或奖励。
6711	营业外支出	核算企业发生的与其生产经营无直接关系的各项支出,包括非流动资产处置损失、非货币资产交换损失、债务重组损失、公益性捐赠支出、意外灾害引起的非常损失、资产盘亏损失、罚款支出等。本科目与营业外收入不配比。
6801	所得税费用	核算企业在有利润时,按规定应上交的所得税费用。

四、认识会计账户

会计账户是根据会计科目设置的,具有一定格式和结构,用于分类反映会计要素增减变动情况及其结果的载体。设置账户是会计核算的重要方法之一。

玩中学

1.账户的分类

账户可根据其核算的经济内容、提供信息的详细程度及其统驭关系进行分类。

会计账户按其所提供的信息的详细程度及统驭关系不同分为总分类账户(简称总账账户或总账)和明细分类账户(简称明细账),两者相互补充,相互制约,相互核对。总分类账户统驭和控制所属明细分类账户,明细分类账户从属于总分类账户。总账也称为一级账户,总账以下的账户统称为明细账;按其所反映的经济内容不同分为资产类账户、负债类账户、共同类账户、所有者权益类账户、成本类账户和损益类账户六类。其中,有些资产类账户、负债类账户和所有者权益类账户存在备抵账户。备抵账户,又称抵减账户,是指用来抵减被调整账户余额,以确定被调整账户实有数额而设置的独立账户。

2.账户的功能与结构

(1)账户功能

账户的功能在于连续、系统、完整地提供企业经济活动中各会计要素增减变动及其结果的具体信息。其中,会计要素在特定会计期间增加和减少的金额,分别称为账户的“本期增加发生额”和“本期减少发生额”,二者统称为账户的“本期发生额”;会计要素在会计期末的增减变动结果,称为账户的“余额”,具体表现为期初余额和期末余额,账户上期的期末余额转入本期,即为本期的期初余额;账户本期的期末余额转入下期,即为下期的期初余额。

账户的期初余额、期末余额、本期增加发生额和本期减少发生额统称为账户的四个金额要素。对于同一账户而言,它们之间的基本关系为:

期末余额=期初余额+本期增加发生额-本期减少发生额

(2)账户结构

账户的结构是指账户的组成部分及其相互关系。账户通常由以下内容组成:

①账户名称,即会计科目;

②日期,即所依据记账凭证中注明的日期;

③凭证字号,即所依据记账凭证的编号;

④摘要,即经济业务的简要说明;

⑤金额,即增加额、减少额和余额。

从账户名称、记录增加额和减少额的左右两方来看,账户结构在整体上类似于汉字“丁”和大写的英文字母“T”,因此,账户的基本结构在实务中被形象地称为“丁”字账户或者“T”形账户。

会计账户的基本格式如图 2-1 所示:

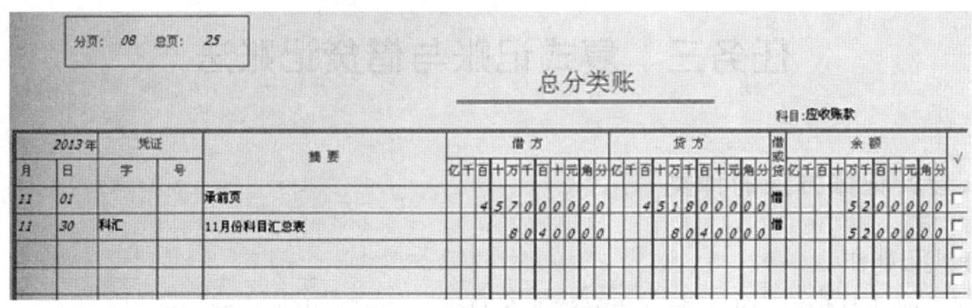

分页: 08　总页: 25

总分类账

科目:应收账款

2013年		凭证		摘要	借方	贷方	借或贷	余额	√
月	日	字	号		亿千百十万千百十元角分	亿千百十万千百十元角分		亿千百十万千百十元角分	
11	01			承前页	457000000	451800000	借	5200000	
11	30	科汇		11月份科目汇总表	8040000	8040000	借	5200000	

图 2-1　会计账户基本格式

会计账户和简化格式又称“丁字开账”、“T 字开账”，如表 2-6 所示：

表 2-6

借方	账户名称（会计科目）	贷方

3.账户与会计科目的关系

会计科目与账户是两个不同的概念，二者既有联系，又有区别。会计科目与账户都是对会计对象具体内容的分类，都是按照经济内容设置的，两者核算内容一致，性质相同。会计科目是账户的名称，也是设置账户的依据；账户是会计科目的具体运用，具有一定的结构和格式，并通过其结构反映某项经济内容的增减变动及其余额，是用来系统、连续地记载各项经济业务的一种手段。它们之间的区别在于会计科目只是对会计要素具体内容的分类，本身没有结构；账户则有相应的结构，具体反映资金运动状况。因此账户比会计科目分类更为明细，内容更为丰富。没有会计科目，就无法将会计对象进行科学的分类；没有账户则无法记录和积累会计核算的资料。

账户的四个金额要素的关系如下：

期末余额＝期初余额＋本期增加发生额－本期减少发生额

其中两个余额关系为：

上期期末余额＝本期期初余额

本期期末余额＝下期期初余额

任务三　复式记账与借贷记账法

一、会计记账方法的种类

1.单式记账法

单式记账法是指对发生的每一项经济业务只在一个账户中加以登记的记账方法。这种核算方法很少用。

2.复式记账法

复式记账是反映企业资金来龙去脉的一种完美的会计核算方式，是以一个企业的权益总额必然等于资产总额和的平衡关系作为反映生产经营活动的核算基础，使会计核算有一个完整的计算和反映体系，在记录上有着相互联系的关系，从而对企业经济活动能够起着全面控制的作用。

复式记账法的基本原理就是对任何一笔经济业务，都必须用相等的金额在两个或两个以上的有关账户中相互联系地进行登记。换言之，有一项金额收入，就必然有一项金额支出。也就是资金从哪里来到哪里去，都要及时准确反映出来。

采用复式记账法，能够把企业发生的每笔经济业务，相互联系地、全面地记入有关的账户中，从而能够完整地、系统地反映企业经济活动及资金变化的来龙去脉。同时，还可利用会计要素之间的内在联系和试算平衡公式，检查账户记录的准确性，是一种比较完善的记账方法，为世界各国所通用。在中国历史上的会计实务中，曾出现过三种复式记账法，即借贷记账法、增减记账法和收付记账法。1993 年 7 月 1 日开始实施的《企业会计准则》规定，我国不论什么体制、什么性质的企业，都统一采用国际通用的借贷记账法。

二、复式记账法的特性

1.复式记账可以了解每一项经济业务的来龙去脉，全面了解经济活动的过程和结果。

2.复式记账可以对账户记录的结果进行试算平衡，以检查账户记录的正确性。

复式记账是从单式记账法发展起来的一种比较完善的记账方法。与单式记账法相比较，其主要特点是：对每项经济业务都以相等的金额在两个或两个以上的相互联系的账户中进行记录（即作双重记录，这也是这一记账法被称为“复式”的由来）；各账户之间客观上存在对应关系，对账户记录的结果可以进行试算平衡。复式记账法较好地体现了资金运动的内在规律，能够全面地、系统地反映资金增减变动的来龙去脉及经营成果，并有助于检查账户处理和保证账簿记录结果的正确性。

三、借贷记账法

借贷记账法是以“借”、“贷”为记账符号，记录经济业务的复式记账法。借贷记账法是复式记账法的一种，又称为借贷复式记账法。它是以“资产＝负债＋所有者权益”为理论依据，以“借”和“贷”为记账符号，以“有借必有贷，借贷必相等”为记账规则的一种复式记账法。借贷记账法以“借”、“贷”二字作为记账符号，并不是“纯粹的”、“抽象的”记账符号，而是具有深刻经济内涵的科学的记账符号。

1.借贷记账法下账户的结构

借贷记账法下，账户的左方称为借方，右方称为贷方。所有账户的借方和贷方按相反方向记录增加数和减少数，即一方登记增加额，另一方就登记减少额。至于“借”表示增加，还是“贷”表示增加，则取决于账户的性质与所记录经济内容的性质。

(1)资产类账户的结构

在借贷记账法下，资产类账户借方登记增加，贷方登记减少，期末余额一般在借方。

资产类账户的结构如表2-7所示：

表 2-7

借方　　资产类账户名称(会计科目)	贷方
期初余额　××× 本期增加额　×××	本期减少额　×××
本期借方发生额　××× 期末余额　×××	本期贷方发生额　×××

资产类账户的余额应根据下列公式计算：

期末借方余额＝期初借方余额＋本期借方发生额－本期贷方发生额

(2)负债类和所有者权益类账户的结构

负债类账户的结构和所有者权益类账户的结构相同，即借方登记减少，贷方登记增加，期末余额在贷方。

负债类账户和所有者权益类账户的结构如表2-8所示：

表 2-8

借方　　负债类账户名称(会计科目)	贷方
本期减少额　×××	期初余额　××× 本期增加额　×××
本期借方发生额　×××	本期贷方发生额　××× 期末余额　×××

负债类账户和所有者权益账户的余额应根据下列公式计算：

期末贷方余额＝期初贷方余额＋本期贷方发生额－本期借方发生额

(3)损益类账户的结构

损益类账户包括收入和费用两大类账户,在借贷记账法下,这两大类账户的结构正好相反。

①收入类账户的结构

收入类账户的结构与所有者权益类账户的结构相似,即借方登记减少,贷方登记增加,期末没有余额。

收入类账户的结构如表 2-9 所示:

表 2-9

借方 收入类所有者权益类账户名称(会计科目)	贷方
本期减少额 ×××	本期增加额 ×××
本期借方发生额 ×××	本期贷方发生额 ×××

②费用类账户的结构

费用类账户则与资产类账户的结构相似,借方登记增加,贷方登记减少,期末也没有余额。

费用类账户结构如表 2-10 所示:

表 2-10

借方 费用类账户名称(会计科目)	贷方
本期增加额 ×××	本期减少额 ×××
本期借方发生额 ×××	本期贷方发生额 ×××

(4)成本类账户的结构

成本类账户的结构与费用类账户的结构相同,即借方登记增加,贷方登记减少,期末一般无余额,若有余额则在借方。

成本类账户的结构如表 2-11 所示:

表 2-11

借方 成本类账户名称(会计科目)	贷方
本期增加额 ×××	本期减少额 ×××
本期借方发生额 ××× 期末余额 ×××	本期贷方发生额 ×××

2.借贷记账法的记账规则

记账规则是指采用某种记账方法登记具体经济业务时应当遵循的规律。

借贷记账法的记账规则是"有借必有贷,借贷必相等"。即借贷记账法要求对每笔经济业务,都要以相等的金额,在记入一个或若干个账户借方的同时,记入另一个或若干个账户的贷方。

[**例 2-4**]2021 年 10 月 6 日,福兴企业以银行存款偿还短期借款 40 000 元。

本项经济业务解读:这项经济业务的发生涉及"银行存款"和"短期借款"两个账户。"银行存款"属于资产类账户,"短期借款"属于负债类账户。本业务使银行存款和短期借款同时减少;根据账户结构,银行存款减少应记入贷方,短期借款的减少记入借方。会计等式两边资产和负债项目同时减少,减少的金额相同。如图 2-2 所示:

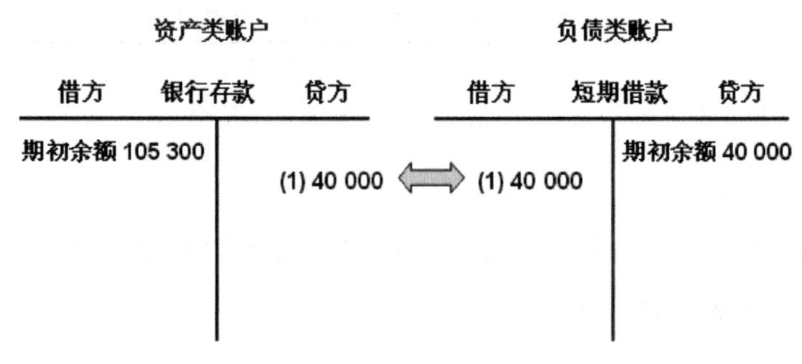

图 2-2

[**例 2-5**]2021 年 10 月 15 日,向银行提取现金 400 元备用。

本项经济业务解读:这项经济业务的发生涉及"库存现金"和"银行存款"两个账户。两个账户都属于资产类账户。本业务使库存现金增加银行存款减少;根据账户结构,库存现金增加应记入借方,银行存款减少应应记入贷方。会计等式左边资产项目一增一减,增减的数额相同。如图 2-3 所示:

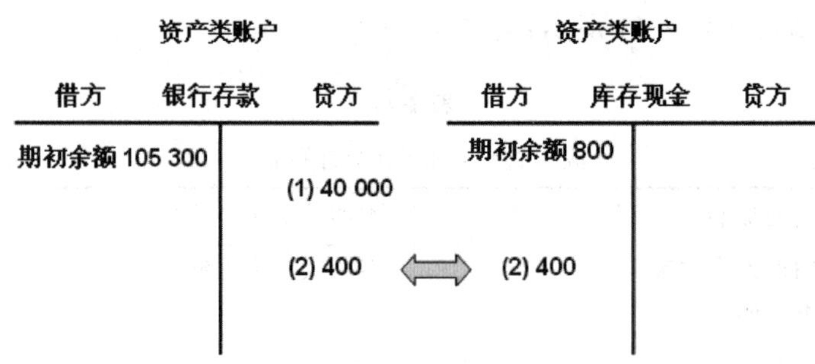

图 2-3

总结借贷记账法的借方和贷方表示的内容如表2-12所示：

表2-12　借贷方表示的内容一览表

借方表示	贷方表示
资产增加	资产减少
成本、费用增加	成本、费用减少
收入减少	收入增加
负债减少	负债增加
所有者权益减少	所有者权益增加

3.借贷记账法下的账户对应关系与会计分录

企业任何一项经济业务，必然引起资金的来龙去脉发生变化，它们从一定来源取得“来龙”，发生一定的去向“去脉”，或从一种去向“来龙”转变为另一种去向“去脉”，或从一种来源“来龙”转变为另一种来源“去脉”。

根据复式记账原理，每笔经济业务均以相等的金额在两个或以上的对应账户中登记，一方面登记其来源，另一方面登记其去向，所以每笔经济业务入账后都能保持“权益＝资产”。

借贷记账法就是用来反映经济活动“从哪里来，到哪里去”的全过程，也就是资金的来龙去脉。发生对应关系的账户称为对应账户。

4.会计分录

会计分录简称“分录”。按照复式记账的要求，对每项经济业务以账户名称、记账方向和金额反映账户间对应关系的记录。在借贷记账法下，则是指对每笔经济业务列示其应借和应贷账户的名称及其金额的一种记录。会计分录是指经济业务发生时，按照记账规则的要求，确定并列示应借应贷账户的名称及其金额的一种简明记录。会计分录的格式和要求是：先借后贷；借和贷要分行写，并且文字和金额的数字都应错开；在一借多贷或一贷多借的情况下，要求借方或贷方的文字和金额数字必须对齐。会计分录又分为简单分录和复合分录，会计分录是构成记账凭证的基本内容，换言之，会计分录的格式化就是记账凭证。

企业的经济业务纷繁复杂，为了准确地将经济业务及时登记到相应的账户中去，在经济业务发生后，首先要确定会计分录。编制会计分录六个步骤如图2-4所示：

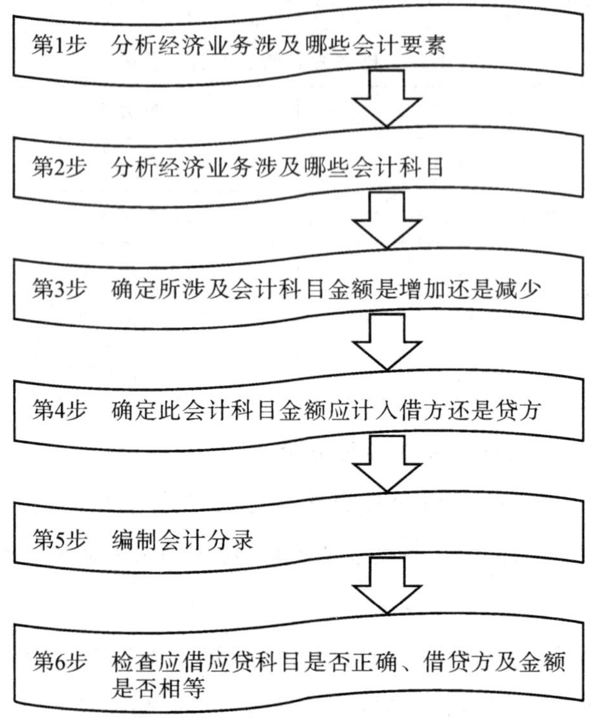

图 2-4 编制会计分录六个步骤

会计分录的书写格式要求：借方写在上面，贷方写在下面，上下应错开一个字符；注明应记的会计科目，如需注明明细科目的，应在一级科目后面加一破折号，写上明细科目；金额用阿拉伯数字，数字后不用写人民币符号"元"，借方和贷方的金额应各自对齐。现举经济业务为例说明会计分录的编制。

福兴公司 2021 年 10 月份发生的部分经济业务，编制会计分录如下：

[**例 2-6**]2021 年 10 月 7 日，以现金 10 000 元偿还原欠前进公司材料款。

本项经济业务解读：

"来龙"：企业的库存现金这个资产类科目减少，应记入"库存现金"账户的贷方；"去脉"：偿还前欠前进公司的材料款，应付账款这项负债类科目同时减少，应记入"应付账款"账户的借方。因此，编制会计分录如下：

借：应付账款——前进公司　　10 000

　贷：库存现金　　10 000

[**例 2-7**]2021 年 10 月 10 日,从银行汇款支付厦门旺盛公司推广新产品而做的广告费 3 000元。

本项经济业务解读:

"来龙":企业的银行存款这个资产类科目减少,记入"银行存款"的贷方;"去脉":这笔款用于支付广告费,销售费用这个损益类科目同时增加,应记入"银行存款"账户贷方。因此,编制会计分录如下:

借:销售费用——广告费　　3 000

　贷:银行存款　　3 000

[**例 2-8**]2021 年 10 月 12 日,从银行提取现金 65 000 元,以备发职工工资。

本项经济业务解读:

"来龙":企业的银行存款这个资产类科目减少,应记入"银行存款"账户贷方;"去脉":企业的库存现金这个资产类科目增加,应记入"库存现金"账户借方。因此,编制会计分录如下:

借:库存现金　　65 000

　贷:银行存款　　65 000

[**例 2-9**]2021 年 10 月 22 日,从福建利达公司购入原材料一批,价值 40 000 元,以银行存款支付货款 30 000 元,其余的暂欠,材料已入库(不考虑增值税)。

本项经济业务解读:

"来龙":企业的银行存款这个资产类科目的减少,应记入"银行存款"账户贷方,暂欠货款使企业的应付账款这个负债类科目增加,应记入"应付账款"账户的贷方;"去脉":企业的原材料这个资产类科目增加,应记入"原材料"账户借方。因此,编制会计分录如下:

借:原材料　　40 000

　贷:银行存款　　30 000

　　应付账款——福建利达公司　　10 000

四、借贷记账法下的试算平衡

试算平衡是指根据借贷记账法的记账规则和资产与权益的恒等关系,通过对所有账户的发生额和余额的汇总计算和比较,检查记录是否正确的一种方法。由于借贷记账法在处理每一笔经济业务时,都必须遵循"有借必有贷,借贷必相等"的记账规则,因此,在一个会计核算期内,如果记账没有差错,所有账户的借方发生额和贷方发生额也必然相等,从而全部账户的借方期末余额与贷方期末余额也必然相等。其试算平衡的公式有：

全部账户的期初借方余额合计＝全部账户的期初贷方余额合计

全部账户的本期借方发生额合计＝全部账户的本期贷方发生额合计

全部账户的期末借方余额合计＝全部账户的期末贷方余额合计

上述三个试算平衡公式，可以用来检查账户记录的正确性。如果试算结果符合三个公式，说明记账工作基本上是正确的。

1.试算平衡的分类

(1)发生额试算平衡

发生额试算平衡的直接依据是借贷记账法的记账规则。发生额试算平衡是指全部账户本期借方发生额合计与全部账户本期贷方发生额合计保持平衡：

全部账户本期借方发生额合计＝全部账户本期贷方发生额合计

(2)余额试算平衡

余额试算平衡的直接依据是财务状况等式。余额试算平衡是指全部账户借方期初余额合计与全部账户贷方期初余额合计保持平衡：

全部账户的期初借方余额合计＝全部账户的期初贷方余额合计

余额试算平衡的直接依据是财务状况等式。余额试算平衡是指全部账户借方期末余额合计与全部账户贷方期末余额合计保持平衡，即：

全部账户的期末借方余额合计＝全部账户的期末贷方余额合计

2.试算平衡表的编制

试算平衡这项工作是通过编制试算平衡表来实现的。试算平衡表通常是在期末结出各账户的本期发生额合计和期末余额后编制的，试算平衡表中一般应设置“期初余额”、“本期发生额”和“期末余额”三大栏目，其下分设“借方”和“贷方”两个小栏。

各大栏中的借方合计与贷方合计应该平衡相等，否则，便存在错误。为了简化表格，试算平衡表也可只根据各个账户的本期发生额编制，不填列各账户的期初余额和期末余额。

[**例 2-10**]福兴公司 2021 年 10 月 1 日账户的期初余额表如表 2-13 所示。

表 2-13　期初余额表

资　　产	期初余额	负债及所有者权益	期初余额
库存现金	1 000	应付账款	40 000
银行存款	50 000	应交税费	25 000
应收账款	34 000	长期借款	150 000
原材料	70 000	实收资本	400 000
库存商品	160 000		
固定资产	300 000		
合计	615 000	合计	615 000

根据福兴公司 2021 年 10 月份发生的业务编制试算平衡表(表 2-14):

表 2-14　试算平衡表

单位:元

会计科目	期初余额		本期发生额		期末余额	
	借方	贷方	借方	贷方	借方	贷方
库存现金	1 000		9 500	10 000	500	
银行存款	50 000			42 500	7 500	
应收账款	34 000				34 000	
原材料	70 000		40 000		110 000	
库存商品	160 000				160 000	
固定资产	300 000				300 000	
应付账款		40 000	10 000	10 000		40 000
应交税费		25 000				25 000
长期借款		150 000				150 000
实收资本		400 000				400 000
销售费用			3 000		3 000	
合计	615 000	615 000	62 500	62 500	615 000	615 000

试算平衡是检查账户记录是否正确的一种有效的方法。若试算平衡表试算不平衡,说明记账有错误,应及时检查、核对、更正。当然有些会计分录的错无法通过试算平衡来反映,也就是说,有时候试算平衡了,也不能确定账户记录就没有错误。因为有些记账错误不会破坏账户间的数量平衡关系,因而不能通过试算平衡来发现。例如以下情形就是这样:

(1)在编制会计分录时,一笔经济业务应借和应贷的账户互相颠倒,或错用了会计账户会计分录的借贷双方或者一方,在过账时误记了账户。

(2)一笔经济业务的记录全部被漏记或者重记一笔经济业务的借贷双方,在编制会计分录时,金额上发生同样的错误。

(3)借方或贷方的各项金额偶然一多一少,恰好互相抵消。

因此,除了试算平衡外,还需要通过会计人员自己审核、互相审核等机制,检查账户记录的完整性与准确性,以保证账户记录的正确性。

◎ 人生智慧

自己的本领总会有用

伯明翰在拉法特公司安全检测部工作。他发现,部门里有几个人简直就是老板身边的红人,老板的任何应酬都有他们的身影。而这些人,又是自己部门的直接上司。一位老员工告诉伯明翰:晋升是没有任何希望的,因为这些人已经把持着部门的关键位置;不过,如果不专营仕途,倒是可以好好利用拉法特公司的有利资源增加自己的本领,总会有用。

伯明翰是位喜欢学习的年轻人,没有晋升机会,他感觉也没关系,毕竟拉法特公司是规范的大公司,因此他仍然认真工作,努力学习业务知识。工作中,他发现公司确实有两种人:一种踏踏实实学业务做工作,另外的少数人却整天围着老板转。一天,由于一个程序设计错误,安全检测系统几乎陷入瘫痪。一时间,公司上下人心惶惶,老板亲自坐镇监测部,希望能找到有效的解决方案,以往他身边的那些红人此时更是惶恐不安,因为虽然他们是部门的负责人,但对于发生的故障他们根本就不知道该怎么解决。

这时伯明翰走过来悄悄和老板说,他可以试试。虽然大家都觉得有些不可思议,但是已经没有选择的余地。结果,经过一个夜晚的加班,伯明翰成功找到了问题所在,排除了故障。

伯明翰的成功其实很简单,在别人吃喝玩乐的时候,他却在钻研业务知识,潜心研究每一个技术。碰到这样的问题,他自然比别人多一份成功的可能。

事后伯明翰得到老板的重奖,并把他调到了技术核心部。那些围着老板转的经理们,一辈子也许就只能靠老板吃饭了。而伯明翰这样的人,却是老板靠他吃饭,一句话,老板需要他。

想一想,你是老板需要的人吗?

◎ 人生智慧

一艘特殊的船

英国劳埃德保险公司曾从拍卖市场买下一艘船，这艘船 1894 年下水，在大西洋上曾 138 次遭遇冰山，116 次触礁，13 次起火，207 次被风暴扭断桅杆，然而它从没有沉没过。劳埃德保险公司基于它不可思议的经历及在保费方面带来的可观收益，最后决定把它从荷兰买回来捐给国家。现在这艘船就停泊在英国萨伦港的国家船舶博物馆里。不过，使这艘船名扬天下的却是一名来此观光的律师。当时，他刚打输了一场官司，委托人因为输了官司于不久前自杀了。尽管这不是他的第一次失败辩护，也不是他遇到的第一例自杀事件，然而，每当遇到这样的事情，他总有一种负罪感。他不知该怎样安慰这些在生意场上遭受了不幸的人。当他在萨伦船舶博物馆看到这艘船时，忽然有一种想法，为什么不让他们来参观参观这艘船呢？于是，他就把这艘船的历史抄下来，和这艘船的照片一起挂在他的律师事务所里，每当商界的委托他辩护，无论输赢，他都建议他们去看看这艘船。它让我们明白一个道理：在大海上航行的船，没有一艘是不带伤的。

温馨提示：虽然屡遭挫折，却能够百折不挠，坚强地挺住，这就是成功的秘密。

◎ 课后阅读建议

1.中国青年网址：http://www.youth.cn/。

2.中华人民共和国财政部：财会字 19 号，《会计基础工作规范》，1996 年 6 月 17 日。

3.［日］泉正人：《超级整理术》，孙曼译，中国友谊出版公司 2011 年版。

◎ 自我提高再训练

请完成自我提高再训练任务 3、4。

项目三

借贷记账法应用

“大力弘扬劳模精神，劳动精神，工匠精神。”

——习近平总书记金句

思政目标

1. 价值塑造：信守初心，使命担当。
2. 会计职业道德：法制观念，纳税意识。

知识目标

1. 熟悉制造业企业主要经济活动过程。
2. 了解制造业企业主要经济业务所涉及的会计科目。
3. 了解制造业企业主要经济业务核算应设置的账户。
4. 掌握借贷记账法背景下会计分录编制方法。
5. 熟悉借贷记账法试算平衡方法。

能力目标

1. 能够运用借贷记账法对制造业企业资金筹集过程进行核算。
2. 能够运用借贷记账法对制造业企业采购成本进行准确认定及核算。
3. 能够运用借贷记账法对制造业企业主要生产成本、销售成本进行核算。
4. 能够运用借贷记账法正确核算制造业企业一个月的盈亏状况。

思政教育小任务

请根据本教材前面习近平总书记的金句说说自己的理解。（同学举手主动发言或者老师请 2～3 位同学来分享自己的理解）

一个正常运营的企业每天进行着生产、领料、完工产品入库、销售等等经济事项，其每天发生的经济业务以原始单据形式反映。比如，反映原材料购入业务的原始凭证有：供应单位开来的销售发票、运输费用单据、反映企业付款的银行单据等，这些单据分散在每个工作日，数量逐渐增加，杂乱无章，无法系统反映企业经营的总体状况。企业管理者想要了解的信息无法直接从这样的一叠叠单据中得到。为解决这个问题，人们想出了一个办法，就是进行会计核算。经过历史演变，如今国际上共同认定，采用借贷记账法来核算企业每月的经营状况，为管理者提供有效的会计信息。

现在，让我们一起来学习借贷记账方法在制造业企业中的应用吧。

任务一　认识制造业企业主要经济业务

企业按照组织形式的不同，可以分为个人独资企业、合伙企业、公司企业；按照企业法律属性的不同，可以分为法人企业、非法人企业；按照企业所属行业的不同，可以分为工业(制造业)企业、农业企业、建筑企业、交通运输企业、邮电企业、商业企业、外贸企业等。不同企业的经济业务各有特点，其生产经营业务流程也不尽相同，本项目主要介绍制造业企业的资金投入与筹集过程，设备采购、材料采购过程，产品生产制造过程，商品销售及资金回笼过程，利润计算与分配过程等主要经济业务。

制造业企业经济业务流程如图 3-1 所示：

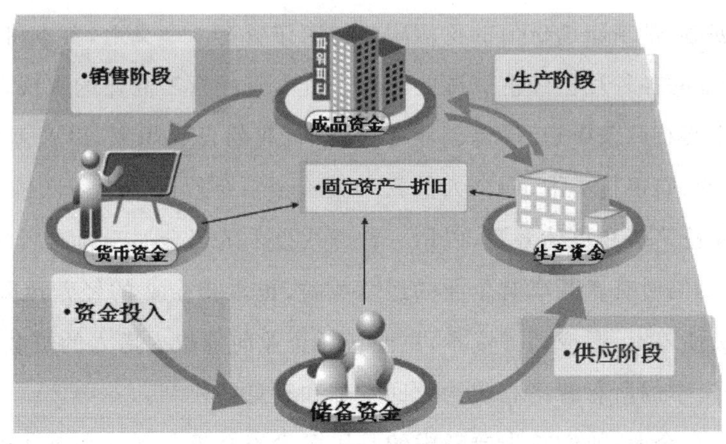

图 3-1　制造业企业主要经济业务流程

制造业企业经济活动的第一个环节是资金投入过程，第二个环节是采购与供应过程，第三个环节是生产过程，第四个环节是销售与资金回笼过程。这样的四个过程在企业经营期间不断循环反复，直到企业关闭。根据会计核算原则，不论企业生存多长时间，在会计核算上都视同长期经营。

针对企业生产经营过程中发生的上述经济业务，主要的会计核算与账务处理内容有：

1.资金筹集业务的账务处理；

2.材料采购业务的账务处理；

3.生产业务的账务处理；

4.销售业务的账务处理；

5.期间费用的账务处理；

6.利润形成与分配业务的账务处理。

在接下来的章节中，我们将一起来分阶段学习这些经济业务的账务处理方法。

任务二　资金投入的核算

一、认识资金投入业务

资本，在经济学意义上指的是用于生产的基本生产要素，即资金及厂房、设备、材料等物质资源。资本能够创造、带来新增价值的价值附着物叫作资本。广义上，资本可作为人类创造物质、精神和信用财富的各种社会经济资源的总称。资本是经营工商业的本钱，以谋取利益。企业资金投入过程主要有两条渠道，一是创业者投资，企业的自我积累，以及新增的股东加入投资数；二是发行债券、向银行借款、向个人借款筹集资金。企业的资金筹集业务按其资金来源通常分为所有者权益筹资和负债筹资，以第一种方式投入的资金属于所有者权益筹资，形成权益资本，这部分资本的所有者既享有企业的经营收益，也承担企业的经营风险；以第二种方式投入的资金属于负债筹资，形成债务资本，主要包括企业向债权人借入的资金和结算形成的负债资金等，这部分资本的所有者享有按约收回本金和利息的权利。

创业者创办一个企业，他们首先要考虑的是用多少资金投入到这个企业中，以保证企业能够维持正常生产经营。当然，如果他的资金不够，他可以找朋友一起投资；可以找个投资公司来投资;可以向银行或个人借款来解决资金需要,这样的一个过程,就是企业的资金投入过程。资金投入过程并不是企业创办时才能有的经济活动,而是一个在企业生产经营过程中可能时常出现的过程。

二、所有者投入资本的构成

所有者投入资本按照投资主体的不同可以分为国家资本金、法人资本金、个人资本金和外商资本金等。

所有者投入的资本主要包括实收资本(或股本)和资本公积。实收资本账户应等于该企业注册资金的数额,多出来的投入资本归集到资本公积账户中。当股东们投入资本时,按投入方式不同,他们可能以货币的形式投入,也可能以自己原来拥有的设备、厂房估价投入,也可能将自己研究的专利权作价作为股本投入。

实收资本(或股本)是指企业的投资者按照企业章程、合同或协议的约定,实际投入企业的资本金以及按照有关规定由资本公积、盈余公积等转增资本的资金。

资本公积是企业收到投资者投入的超出其在企业注册资本(或股本)中所占份额的投资,以及直接计入所有者权益的利得和损失等。资本公积作为企业所有者权益的重要组成部分,主要用于转增资本。

当然,在企业正常经营过程中,因为扩大生产需要或其他原因,也可能需要进行资金的筹集,比如,企业的生产设备旧了,要换一条新的生产线,那么,同样需要进行再投资。作为原始投资人的股东们经协商同意,可以将自己前几年经营所得的利润取出来再次投入到企业中去,企业在获得利润后不进行分配仍然把资金放在企业里参加生产经营的继续周转循环,就是一种企业的自我积累过程。这种筹资方式使业主权益增大,资金所有权与经营权合二为一。

三、以债务形式筹集的资金

企业还可以通过向银行贷款、短期占用其他企业资金、向个人借款等形式取得以债务形式筹集的资金。包括:短期借款、长期借款、其他应付款、应付账款、应付职工薪报酬、应交税金等。下面我们通过一个例子来说明:

表 3-1 企业资金筹集分类训练

序号	经济业务	属于投资的什么大类(打√)	
		所有者权益筹资	负债筹资
1	新股东加盟投资 500 万元		
2	向上海一家公司借款 20 万元		
3	将企业上年度实现的净利润 100 万元转为企业实收资本		
4	向银行借到为期 9 个月的流动资金贷款 300 万元		

在以上的任务表中,我们可以分析了解到:

经济业务 1:当企业有新股东加盟投资时,增加“实收资本”,也就是所有者权益增加,属于所有者权益筹资。

经济业务 2:当企业向上海原材料供应公司借款时,负债“应付账款”增加,属于负债筹资。

经济业务 3:当企业将上年度实现的净利润转为企业实收资本时,所有者权益“实收资本”或“资本公积”增加,“利润分配”减少,属于所有者权益筹资。

经济业务 4:当企业向银行借到为期 9 个月的流动资金贷款时,负债“短期借款”增加,属于负债筹资。

通过这样几个业务我们可以了解到,筹集资金的渠道很多,如何选择是关键。

四、资金筹集核算应设置的账户

为了全面完整、及时准确地反映投资者投入企业的资本金,反映债务的借入及偿还情况,企业应设置相关账户。

玩中学

1.“实收资本”账户

所有者权益类“实收资本”科目,用以核算企业接受投资者投入的实收资本。投资者以货币资金、实物资产和无形资产等形式进行投资,当收到投资者投入的实收资本时,记入该账户的贷方;当投资者按相关规定履行相关手续后收回投资时,记入该账户的借方。该账户的期末余额在贷方,本账户余额应等于企业注册资金数,反映企业实收资本总额。该账户应按投资者的名称设置明细分类账户进行明细核算。

"实收资本"账户结构：

借方	实收资本 贷方
核算减少的注册资本金额	核算投资人投入的货币资金 核算投资人投入的非货币性资产 核算资本公积、盈余公积转入的金额
	反映投入资本实有数

2."资本公积"账户

所有者权益类"资本公积"科目，用以核算企业收到投资者出资额超出其注册资本或股本中所占份额的部分，以及直接计入所有者权益的利得和损失等。比如，一个企业的注册资金是500万元，可是实际投入的资金是600万元，那么，500万元列在"实收资本"，另外100万元列在"资本公积"账户。"资本公积"账户借方登记资本公积的减少额，贷方登记资本公积的增加额。期末余额在贷方，反映企业期末资本公积的结余数额。该账户可按资本公积的来源不同，分别在"资本溢价(或股本溢价)"、"其他资本公积"进行明细核算。

"资本公积"账户的结构：

借方	资本公积 贷方
核算资本公积减少的数额核算	接受捐赠、资本溢价、股票溢价等 增加的数额
	反映企业资本公积的结存数

3."银行存款"账户

"银行存款"账户属于资产类账户，用以核算企业存入银行或其他金融机构的各种款项，但是银行汇票存款、银行本票存款、信用卡存款、信用证保证金存款、存出投资款、外埠存款等，通过"其他货币资金"账户核算。

"银行存款"账户借方登记存入的款项，贷方登记提取或支出的存款。期末余额在借方，反映企业存在银行或其他金融机构的各种款项。月末，应将本科目各明细账余额与该科目银行对账单进行核算，保证期末余额相等。如果您做出来的账，"银行存款"账户余额在贷方，那么就有可能做错账了，或者有收入尚未做到账上去，应该返回去进行检查。该账户应当根据开户银行、存款种类分别进行明细核算。

"银行存款"账户的结构：

借方	银行存款 贷方
核算企业存入或增加的款项	核算提取或支出的款项数额
反映企业存在银行的存款金额	

4."短期借款"账户

根据负债类"短期借款"科目设置,用于核算企业借入各种期限一年以内的短期借款,借记"银行存款"科目,贷记"短期借款"科目;归还借款时做相反的会计分录。

"短期借款"账户的结构:

借方	短期借款 贷方
核算归还的短期借款	核算取得的短期借款
	反映尚未归还的短期借款

5."长期借款"账户

根据负债类"长期借款"科目设置,用于核算企业借入各种期限超过一年的长期借款,应按实际收到的金额借记"银行存款"科目,按借款本金贷记"长期借款——本金"科目,如存在差额,还应借记"长期借款——利息调整"科目。

"长期借款"账户的结构:

借方	长期借款 贷方
核算归还的长期借款	核算取得的长期借款
	反映尚未归还的长期借款

6."其他应付款"账户

根据流动负债"其他应付款"科目设置,用于核算企业在非销售过程中产生的其他应付、暂收的款项。核算时应按实际收到的金额借记"银行存款""其他货币资金"等科目,贷记"其他应付款"科目。

"其他应付款"账户的结构:

借方	其他应付款 贷方
核算归还的其他应付款	核算取得的其他应付
	反映尚未归还的其他应付款

7."其他货币资金"账户

其他货币资金是指企业除现金和银行存款以外的货币资金。它包括外埠存款、银行汇票存款、银行本票存款、在途货币资金、信用证存款和信用卡存款等。在互联网时代,它还包括企业存在支付宝、余额宝、微信账户的资金。

该账户为资产类账户,用于核算企业通过移动收付办理日常经济业务。该账户的借方登记通过移动账户收到的款项以及外埠存款、银行汇票存款、银行本票存款、在途货币资金、信用证存款和信用卡存款;贷方通过移动账户支付的款项,也包括外埠存款、银行汇票存款、银行本票存款、在途货币资金、信用证存款和信用卡存款减少数。借方余额表示尚在移动支付平台存有的资金或者存在的外埠存款、银行汇票存款、银行本票存款、在途货币资金、信用证存款和信用卡存款余额等。

"其他货币资金"账户的结构:

借方　　　　　　其他货币资金	贷方
核算移动账户、外埠存款、银行汇票存款、银行本票存款、在途货币资金、信用证存款和信用卡存款以及收到的款项增加数	核算移动账户、外埠存款、银行汇票存款、银行本票存款、在途货币资金、信用证存款和信用卡减少金额
反映以上相关账户存款余额	

五、资金筹集业务的核算

福兴公司2021年10月发生部分资金投入业务,我们一起来分析解读。

[**例3-1**]2021年10月2日,福兴公司接受弘达企业投入的资本金500 000元,存入银行。

本项经济业务解读:

此项经济业务因收到投资者投入的实收资本而使企业银行存款增加。应借记"银行存款",贷记"实收资本"科目。编制会计分录如下:

借:银行存款　　　　500 000

　贷:实收资本——弘达企业　　　　500 000

[**例3-2**]12月3日,福兴公司收到投资者吕文亚投入资本金60 000元,款项已转入公司支付宝账户。

此项经济业务因收到投资,一方面反映投入资本增加,即所有者权益增加,应记入"实收资本”账户的贷方；另一方面反映企业可用资金的增加，应记入“其他货币资金”账户的借方。编制会计分录如下：

借：其他货币资金——支付宝账户　　60 000

　贷：实收资本——吕文亚　　60 000

[**例 3-3**]12 月 3 日，福兴公司收到投资者翁敏筹投入资本金 80 000 元，款项已转入公司微信账户。

此项经济业务因收到投资，一方面反映投入资本增加，即所有者权益增加，应记入“实收资本”账户的贷方；另一方面反映企业可用资金的增加，应记入“其他货币资金”账户的借方。编制会计分录如下：

借：其他货币资金——微信账户　　80 000

　贷：实收资本——翁敏筹　　80 000

[**例 3-4**]2021 年 10 月 5 日，福兴公司收到明发企业投入机器设备一台，原值 400 000 元，已提折旧 100 000 元，投资协议作价 250 000 元。

本项经济业务解读：

此项经济业务因收到投资者投入的机器设备使得固定资产和实收资本同时增加，应按固定资产投资协议作价借记“固定资产”，贷记“实收资本”。编制会计分录如下：

借：固定资产　　250 000

　贷：实收资本——明发企业　　250 000

[**例 3-5**]2021 年 10 月 6 日，福兴公司收到明发企业投入专利权一项，投资协议作价 100 000元。

本项经济业务解读：

此项经济业务因收到投资者投入的专利权使得无形资产和实收资本同时增加，应按无形资产投资协议作价借记“无形资产”，贷记“实收资本”。编制会计分录如下：

借：无形资产——专利权　　100 000

　贷：实收资本——明发企业　　100 000

[**例 3-6**]2021 年 10 月 6 日，福兴公司从银行取得流动资金贷款 200 000 元，期限 6 个月，按季付息，到期还本。

本项经济业务解读：

根据相关规定，企业向银行借入的贷款，应先转入企业在贷款银行开立的账户后再支用，因而，此项经济业务因取得银行转来的短期借款而使银行存款增加。应借记“银行存款”，贷记“短期借款”。编制会计分录如下：

借：银行存款　　200 000

　贷：短期借款　　200 000

［**例 3-7**］2021 年 10 月 20 日，福兴公司为建造厂房向银行取得固定资产贷款 700 000 元，期限 3 年，年利率 7.2%，按年付息，到期还本。

本项经济业务解读：

根据相关规定，企业向银行借入的贷款，应先转入企业在贷款银行开立的账户后再支用，因而，此项经济业务因取得银行转来的长期借款而使银行存款增加。应借记“银行存款”，贷记“长期借款”。编制会计分录如下：

借：银行存款　　700 000

　贷：长期借款　　700 000

任务三　采购供应过程核算

一、认识采购供应过程

采购供应过程也称为采购过程或供应过程，是指企业的货币资金转变为生产储备资金的过程。它是企业再生产三个过程——供应、生产、销售的起点，也就是企业运营的第一个过程。供应过程的主要经济业务是原材料的采购和储存。通过采购业务，仓库收到材料，生产储备资金增加。

原材料是企业用于制造产品所需要的物质，它构成产品的主体。这里所说的原材料是广义的。它包括：原料及主要材料、辅助材料、低值易耗品、燃料与动力、包装物等。生产各种产品的材料不一样，如服装制造商所用的原材料包括：各种材料织成的布料，它是构成服装的主体；辅助材料，如帮助服装形成的缝纫线、拉链、扣子等；包装物，如塑料袋、纸盒子、打包带、大纸箱等；低值易耗品，如劳保用品、修理用备件、机油等。

原材料的采购成本不仅包括它的买价，还包括它在采购过程中发生的相关采购费用。企业管理者一般都会要求努力降低材料成本，提高材料性能，满足客户需求。

二、采购供应过程应设置的账户

在采购供应过程中，原材料采购可能先付款后到货，也可能先到货后付款，也可能到货后只付一部分款项，其余款项暂时未付，结算方式不同决定会计核算账户。本教材只学习原材料按实际成本核算方法。在采购供应过程中除了应设置“原材料”、“在途物资”、“银行存款”、“库存现金”账户，还应设置与付款有关的“预付账款”、“应付账款”、“其他应付款”、“应付票据”等。

下面，让我们认识根据各相关会计科目所建立的账户。

1.“在途物资”账户

“在途物资”账户属资产类账户。它是企业在采购原材料时采用实际成本计算进价时而设置的一个会计账户，它核算货款已付而尚未验收入库的各种原材料的采购成本。本科目应按供应单位和原材料品名进行明细核算。该账户的借方登记外购原材料的实际采购成本（包括买价和采购费用）；贷方登记已验收入库原材料的实际成本。“在途物资”账户月末如果有余额就在借方，表示企业已经收到发票账单但原材料尚未到达或尚未验收入库的在途物质的实际采购成本；该账户余额可以为零，表示没有任何在途物资；该账户不能有贷方余额，如果发现账上有贷方余额，则应马上查明原因进行调整错账。

“在途物资”账户的结构：

借方　　　　在途物资　　　　贷方

借方	贷方
核算在途原材料的实际成本	核算验收入库的在途原材料实际成本
余额反映尚未验收入库的在途原材料实际成本	

2.“原材料”账户

“原材料”账户属资产类账户。在按实际成本核算背景下，该账户用来核算企业库存的各种原材料的增减变动及其结余情况。该账户借方登记从“在途物资”账户贷方转来已验收入库的原材料实际成本；贷方登记生产领用发出原材料的实际成本或因损失而减少的原材料实际成本；“原材料”账户月末如果有余额就在借方，表示企业库存的各种原材料实际成本；该账户余额可以为零，表示没有任何库存；该账户不能有贷方余额，如果发现账上有贷方余额，则应马上查明原因进行调账。

原材料可分为原材料及主要材料、辅助材料、外购半成品、修理用备件、包装材料、燃料等。它们可以作为二级科目进行核算，三级科目按原材料品名设置。

"原材料"账户的结构：

借方　　　　　　　原材料	贷方
核算购进原材料的实际成本，包括买价及相关采购费用	核算生产领用发出材料或因损失而减少的原材料实际成本
余额反映库存的各种材料原材料实际成本	

3."应付账款"账户

"应付账款"账户属于负债类账户。应付账款是指因购买原材料而发生的债务。这是在采购活动中由于取得物资与支付贷款在时间上不一致而产生的负债。"应付账款"账户的贷方登记因购买原材料而发生的应付未付的款项；借方登记已经支付或已开出银行承兑、商业汇票抵付的应付款项；"应付账款"账户月末如果有余额就在贷方，表示企业尚未支付的应付账款；该账户余额可以为零，表示没有任何应付账款；该账户如果有借方余额，则有可能是多付了货款，可以调整到"预付账款"科目，也可以不调整，待下次采购时发生欠款就会自动调整为贷方余额。该账户可按供应原材料的债权人企业名称进行明细核算。

"应付账款"账户结构：

借方　　　　　　　应付账款	贷方
核算已经支付或已开出银行承兑、商业汇票抵付的应付款项	核算因购买原材料而发生的应付未付的款项
	余额反映尚未支付的应付账款

4."预付账款"账户

预付账款账户属于资产类账户，预付账款是企业在原材料采购过程中根据购销双方约定，提前支付货款的一种结算方式。"预付账款"账户，用来核算企业按照原材料采购合同约定预付给供应单位的款项，"预付账款"属于资产类科目。该账户借方登记按照原材料采购合同约定预付给供应单位的货款和补付的款项；贷方登记收到所购原材料和供应单位退回多付的款项，期末如为借方余额，表示企业预付的款项；期末如为贷方余额，表示企业尚未补付的款项。该账户应按供货单位进行明细核算。

"预付账款"账户结构：

借方	预付账款　　　贷方
核算按照合同约定预付给供应单位的原材料货款和补付款项	核算收到所购原材料和退回多付的款项
余额反映企业预付原材料款数额	

5."应交税费——应交增值税"账户

该账户属于负债类账户,用来核算企业应交纳的增值税。增值税属于一种价外税,分为增值税进项税额和增值税销项税额等。增值税的进项税额是指纳税人购进货物或接受应税劳务所支付或负担的增值税额;而销项税额是指纳税人销售货物或提供应税劳务,是按照销售额和规定的税率向买方收取的增值税额。

根据增值税税收制度规定,不同的企业,对这部分增值税款的处理方法不一样。

(1)增值税

增值税是指在我国境内销售货物或者提供加工、修理修配劳务,应税服务以及进口货物的单位和个人,就其实现的增值额为征税对象而征收的一种税。

增值税是以商品(含应税劳务)在流转过程中产生的增值额作为计税依据而征收的一种流转税。从计税原理上说,增值税是对商品生产、流通、劳务服务中多个环节的新增价值或商品的附加值征收的一种流转税,实行价外税,也就是由消费者负担,有增值才征税,没增值不征税。

增值税的特点有:多次征收性;价外计征性;税不重征性;相同税负性。

增值税的类型有:消费型增值税、收入型增值税、生产型增值税。目前我国施行的是消费型增值税。

(2)一般纳税人

从规模上来说,一般纳税人的认定标准如下:

纳税人从事生产货物,或者主兼营货物批发或零售,年应税销售额大于等于50万;纳税人从事货物批发或零售的,年应税销售额大于等于80万;纳税人应税服务年销售额标准为500万。

(3)一般纳税人税率

增值税根据不同行业税率不同,按照13%、9%、6%、0%等税率进行缴纳,可以抵扣进项税。

①税率 13%

纳税人销售货物、劳务、有形动产租赁服务或者进口货物，除本条第二项、第四项、第五项另有规定外，税率为 13%。

②税率 9%

纳税人销售交通运输、邮政、基础电信、建筑、不动产租赁服务，销售不动产，转让土地使用权，销售或者进口如下表所列货物，税率为 9%，包括：粮食等农产品、食用植物油、食用盐，自来水、暖气、冷气、热水、煤气、石油液化气、天然气、甲醚、沼气、居民用煤炭制品，图书、报纸、杂志、音像制品、电子出版物，饲料、化肥、农药、农机、农膜，国务院规定的其他货物。

③税率 6%

纳税人销售服务、无形资产，除本条第一项、第二项、第五项另有规定外，税率为 6%。运费的增值税率：一般纳税人税率是 9%，小规模纳税人是 3%，物流企业是 6%。

④税率 0%

纳税人出口货物，税率为零；但是，国务院另有规定的除外。境内单位和个人跨境销售国务院规定范围内的服务、无形资产，税率为零。

税率的调整由国务院决定。纳税人兼营不同税率的项目，应当分别核算不同税率项目的销售额；未分别核算销售额的，从高适用税率。

序号	税目	税率
1	销售或者进口货物(除 9～12 项外)	13%
2	加工、修理修配劳务	13%
3	有形动产租赁服务	13%
4	不动产租赁服务	9%
5	销售不动产	9%
6	建筑服务	9%
7	运输服务	9%
8	转让土地使用权	9%
9	饲料、化肥、农药、农机、农膜	9%
10	粮食等农产品、食用植物油、食用盐	9%
11	自来水、暖气、冷气、热水、煤气、石油液化气、天然气、二甲醚、沼气、民用煤炭制品	9%

续表

序号	税目	税率
12	图书、报纸、杂志、音像制品、电子出版物	9%
13	邮政服务	9%
14	基础电信服务	9%
15	增值电信服务	6%
16	金融服务	6%
17	现代服务(除租赁服务外)	6%
18	生活服务	6%
19	销售无形资产(除土地使用权外)	6%
20	出口货物	0%
21	跨境销售国务院规定范围内的服务、无形资产	0%

(4)小规模纳税人

年应税销售额未超过财政部、国家税务总局规定的小规模纳税人标准以及新开业的纳税人,可以向主管税务机关申请小规模纳税人资格认定,小规模纳税人应缴增值税额不能进行进项抵扣,通常税率是3%。

增值税小规模纳税人以及采用简易计税的一般纳税人计算税款时使用征收率,目前增值税征收率一共有4档,即0.5%、1%、3%和5%,一般是3%,财政部和国家税务总局另有规定的除外。

序号	税目	征收率
1	销售货物	3%
2	加工、修理修配劳务	3%
3	销售服务(除另有规定外)	3%
4	销售无形资产	3%
5	销售不动产	5%
其中四项业务征收率:		
序号	税目	征收率
1	建筑服务	3%

续表

序号	税目	征收率
2	试点前开工的高速公路车辆通行费	3%
3	不动产经营租赁	5%
4	销售自行开发房地产	5%
5	销售不动产	5%

近两年受疫情影响，针对小规模纳税人，国家出台了增值税减免的政策，小规模纳税人税率从原来的3%减免为1%，这一政策帮助中小微企业应对了各种困难，激发了市场活力。2021年国家将小规模纳税人增值税起征点从月销售额10万元提高到15万元；且按季申报，只要季度内销售收入没有超过45万元就可以免税。对于小微企业和个体工商户年应纳税所得额不到100万元的部分，在现行优惠政策基础上，再减半征收所得税。2022年1月1日后，将延续小规模纳税人3%征收率降为1%的政策。

(5)认识几个增值税专业术语

我国现行增值税一般纳税人的应纳税额的计算方法采用间接计税法，即购进扣税法，其应纳税额的计算公式为：

当期应纳税额＝当期销项税额－当期进项税额

销售额为纳税人销售货物或者应税劳务向购买方收取的全部价款和价外费用，但是不包括收取的销项税额、受托加工应征消费税的消费品所代收代缴的消费税、代垫运费。

①销项税额

销项税额是指纳税人销售货物或者应税劳务，按照销售额或组成计税价格和规定的税率计算并向购买方收取的增值税额。计算公式为：

销项税额＝销售额(或组成计税价格)×税率

②进项税额

进项税额是指纳税人购进货物或者接受应税劳务，所支付或者负担的增值税额。进项税额和销项税额是对应的，销售方收取的销项税额，就是购买方应支付的进项税额。

进项税额，是指纳税人购进货物、加工修理修配劳务、服务、无形资产或者不动产，支付或者负担的增值税额。

进项税额＝(外购原料、燃料、动力)×税率

纳税人购进货物或者应税劳务，取得的增值税扣税凭证不符合法律、行政法规或者国务院税务主管部门有关规定的，其进项税额不得从销项税额中抵扣。增值税扣税凭证是指增值税专用发票、海关进口增值税专用缴款书、农产品收购发票和农产品销售发票以及运输费用结算单据。

准予抵扣的进项税：从销售方取得的增值税专用发票上注明的增值税额；从海关取得的完税凭证上注明的增值税额；购进免税农业产品准予按照买价扣除率计算进项税额；在外购货物及销售货物所支付的运输费用，允许根据运费结算单据所列运费金额(运费和建设基金)计算抵扣进项税额。

不准予抵扣的进项税：纳税人购进货物或应税劳务，没有按照规定取得并且保存增值税抵扣凭证或增值税扣税凭证上未按规定注明增值税额计其他有关事项的；采购的物品用于非应税项目的购进货物或应税劳务的；用于免税项目的购进货物或应税劳务；用于集体福利或者个人消费的购进货额或应税劳务。

③增值税税负率

增值税税负率又称最低税负率。用于衡量企业在一定时期内实际税收负担的大小。从国家宏观调控角度讲，只有相对合理的税负才能保障国民经济的健康发展；从纳税监管角度讲，在名义税率和税收政策一定的情况下，实际税负过低，则有可能存在偷漏税问题，会引起税务监管部门的注意；从企业来讲，如果实际税负较高，企业也应该查明原因，加强纳税核算管理，避免不必要的纳税损失。增值税税负率由各要区自主确定，各地不尽相同。

为了核算应交纳的增值税，企业需设置“应交税费——应交增值税”账户，该账户的借方用来登记企业在采购原材料时支付给供货方的进项税额及本月上缴的应纳税额，贷方用来登记销售产品时应向购买方收取的销项税额。余额一般在贷方，表示企业应交而尚未交纳的增值税。

“应交税费——应交增值税”账户结构：

借方　　　　应交税费—	—应交增值税　　　　贷方
核算增值税的进项税额实际交纳的增值税税额	核算增值税的销项税额
	反映应交而尚未交纳的增值税税额

三、原材料采购成本的计算

企业在进行原材料采购时,为节约采购成本,可能设置专门部门,指定专门人员承担该项工作;在原材料采购可能因为产品质量要求,需要对原材料进行分类整理、温度控制等,这样也将产生采购费用。不同企业在采购原材料时除了会发生共同性的物流费用外,还会发生不一样的采购费用。

1.原材料采购成本的构成

原材料采购成本的主要构成是原材料的买价,一般情况下,因采购原材料而发生的相关费用占原材料总成本的比重小,当然,因为我国当前的物流费用还是比较贵的,所以也有采购时发生物流费用达买价的20%~30%。这里所指的是广义原材料采购成本,狭义的原材料采购成本仅指原材料买价。广义的原材料采购成本大致包括以下项目。

(1)买价。是指发票上标明的货款金额,根据企业交税形式不同,包括含税价格和不含税价格。一般纳税人企业购入的原材料是不含税价格,小规模纳税人企业购入的原材料买价是含税价格。

(2)采购费用。包括因询价而产生的费用、支付采购机构管理费用、采购机构费用、谈判招标费用、采购差旅费等。

(3)物流费用。包括运输费、装卸费、运输途中货物保险费、运输包装费、备运仓储费、运输途中的保险费等。

(4)挑选整理费。该费用是指对采购的原材料进行分类整理费用,包括挑选整理中发生的人工费支出、挑选整理时发生的合理损耗、挑选整理物料消耗等。

(5)采购合理损耗。该费用是因原材料特性而发生的,如食品厂在采购新鲜水果时,从果农产地到企业仓库或车间验收时重量消耗引起的损耗,这种损耗是可以根据相关信息提前估计的,所以企业应确定一个原材料采购合理损耗的比例。

(6)原材料采购相关税费。包括按规定应计入原材料采购成本的各种税金,如从国外进口原材料时发生的关税等。

从以上各项目可以知道,原材料的买价加上所有采购费用就构成了原材料的采购成本。

职场智慧：

上面所列举的因采购原材料而发生的费用不一定列举得很完整。所有企业根据其采购过程情况而产生不同项目的采购费用。会计人员应根据会计的重要性原则、实质重于形式原则做出正确的职业判断。原则上，大宗原材料采购，且发生的采购相关费用金额比较大时，应列为采购费用在采购成本中进行核算；如果相关采购费用金额比较小，则可以列管理费用。

2.原材料采购成本分配方法

在计算原材料采购成本时，要根据各批次采购情况来考虑采购费用的分配。如果是单项原材料发生的采购费用，很好认定，可以直接计入该批原材料采购成本；如果是同一次购入多种原材料，共同发生的采购费用就应采用适当的分配标准经过计算后由各种原材料承担相应的采购成本。

原材料采购成本分配方法有两种，一种是根据采购原材料的重量进行分配，另一种是根据采购原材料的价值进行分配。具体采用哪一种方法进行分配，则应根据会计的重要性原则、合理性原则选定。企业不论采用哪一种分摊方式，在分配采购费用时，均应先计算采购费用分配率，再根据分配率计算各种材料应负担的采购费用。

原材料采购费用分配计算公式如下：

(1)根据采购原材料的重量进行分配

采购费用分配率＝采购费用总额÷各种原材料的重量之和

某种原材料应负担的采购费用＝该种原材料的重量×采购费用分配率

(2)根据采购原材料的价值进行分配

采购费用分配率＝采购费用总额÷各种原材料的买价之和

某种原材料应负担的采购费用＝该种原材料的买价×采购费用分配率

3.原材料采购成本分配

根据以上采购原材料费用分配公式，我们举例来实践一下。

采购业务例一：2021 年 10 月 6 日，福兴服装厂采购亚麻面料的布料一批，价值 50 000 元；同时采购的还有纯棉面料的布料一批，价值 30 000 元。这次采购共发生采购物流费用 8 000 元。

采购费用分配率＝采购费用总额÷各种原材料的买价之和(按买价分摊物流费用)

＝8 000÷(50 000＋30 000)＝0.10(元)

亚麻面料的布料应负担的采购费用＝该种原材料的买价×采购费用分配率

＝50 000×0.10＝5 000(元)

纯棉面料的布料应负担的采购费用＝该种原材料的买价×采购费用分配率

＝30 000×0.10＝3 000(元)

采购业务例二：2021 年 10 月 15 日，福建水仙花集团同时购入 5 mm 钢材一批，重量 200 吨；同时购入 3 mm 钢材一批，重量 300 吨，共发生采购费用总额 10 000 元。

采购费用分配率＝采购费用总额÷各种原材料的重量之和(按重量分摊采购费用)

＝10 000÷(200＋300)＝20(元)

5 mm 钢材应负担的采购费用＝该种原材料的买价×采购费用分配率

＝200×20＝4 000(元)

3 mm 钢材应负担的采购费用＝该种原材料的买价×采购费用分配率

＝300×20＝6 000(元)

4.原材料采购的账务处理

原材料的日常收发结存可以采用实际成本核算，也可以采用计划成本核算。在实际工作中，很少采用按计划成本方法进行核算，所以这里我们只学习原材料采购按实际成本法核算的账务处理方法。

实际成本法下，一般通过“原材料”和“在途物资”等科目进行核算。企业外购原材料时，按原材料是否验收入库分为以下两种情况：

(1)原材料已验收入库

如果货款已经支付，发票账单已到，原材料已验收入库，按支付的实际金额，借记“原材料”、“应交税费——应交增值税(进项税额)”等，贷记“银行存款”、“预付账款”等。小规模企业借记“原材料”，贷记“银行存款”等。

如果货款尚未支付，原材料已经验收入库，按相关发票凭证上应付的金额，借记“原材料”、“应交税费——应交增值税(进项税额)”等，贷记“应付账款”、“应付票据”等。小规模企业借记“原材料”，贷记“应付账款”等。

如果货款尚未支付，原材料已经验收入库，但月末仍未收到相关发票凭证，按照暂估价入账，即借记“原材料”，贷记“应付账款”等。下月初做相反分录予以冲回，收到相关发票账单后再编制相关会计分录。

（2）原材料尚未验收入库

如果货款已经支付，发票账单已到，但原材料尚未验收入库，按支付的金额，借记“在途物资”、“应交税费——应交增值税（进项税额）”等，贷记“银行存款”等；待验收入库时再作后续分录。小规模企业借记“在途物资”，贷记“银行存款”等。

四、采购供应过程业务核算

以福兴公司和台蒙贸易公司2021年10月发生的部分经济业务为例介绍采购供应过程业务的核算。

［**例3-8**］2021年10月8日，从银行汇款预付前进公司采购材料款60 000元。

本项经济业务解读：因为生产需要，企业与前进公司签订原材料采购合同，根据合同约定，预付福建利达公司采购材料款。此项业务使预付账款增加，银行存款减少。因此，编制会计分录如下：

借：预付账款——前进公司　　60 000

　贷：银行存款　　60 000

［**例3-9**］福兴公司是一般纳税人企业，2021年10月5日，该公司向福建利达公司购买A材料，价值120 000元，增值税率为13%，增值税专用发票上注明的增值税额为15 600元；材料已验收入库，从银行支付全部货款。

本项经济业务解读：此项采购业务一方面发生了原材料采购价款，应记入材料的采购成本，借记“原材料”；同时，增值税专用发票上注明的因采购材料而支付的增值税进项税额，可以在未来的销项税额中进行抵扣，这时应借记“应交税费——应交增值税（进项税额）”；另一方面，企业从银行支付了部分货款，使得银行存款减少，应贷记“银行存款”。因此，编制会计分录如下：

借：原材料——A材料　　120 000

　　应交税费——应交增值税（进项税额）　　15 600

　贷：银行存款　　135 600

［**例3-10**］台蒙贸易公司是小规模纳税人企业，2021年10月6日，该公司向福建利达公司购买B材料，价值80 000元，材料已验收入库，从支付宝账户付清全部货款。

本项经济业务解读：此项采购业务一方面发生了采购价款，应记入材料的采购成本，借记“原材料”；相应的，企业从支付宝账户付清货款，使得其他货币资金减少，应贷记“其他货币资金”。因此，编制会计分录如下：

借:原材料——B材料　　80 000

　贷:其他货币资金——支付宝账户　　80 000

[**例3-11**]台蒙贸易公司是小规模纳税人企业,2021年10月9日,该公司向厦门隆达公司购买C材料,价值30 000元,材料已验收入库,从微信账户付清全部货款。

本项经济业务解读:此项采购业务一方面发生了采购价款,应记入材料的采购成本,借记"原材料";相应的,企业从微信账户付清货款,使得其他货币资金减少,应贷记"其他货币资金"。因此,编制会计分录如下:

借:原材料——C材料　　30 000

　贷:其他货币资金——微信账户　　30 000

[**例3-12**]福兴公司是一般纳税人企业,2021年10月13日,该公司向福建明利达公司购买A材料,价值100 000元,增值税率为13%,增值税专用发票上注明的增值税额为13 000元;材料均已验收入库,货款均尚未支付。

本项经济业务解读:此项采购业务一方面发生了采购价款,应记入材料的采购成本,借记"原材料";同时,增值税专用发票上注明的因采购材料而支付的增值税进项税额,可以在未来销项税额中进行抵扣,借记"应交税费——应交增值税(进项税额)";另一方面,企业货款均尚未支付,应挂账,贷记"应付账款"。因此,编制会计分录如下:

借:原材料——A材料　　100 000

　应交税费——应交增值税(进项税额)　　13 000

　贷:应付账款 ——福建明利达公司　　113 000

[**例3-13**]福兴公司是一般纳税人企业,2021年10月15日,向泉州宏利公司购买A材料价值20 000元,增值税专用发票上注明的增值税额为2 600元,材料未到,货款从支付宝账户付清。

本项经济业务解读:向泉州宏利公司购买A原材料,A材料未入库,在实际成本法下借记"在途物资"科目,增值税进项税额应借记"应交税费——应交增值税(进项税额)"科目,款项暂欠贷记"应付账款"科目。因此,编制会计分录如下:

借:在途物资——A材料　　20 000

　应交税费——应交增值税(进项税额)　　2 600

　贷:其他货币资金——支付宝账户　　22 600

[**例3-14**]福兴公司2021年10月15日向泉州宏利公司购买材料,从微信账户支付了长途运费1 000元,运费的增值税扣除率为7%,可抵扣进项税为70元。

本项经济业务解读：营改增以后，运输企业年营业额在500万元以上，为增值税一般纳税人，按照11%的税率计算销项税额。运费的增值税扣除率为7%。运输企业年营业额低于500万元的为增值税小规模纳税人，对外提供运输服务，开具普通发票，按照征收率3%计算。

福兴公司公司因采购原材料而支付长途运费，金额比较大，而且可以直接认定是该材料所属运费，应按实际借记"原材料——A材料"，贷记"其他货币资金"，编制会计分录如下：

借：在途物资——A材料　　1 000

　应交税费——应交增值税（进项税额）　　70

　贷：其他货币资金——微信账户　　1 070

[**例3-15**]福兴公司2021年11月5日、10月15日向泉州宏利公司购买的材料到货，验收入库。由此可见，该A材料合计采购成本为：20 000（买价）+1 000（运费）=21 000元。

本项经济业务解读：向泉州宏利公司购买原材料验收入库，应按实际采购成本借记"原材料"，贷记"在途物资"，编制会计分录如下：

借：原材料——A材料　　21 000

　贷：在途物资——A材料　　21 000

[**例3-16**]福兴公司2021年11月5日以现金支付A材料搬运费20元。

本项经济业务解读：福兴公司以现金支付A材料搬运费20元，根据会计重要性原则，这笔小额运费在本笔采购中是否列入材料成本并不会对成本影响很大，所以被认为不是十分重要，可以直接列管理费用，不需要列入原材料采购成本，应借记"管理费用"，贷记"库存现金"，编制会计分录如下：

借：管理费用——运杂费　　20

　贷：库存现金　　20

职场智慧：

在原材料采购核算过程中，一个十分重要的工作是应付款项核算与监督。企业采购原材料有以下几种支付方式：现金支付、从银行支付、部分欠款、全部欠款、预付款、开具应付票据给供应单位等。会计人员应根据实际往来单位名称，设置应付账款明细账，详细记录预付、应付款项。

根据会计的重要性原则，应付款项应定期以核对的方式进行清查，应付款项在支付时应严格审核，不得出现多次重复支付或多付款情况。

任务四　生产业务的核算

一、认识生产过程

企业产品的生产过程同时也是生产资料的耗费过程。企业在生产过程中发生的各项生产费用，是企业为获得收入而预先垫支并需要得到补偿的资金耗费。这些费用最终都要归集、分配给特定的完工产品，形成产品的成本。

产品成本的核算是指把一定时期内企业生产过程中所发生的费用，按其性质和发生地点，分类归集、汇总、核算，计算出该时期内生产费用发生总额，并按适当方法分别计算出各种产品的实际成本和单位成本等。

二、生产成本的构成

生产成本亦称制造成本，是指生产活动的成本，即企业为生产产品而发生的成本。生产成本是生产过程中各种资源利用情况的货币表示，是衡量企业技术和管理水平的重要指标。

生产成本由直接材料、直接人工和制造费用三部分组成。直接材料是指在生产过程中的劳动对象，通过加工使之成为半成品或成品，它们的使用价值随之变成了另一种使用价值，包括原材料、辅助材料、备品备件、燃料及动力等；直接人工是指生产过程中所耗费的人力资源，可用工资额和福利费等计算，包括生产人员的工资及福利费、奖金补贴、五险一金等；制造费用则是指生产过程中使用的厂房、机器、车辆及设备等设施及机物料和辅料，它们的耗用一部分是通过折旧方式计入成本，另一部分是通过维修、定额费用、机物料耗用和辅料耗用等方式计入成本，包括分厂、车间管理人员工资、折旧费、维修费、修理费及其他制造费用、办公费、差旅费、劳保费等。

将产品成本划分为若干项目，即成本项目。根据生产特点和管理要求，企业一般可以设立以下几个成本项目：

1.直接材料

直接材料是指企业在生产产品和提供劳务过程中所消耗的直接用于产品生产并构成产品实体的原料、主要材料、外购半成品以及有助于产品形成的辅助材料。如：荔枝罐头，它的主要材料就是荔枝，辅助材料是白糖和水，包装物就是铁罐、纸贴标、纸箱等。

2.燃料及动力

燃料及动力是指直接用于产品生产的外购和自制的燃料和动力。它包括机械在运转或施工作业中所耗用的企业自制或外购的固体燃料（如煤炭、木材）、液体燃料（汽油、柴油）、电力、水和风力等费用。根据会计的重要性原则，如果企业每月燃料及动力开支比较大，就应当单独列出来计算成本，如果这项开支金额不大，则可以并入制造费用进行核算。

3.直接人工

直接人工是指企业在生产产品和提供劳务过程中，直接参加产品生产的工人工资以及其他各种形式的职工报酬。包括生产人员的工资及福利费、奖金补贴、五险一金等。

4.制造费用

制造费用是指企业为生产产品和提供劳务而发生的各项间接成本，包括车间管理人员工资和福利费、折旧费、办公费、水电费、机物料消耗、劳动保护费、季节性和修理期间的停工损失等。

三、生产过程使用的账户

由于生产成本的构成内容由直接材料、直接人工和制造费用等构成。所以，在生产过程核算中，主要应设置："生产成本"、"制造费用"、"管理费用"、"财务费用"、"库存商品"、"应付职工薪酬"、"累计折旧"、"库存现金"、"银行存款"等。

下面，让我们一起来认识一下根据各相关会计科目所建立的主要账户。

1."生产成本"账户

该账户属成本类账户，主要用来核算和监督企业在产品生产过程中所发生的各项生产费用，该账户借方登记增加数，表示当期实际发生的各项生产费用；贷方登记减少数，表示完工产品已转出的实际成本数额。期末余额在借方，表示尚未完工的在产品生产费用，该账户需按产品种类、规格分别设置明细账户，进行明细核算。该账户期末余额不可以为贷方，如果出现贷方余额就是有错，要检查修改；该账户期末余额可以为零，表示所有生产均已完工，没有在产品存在。该账户可按基本生产成本和辅助生产成本进行明细分类核算。

"生产成本"的账户结构：

借方	生产成本　贷方
核算当月实际发生或应由当月生产承担的料、工、费的实际成本	核算月末转出的完工产品实际成本
余额反映尚未完工的在产品实际成本	

2."制造费用"账户

该账户属成本类账户,主要用来核算和监督企业为生产产品和提供劳务而发生的各项间接费用,在产品生产或提供劳务过程中不能直接记入"生产成本"的各种间接费用,即企业生产制造部门如车间、分厂等为管理和组织生产而发生的各项费用。账户借方登记增加数,表示本期发生的全部制造费用,如车间管理人员的工资、车间房屋折旧、工具修理费、照明费,以及其他不能直接记入产品成本的费用,如机器设备折旧费等;贷方登记减少数,表示企业按一定标准分配记入"生产成本"账户借方并由各种产品负担的制造费用数额。该账户期末结转后无余额。该账户应按不同部门和成本项目设置明细账户,进行明细分类核算。

"制造费用"的账户结构:

借方	制造费用　贷方
核算当月实际发生或应由当月承担的车间管理费用	核算月末转出的制造费用
本账户月末没有余额	

3."管理费用"账户

该账户属损益类账户,主要用于核算和监督企业厂部管理部门为组织和管理生产经营活动而发生的各项费用,包括行政管理部门人员的工资及福利费、办公费、折旧费、工会经费、职工教育经费、业务招待费、资产减值损失、房产税、土地使用税、印花税、劳动保险费等等。账户借方登记增加数,表示本期发生的各项管理费用;贷方登记减少数,表示期末转入"本年利润"账户的管理费用,结转后应无余额。该账户需按费用项目进行明细分类核算。

"管理费用"的账户结构:

借方	管理费用　贷方
核算当月实际发生或应由当月生产管理费用	核算月末转入"本年利润"账户的管理费用
本账户月末没有余额	

4."应付职工薪酬"账户

职工是指包括与企业订立正式劳动合同的所有人员，含全职、兼职和临时职工，也包括未与企业订立正式劳动合同但由企业正式任命的人员，如董事会成员、监事会成员和内部审计委员会成员等。

职工薪酬是指企业为获得职工提供的服务而给予各种形式的报酬以及其他相关支出，包括职工在职期间和离职后提供给职工的全部货币性薪酬和非货币性福利。企业提供给职工配偶、子女或其他被赡养人的福利等，也属于职工薪酬。职工薪酬包括：

(1)职工工资、奖金、津贴和补贴；

(2)职工福利费；

(3)医疗保险费、养老保险费、失业保险费、工伤保险费和生育保险费等社会保险费；

(4)住房公积金；

(5)工会经费和职工教育经费；

(6)非货币性福利；

(7)因解除与职工的劳动关系给予的补偿；

(8)其他与获得职工提供的服务相关的支出。

在企业的计划、领导和控制下，虽与企业未订立正式劳动合同，或企业未正式任命的人员，但为企业提供了类似服务，也纳入本准则的职工范畴。

为了核算企业支付和应付给职工的各项劳动报酬，企业应设置"应付职工薪酬"账户。"应付职工薪酬"属于负债类，贷方核算分配计入有关成本费用项目的职工薪酬的数额，借方核算实际发放或支付的职工薪酬的数额；该账户期末贷方余额，反映企业应付未付的职工薪酬。该账户期末可以无余额，但该账户期末不能为借方余额。

"应付职工薪酬"账户的结构：

借方　　　应付职工薪酬	贷方
核算支付给职工全部货币性薪酬和非货币性薪酬	核算应付而未付的职工薪酬
	余额反映应付而未付的职工薪酬

5."库存商品"账户

库存商品是指企业已完成全部生产过程并已验收入库，合乎标准规格和技术条件，可以按照合同规定的条件送交订货单位，或可以作为商品对外销售的产品以及外购或委托加工完成验收入库用于销售的各种商品。

"库存商品"账户属于资产类账户，用于核算企业库存商品的增减变动及库存情况。其借方核算已完工入库的产成品成本，贷方核算销售发出的产品成本，期末借方余额反映企业库存商品的实际成本。该账户期末余额可以为零，但不得有贷方余额，如果有贷方余额就有可能核算错误，应及时查找问题，及时更正。

库存商品明细账应按企业库存商品的种类、品种和规格设置明细账。如有存放在本企业所属门市部准备出售的商品、送交展览会展出的商品，以及已发出尚未办理托收手续的商品，都应单独设置明细账进行核算。库存商品明细账一般采用数量金额式。

"库存商品"账户的结构：

借方　　　　　　　　库存商品	贷方
核算已完工入库的产成品实际成本核算销售退回、盘盈的产成品实际成本	核算结转已销售产品成本核算盘亏、报废或损失而减少的产品成本
余额反映期末库存商品实际成本	

四、生产过程核算

在生产过程中，企业将原材料等劳动对象投入生产，经过工人的劳动加工，制造出适合社会需要的产品。生产过程一方面从实物形态看，把原材料通过加工变成产品，是产品的制造过程；另一方面从价值形态看，发生了各种各样的耗费，形成生产费用，具体来说，发生了材料费用、劳动者的工资和福利费用、固定资产折旧费等，所以这一过程的主要经济业务是进行材料、工资、其他费用等生产费用的归集和分配，计算产品成本。

生产成本的构成内容也称为生产过程的生产成本，它由直接材料、直接人工和制造费用等构成。

直接材料是指企业在生产产品和提供劳务过程中所消耗的直接用于产品生产并构成产品实体的原料、主要材料、外购半成品，以及有助于产品形成的辅助材料以及其他直接材料。在生产过程中，直接材料的价值一次全部转移到新生产的产品中去，构成了产品成本的重要组成部分。

直接人工是指生产过程中直接改变材料的性质和形态所耗用的人工成本,也就是生产工人的奖金和各种津贴,以及按规定比例提取的福利费。直接人工费是指支付给直接参与产品生产的生产工人工资以及按规定的比例提取的职工福利费。由于生产工人直接从事产品生产,人工费用的发生能够判明应由哪种产品负担。因此,这些费用发生后直接归集到各产品成本中去。

企业在一定时期内发生的、用货币表现的生产耗费,称为生产费用。这些生产费用最终都要归集、分配到生产和各种产品成本上,形成各种产品的成本。有些费用在发生时,不能直接确认是为生产哪种产品而发生的,称为间接费用。间接费用需要采用一定的分配方法,分配计入某种产品的成本中,如车间制造费用。因此,在产品生产过程中费用的发生、归集和分配以及产品成本的形成,就构成了产品生产过程核算的主要内容。

企业在生产经营过程中,由于管理和组织生产的需要而发生的期间费用,如管理费用、财务费用、销售费用,因其不能归属于某个特定产品成本,其费用额容易确定,但所归属的产品难以判断,所以,应作为当期损益处理,而不作为产品的生产成本。

现在,我们以 2021 年 10 月发生的部分经济业务为例介绍费用归集与分配业务核算。

[例 3-17]2021 年 10 月 31 日,从当月领料汇总表得知,仓库发出甲材料 198 000 元,其中用于生产 A 产品的 100 000 元,用于生产 B 产品 98 000 元。

本项经济业务解读:产品生产耗费的直接材料,应直接计入产品生产成本,借记“生产成本”;另一方面,由于车间领用原材料使得仓库中库存的原材料减少,应贷记“原材料”。编制会计分录如下:

借:生产成本——A 产品　　100 000

　　　　　　——B 产品　　98 000

　贷:原材料——甲材料　　198 000

[例 3-18]2021 年 10 月 31 日,从当月领料汇总表得知,车间管理部门领用修理备件 8 000元。

本项经济业务解读:生产车间领用修理备件应归集在制造费用中,借记“制造费用”;另一方面,由于车间领用使得仓库中库存减少,应贷记“原材料”。编制会计分录如下:

借:制造费用——维修费　　8 000

　贷:原材料——修理备件　　8 000

[例 3-19]2021 年 10 月 31 日,从当月领料汇总表得知,车间管理部门领用劳保用品

6000 元。

本项经济业务解读：生产车间领用修理备件应归集在制造费用中，借记“制造费用”；另一方面，由于各部门领用，使得仓库中库存减少，应贷记“原材料”。因此，编制会计分录如下：

借：制造费用——劳保费　　6 000

　贷：原材料——劳保用品　　6 000

职场智慧：

在制造业的生产过程核算中，很多业务发生的频率很高，有的甚至每天都在发生。我们会计核算一般为事后核算，所以不可能每天领原材料，每天做账。为提高工作效率，一般是一个月汇总好以后再一起进行会计核算。这样的会计核算，事实上是在次月的 5 日左右再实施，但是真正录入财务软件系统时，还是要呈现上月底的时间。

［**例 3-20**］2021 年 10 月 12 日，企业从工商银行转账发放 9 月份职工的工资 120 000 元。

本项经济业务解读：企业发放工资时银行存款减少，贷记“银行存款”；同时偿还职工工资，流动负债减少，借记“应付职工薪酬”。因此，编制会计分录如下：

借：应付职工薪酬——工资　　120 000

　贷：银行存款——工商银行　　120 000

［**例 3-21**］2021 年 10 月 31 日，计提本月应付职工薪酬，其中生产 A 产品人员工资 50 000 元，生产 B 产品工人工资 20 000，车间管理人员工资 8 000 元，销售业务部门员工工资 18 000 元，厂部管理部门管理人员工资 11 000 元。共计 107 000 元。

本项经济业务解读：企业计算出的职工工资，根据会计核算权责发生制，应在职工为其服务的当月，一方面，根据职工提供服务的受益对象，分别计入产品生产成本或当期损益，其中从事产品生产的直接生产工人工资借记“生产成本”，车间管理人员工资借记“制造费用”，销售部门人员工资借记“销售费用”，行政管理部门人员工资借记“管理费用”；另一方面，已经计算尚未发放的工资确认为“应付职工薪酬”，贷记“应付职工薪酬——工资”。因此，编制会计分录如下：

借：生产成本——A 产品　　50 000

　　　　　　——B 产品　　20 000

　制造费用——工资　　8 000

　销售费用——工资　　18 000

　管理费用——工资　　11 000

　贷：应付职工薪酬——工资　　107 000

[**例 3-22**]2021 年 10 月 10 日，从银行转账支付上月电费，从电表明细记录中获知：生产车间用电费用 7 800 元，销售业务管理部门用电费用 600 元，行政管理部门用电费用 2 500 元，共 10 900 元。

本项经济业务解读：生产车间的电费应计入制造费用，借记“制造费用”，销售管理部门发生的电费应计入销售费用，借记“销售费用”，行政管理部门的电费应计入管理费用，借记“管理费用”；同时企业的银行存款减少，贷记“银行存款”。因此，编制会计分录如下：

借：制造费用——电费　　7 800
　　销售费用——电费　　600
　　管理费用——电费　　2 500
　贷：银行存款　　10 900

[**例 3-23**]2021 年 10 月 20 日，副厂长洪伟出差回来报销差费用 5 500 元，出纳员从公司支付宝账户支付。

本项经济业务解读：副厂长洪伟出差费用应在“管理费用”账户进行核算。借记“管理费用”；同时，出纳员用现金支付 5 500 元，贷记“库存现金”。因此，编制会计分录如下：

借：管理费用——差旅费　　5 500
　贷：其他货币资金——支付宝账户　　5 500

[**例 3-24**]2021 年 10 月 31 日，计提本月固定资产折旧 5 600 元，折旧计算表反映：生产车间机器设备折旧 4800 元，企业管理部门固定资产折旧 800 元。

固定资产在使用过程中发生的价值损耗应按月计算，按固定资产使用部门计入当月的制造费用或管理费用，应借记“制造费用”和“管理费用”账户；同时增加固定资产已提折旧，贷记“累计折旧”账户。因此，编制会计分录如下：

借：制造费用——折旧费　　4 800
　　管理费用——折旧费　　800
　贷：累计折旧　　5 600

[**例 3-25**]2021 年 10 月 31 日，将本月发生的制造费用全部进行分配结转，制造费用分配按本月 A、B 产品的生产工时分配。其中 A 产品的生产工时为 300 工时，B 产品的工时为 200 工时。

本项经济业务解读：这是项月末结转的经济业务，在实际工作中，每个月月末要将所有制造费用按产品种类和一定比例分配到所在当期完成产品和在产品成本中。

汇总本月发生的制造费用：本月制造费用＝3 000＋8 000＋7 800＋4 800＝23 600(元)

计算制造费用分配率：制造费用分配率＝23 600÷(300＋200)＝47.2

应由A产品承担的制造费用＝300×47.2＝14 160(元)

应由B产品承担的制造费用＝200×47.2＝9 440(元)

本项经济业务A、B产品的生产成本增加，应借记“生产成本”科目，制造费用的减少，应贷记“制造费用”科目。因此，编制会计分录如下：

借：生产成本——A产品　　14 160
　　　　　　——B产品　　9 440
　贷：制造费用　　23 600

[例3-26]2021年10月31日，假设本月生产的A、B产品全部完工，并验收入库。A、B产品生产为月初投产，无月末在产品。

本项经济业务解读：当月完工的产品要采用一定方法核算成本，在实际工作中，每个月完成产品根据入库单来汇总，采用一定方法在成本计算表中进行核算。

A产品生产成本＝50 000＋100 000＋14 160＝164 160(元)

B产品生产成本＝20 000＋93 800＋9 440＝123 240(元)

该项经济业务使库存商品增加，应借记“库存商品”科目，使生产成本减少，应贷记“生产成本”科目。因此，编制会计分录如下：

借：库存商品——A产品　　164 160
　　　　　　——B产品　　123 240
　贷：生产成本——A产品　　164 160
　　　　　　　——B产品　　123 240

职场智慧：

在制造业的生产过程核算中，很多业务发生的频率是很高的，有的甚至每天都在发生。我们会计核算一般为事后核算，所以不可能每天领原材料，当天就做账。为了提高工作效率，一般是一个月结束了统一汇总。如果是大型企业，也可以一周或10天汇总一次，然后再进行会计核算。这样的会计核算工作，事实上是在次月的5日左右再实施，但是根据权责发生制原则，真正录入财务软件系统时，还是要呈现为上月底的日期。

当然如果是财务软件与生产领料连接，也可以即时自动生成领料会计分录。但是，这样打印起来凭证数量多，比较浪费纸张，装订也不方便，所以还是建议汇总后再做会计分录。

任务五 销售业务的核算

一、认识销售过程

产品销售过程是通过对企业生产产品的销售,收回货款来实现企业产品价值的过程,是产品进入流通阶段,也是企业的生产耗费通过市场取得补偿并实现利润的阶段。在产品销售过程中,企业要与客户签订购销合同或协议;要确认产品销售收入的实现;要与购买单位办理结算,收回货款;要结转产品销售成本;要支付产品销售费用;要计算和交纳产品销售税金;要确定产品销售利润。上述各项经济业务构成了企业产品销售过程业务核算的主要内容。

二、商品销售收入的确认与计量

销售收入是企业通过产品销售或提供劳务所获得的货币收入,以及形成的应收货款。按销售的类型,销售收入包括产品销售收入和其他销售收入两部分,其中产品销售收入是主要组成部分。

企业在销售过程中,一方面为消费者提供了使用价值或劳务,以满足社会的需要。同时,也实现了产品、劳务的价值,获得一定数量的销售收入,以便补偿生产耗费,保证企业再生产不断进行。销售收入的多少,取决于销售商品、劳务的数量和价格。销售收入是企业实现财务成果的基础,也是反映企业生产经营活动状况的重要财务指标。制造业企业生产出的产品只有实现销售,才能实现增值,进而产生利润。制造业企业的销售收入,应是扣除销货折让和销货退回后的销售净收入。

销售收入也称作营业收入。营业收入按比重和业务的主次及经常性情况,一般可分为主营业务收入和其他业务收入。根据会计的重要性原则,在营业执照范围内,销售收入量大的,包括产成品、代制品、代修品、自制半成品和工业性劳务销售收入等,就是主营业务收入。不经常发生的零星收入,列其他业务收入,如材料销售收入、包装物出租收入以及运输等非工业性劳务收入。企业专项工程、福利事业单位使用本企业的商品产品,视同对外销售。

三、销售过程

根据企业产品销售过程所涉及的各项经济业务,企业应设置“主营业务收入”、“主营业务成本”、“其他业务收入”、“其他业务成本”、“税金及附加”、“销售费用”、“应收账款”、“预收账款”、“应收票据”等主要账户进行日常核算。

下面，让我们一起来认识一下产品销售过程根据各相关会计科目所建立的主要账户。

1.“主营业务收入”账户

“主营业务收入”账户属于损益类账户，是用来核算企业销售产品或提供劳务所取得收入的账户。借方核算发生销售退回和销售折让时，应冲减的本月产品收入和期末转入“本年利润”账户的本月产品销售收入；贷方核算企业已经实现的产品销售收入。该账户需按产品类别设置明细账并进行明细核算。该账户月末应将收入净额结转入“本年利润” 账户，结转后该账户没有余额。

“主营业务收入”的账户结构：

借方　　　　主营业务收入	贷方
核算发生销售退回和销售折让核算转入“本年利润”账户的收入净额	核算企业已经实现的产品销售收入

2.“主营业务成本”账户

“主营业务成本”账户属于损益类账户，主要用来核算企业已销售产品的生产成本的计算和结转情况。账户借方核算从“库存商品”账户结转的本月已销售产品的生产成本数额；贷方核算期末转入“本年利润”账户的已销售产品的生产成本。该账户需按产品类别设置明细账户并进行明细分类核算。该账户月末应将借方金额结转入“本年利润” 账户，结转后该账户没有余额。

“主营业务成本”的账户结构：

借方　　　　主营业务成本	贷方
核算从“库存商品”账户结转的本期已销售产品的生产成本	核算期末转入“本年利润”账户的已销售产品的生产成本

3.“税金及附加”账户

税金及附加是指企业经营活动应负担的相关税费，包括消费税、城市维护建设税、教育费附加、资源税、房产税、城镇土地使用税、车船税。

“税金及附加”账户属于损益类账户，核算企业经营活动发生的消费税、城市维护建设税、教育费附加、资源税、房产税城镇土地使用税、车船税、印花税等相关税费。其中，按规定计算确定的与经营活动相关的上述税费，应借记“税金及附加”科目，贷记“应交税费”科目。期末，应将“税金及附加”科目余额转入“本年利润”科目，结转后，“税金及附加”科目无余额。企业交纳的印花税，不会发生应付未付税款的情况，不需要预计应纳税金额，同时也不存在与税务机关结算或者清算的问题。因此，企业缴纳的印花税不通过“应交税费”科目核算，于购买印花税票时，直接借记“税金及附加”科目，贷记“银行存款”科目。

“税金及附加”的账户结构：

借方　　　　　　税金及附加	贷方
核算按规定税率计算出的当月应负担的销售税金及附加费	期末转入“本年利润”账户的已销售产品的生产成本

4.“销售费用”账户

“销售费用”账户属于损益类账户，用来核算企业在产品销售过程中所发生的各种销售费用，如包装费、运输费、保险费、装卸搬运费、广告费、展销费、外设销售机构经费等。账户借方核算企业本月发生的各种销售费用数额，贷方核算期末结转至“本年利润”账户的数额。该账户需按费用项目进行明细分类核算。该账户月末应将借方金额结转入“本年利润” 账户，结转后该账户没有余额。

“销售费用”的账户结构：

借方　　　　　　销售费用	贷方
核算企业本月发生的各种销售费用	核算期末结转至“本年利润”账户的数额

5.“应收账款”账户

“应收账款”账户属于资产类账户，主要用来核算企业因销售产品向购买单位收取货款的结算情况。账户借方核算由于销售产品而发生的应收账款，贷方核算已收回的应收账款。该账户按购买单位设置明细账户，进行明细分类核算。该账户期末余额在借方，表示尚未收回的应收账款。该账户如果出现贷方余额可能是客户多付或预付的货款。

"应收账款"的账户结构：

应收账款

借方	贷方
核算由于销售产品而发生的应收款项	核算已收回的应收账款
余额反映尚未收回的应收账款数额	

6."预收账款"账户

"预收账款"账户属于负债类账户，反映产品销售过程中预收购买单位货款的业务。设置"预收账款"账户，用来核算和监督企业预收货款的发生及偿付情况。该账户借方核算用产品或劳务抵偿的预收货款数额，贷方核算已收到的预付货款数额。该账户需按购买单位设置明细账并进行明细分类核算。该账户期末贷方余额，表示尚未提供产品或劳务偿付的预收账款数额。

"预收账款"的账户结构：

预收账款

借方	贷方
核算用产品或劳务抵偿的预收货款数额	核算已收到的预付货款数额
	余额表示预先收取货款数额或劳务款数额

7."应收票据"账户

"应收票据"账户属于资产类账户。该账户用来核算购货单位(客户)开出的商业承兑汇票或银行承兑汇票的结算情况。账户借方核算企业收到的商业承兑汇票或银行承兑汇票金额，贷方核算已经收到以上汇票承兑款项。企业为详细了解应收票据的结算情况，在实际工作中，应设置"应收票据备查簿"，逐笔登记应收票据的到期日及详细相关信息。"应收票据"期末账户如有余额，一般在借方，表示尚未到期票据的应收票据款项。

"应收票据"的账户结构：

应收票据

借方	贷方
核算企业收到购货单位开出的票据数额	核算收到票据到期后购货单位支付来的货款数额
余额反映尚未收回的应收票据	

8."其他业务收入"账户

"其他业务收入"账户属于损益类账户,用来核算企业确定的除主营业务活动以外的其他经营活动实现的收入,如出租固定资产、销售材料等实现的收入等。"其他业务收入"贷方登记已实现的收入,借方登记期末转入"本年利润"账户的数额,结转后月末无余额。

"其他业务收入"的账户结构:

借方　　　　　　其他业务收入	贷方
核算转入"本年利润"账户的金额	核算已实现的其他业务收入

9."其他业务成本"账户

"其他业务成本"账户属于损益类账户,核算企业确定的除主营业务活动以外其他经营活动所发生的支出,如出租固定资产的折旧额、销售材料的成本等。"其他业务成本"借方登记发生的除主营业务以外的其他业务成本,贷方登记期末转入"本年利润"账户的数额,结转后月末无余额。

"其他业务成本"的账户结构:

借方　　　　　　其他业务成本	贷方
核算除主营业务活动以外的其他业务成本	核算转入"本年利润"账户的金额

四、销售过程业务核算

在企业的生产经营过程中,产品销售过程是通过对企业生产完成的产品进行营销,收回货款来实现企业产品价值的过程。销售过程是制造业生产经营过程最后一个十分重要的环节。在产品销售过程中,企业要与客户签订购销合同或协议;要确认产品销售收入的实现;要与购买单位办理结算,收回货款;要支付产品销售费用;要计算和交纳产品销售税金;要结转产品销售成本;要确定产品销售利润。

会计行话"三角债"

下面,我们就一般纳税人福兴公司、台蒙贸易公司 2021 年 10 月发生与销售有关的业务来学习相关知识。

[例 3-27] 2021 年 10 月 5 日，林夏商场向福兴公司购买商品，根据销售合同，销售 A 产品价款共 200 000 元，增值税率 13%，增值税 26 000 元。10 月 6 日收到林夏商场汇来的购货款 226 000 元，产成品已经发出。

本项经济业务解读：因销售产品而得到货款，使银行存款增加，应借记“银行存款”；由于销售收入增加，应贷记“主营业务收入”，同时在一般纳税人企业应交增值销项税额也增加，应贷记“应交税费——应交增值税(销项税额)”。编制会计分录如下：

借：银行存款　　226 000
　贷：主营业务收入——A 产品　　200 000
　　应交税费——应交增值税(销项税额)　　26 000

[例 3-28] 2021 年 10 月 11 日，本公司银行账户收到林夏商场汇来预付款 80 000 元，林夏商场已经签订合同要购买 B 产品一批。

本项经济业务解读：林夏商场订货转到公司银行账上了，应借记“银行存款”；收到款项应冲减林夏商场的应收账款，贷记“预收账款”。因此，编制会计分录如下：

借：银行存款　　80 000
　贷：预收账款——林夏商场　　80 000

[例 3-29] 2021 年 10 月 15 日，林夏商场向本公司购买 B 产品，合同总值 100 000 元，增值税额 13 000 元，货已发出。之前已收到这个公司汇来预付款 80 000 元，余款尚未收到。

本项经济业务解读：林夏商场购货总额 B 产品的货款为 100 000 元，增值税销项税额 13 000元，销售收入增加，贷记“主营业务收入”、“应交税费”；因之前收到林夏商场的预付账款，应借记“预收账款”，然后根据实际销售金额计算林夏商场尚未付的余款，借记“应收账款”。编制会计分录如下：

借：预收账款——林夏商场　　80 000
　应收账款——林夏商场　　33 000
　贷：主营业务收入——A 产品　　100 000
　　应交税费——应交增值税(销项税额)　　13 000

[例 3-30] 台蒙贸易公司是小规模纳税人企业，2021 年 10 月 19 日，销售 A 产品价款共 50 000元，当日支付宝账户收到货款 50 000 元，产成品已经发出。

本项经济业务解读：因销售产品而得到货款，使支付宝账户增加，应借记“其他货币资金”；由于销售收入增加，应贷记“主营业务收入”。因为是小规模企业，不需要做销项税核算，故应编制会计分录如下：

借：其他货币资金——支付宝账户　50 000

　贷：主营业务收入——A产品　50 000

[**例3-31**]2021年10月16日，广东兴隆新公司向福兴公司购买商品，根据销售合同，销售A产品价款共70 000元，增值税9 100元，10月6日收到兴隆公司从微信汇来的购货款79 100元，产成品已经发出。

本项经济业务解读：因销售产品而从微信账户得到货款，使其他货币资金增加，应借记“其他货币资金”；由于销售收入增加，应贷记“主营业务收入”，同时在一般纳税人企业应交增值销项税额也增加，应贷记“应交税费——应交增值税(销项税额)”。编制会计分录如下：

借：其他货币资金——微信账户　79 100

　贷：主营业务收入——A产品　70 000

　　应交税费——应交增值税(销项税额)　9 100

[**例3-32**]台蒙贸易公司是小规模纳税人企业2021年10月28日，对外出售多余的甲材料价款为10 000元，款项已通过银行收讫。

本项经济业务解读：企业因出售材料使银行存款增加，应借记“银行存款”。出售材料业务使其他收入增加，贷记“其他业务收入”。因此，编制会计分录如下：

借：银行存款　10 000

　贷：其他业务收入——甲材料　10 000

[**例3-33**] 2021年10月22日，林夏商场向福兴公司购买B产品，合同总值220 000元，增值税28 600元，林夏商场全额开出6个月期的商业承兑汇票一张，汇票已由本公司出纳员收存，货已发出。

本项经济业务解读：林夏商场购货总额B产品，但没有付款，只是开出6个月期的商业承兑汇票，应借记“应收票据”；因销售收入增加，应贷记“主营业务收入”、“应交税费”。编制会计分录如下：

借：应收票据——林夏商场　248 600

　贷：主营业务收入——B产品　220 000

　　应交税费——应交增值税(销项税额)　28 600

[**例3-34**]2021年10月9日，以微信支付销售员田园报销的差旅费用5 000元，展销会的会务费2 000元。

本项经济业务解读：因销售而发生差旅费、展销费，应借记“销售费用”，因以微信支付销售相关费用，应贷记“其他货币资金”。因此，编制会计分录如下：

借：销售费用——差旅费 5 000

——展销费 6 000

贷：其他货币资金—— 微信账户 11 000

[例 3-35]2021 年 10 月 12 日，以微信支付销售部门电话费 500 元。

本项经济业务解读：因销售而发生差旅费、展销费，应借记“销售费用”，因以微信支付销售相关费用，应贷记“其他货币资金”。因此，编制会计分录如下：

借：销售费用——电话费 500

贷：其他货币资金—— 微信账户 500

[例 3-36]2021 年 10 月 31 日，福兴公司结转本月销售的产品成本。假设其中 A 产品成本为 120 000 元，B 产品成本为 150 000 元。

本项经济业务解读：销售产品的成本增加，应借记“主营业务成本”。企业的库存产品减少，应贷记“库存商品”。因此，编制会计分录如下：

借：主营业务成本——A 产品 120 000

——B 产品 150 000

贷：库存商品——A 产品 120 000

——B 产品 150 000

职场智慧：

在实际工作中，销售业务发生的频率很高，因此，为了提高工作效率，并不需要每一笔收入都编制会计分录，也不需要当即结转销售成本。为了提高工作效率，一般在次月 5 日左右再对上月的收入进行汇总并编制会计分录。但是，根据权责发生制原则，即使按月来进行核算，录入财务软件系统，也要呈现为上月底的日期。

许多教材在编写过程中，经常把销售收入业务与销售成本结转的分录写在一起，特别是考试教材。但实际工作中并不是这样，我们应当清楚真实的会计核算流程，以免在将来的会计岗位工作中出错。

[例 3-37]2021 年 10 月 31 日，福兴公司结转本月销售原材料成本 25 000 元。

本项经济业务解读：销售原材料业务使其他业务成本增加，应借记“其他业务成本”。因让售使原材料减少，贷记“原材料”。因此，编制会计分录如下：

借:其他业务成本——甲材料　25 000

　贷:原材料——甲材料　25 000

[**例 3-38**]2021 年 10 月 31 日,计算当月应交城市维护建设税和教育费附加,假设当月应交城市维护建设税 1 200 元,教育费附加 600 元。

计算城市维护建设税和教育费附加的计算公式如下:

应交城市维护建设税=(应交增值税+应交消费税)×7%

应交教育费附加=(应交增值税+应交消费税)×3%

本项经济业务解读:城市维护建设税不属于管理费用。这项经济业务的发生,一方面使企业的销售税金及附加增加,应记入“税金及附加”账户的借方;另一方面使企业应交的附加增加,应记入“应交税费”账户的贷方。因此,编制会计分录如下:

借:税金及附加　1 800

　贷:应交税费——应交城市维护建设税　1 200

　　　　——应交教育费附加　600

[**例 3-39**]2021 年 11 月 10 日,从银行存款交纳本月增值税 17 000 元,消费税 9 000 元,城市维护建设税 1 200 元,教育费附加 600 元。

该项经济业务,一方面以银行存款支付相应税费,应贷记“银行存款”账户,表示银行存款的减少;另一方面应借记“应交税费”账户,表示税款已经交纳。编制会计分录如下:

借:应交税费——应交增值税　17 000

　　　　——应交消费税　9 000

　　　　——应交城市维护建设税　1 200

　　　　——应交教育费附加　600

　贷:银行存款　27 800

职场智慧:

销售是制造业企业经营的一个重要过程。销售过程管理主要是库存产品的管理和应收账款的管理,销售有以下几种收款方式:收到现金、从银行收到款项、收到客户公司开来银行汇票、客户部分欠款、客户全部欠款、客户预付款等。会计人员应根据欠款客户公司或个人名称,设置应收账款明细账,详细记录预收、应收款项。

根据会计监督的要求,应收款项应经常进行清查对账,及时催收,尽量降低坏账损失风险,提高企业经营效益。会计人员应主动介入,根据重要性原则,应收款欠款数额大的客户单位或个人应及时报告企业负责人、销售部经理,停止继续发货。

任务六　利润形成及分配的核算

一、利润构成的认识

利润是企业在一定会计期间内经营活动所取得的财务成果。它是综合反映企业经济效益的一个重要指标。企业在产品销售过程中所取得的营业利润还不能算是企业的最终利润，因为企业在经营过程中由于各种原因可能还会取得一些收入，而这些收入可能与企业的主营业务无关，如其他业务收入、营业外收入等；企业也可能会发生一些支出，如其他业务支出，营业外支出等，这些项目也是企业利润的组成部分。

企业实现的利润，应按规定向国家缴纳所得税，余下部分为净利润，要在投资者与企业之间进行分配。利润计算的相关公式如下：

营业收入＝主营业务收入＋其他业务收入

营业成本＝主营业务成本＋其他业务成本

营业利润＝营业收入－营业成本－税金及附加－销售费用－管理费用－财务费用－资产减值损失＋公允价值变动收益＋投资收益

利润总额＝营业利润＋营业外收入－营业外支出

净利润＝利润总额－所得税

二、利润形成及分配过程核算应设置的账户

1.“营业外收入”账户

“营业外收入”账户属于损益类账户，核算企业发生的各项与营业活动无关的收入，如盘盈得利、政府补助收入、政府退税收入、接受捐赠、罚款收入、挂账多年确实无法支付的应付款项等。其贷方登记企业已确认的营业外收入，借方登记期末转入“本年利润”账户的数额，结转后月末无余额。

“营业外收入”的账户结构：

借方	营业外收入 贷方
转入“本年利润”账户的金额	已实现的营业外收入

2.“营业外支出”账户

“营业外支出”账户属于损益类账户，核算企业发生的各项与营业活动无关的支出，如盘亏损失、非常损失、公益性捐赠支出、罚款支出等。其借方登记企业确认的营业外支出，贷方登记期末转入“本年利润”账户的数额，结转后月末无余额。

“营业外支出”的账户结构：

借方	营业外支出 贷方
核算已确认的营业外支出	核算转入“本年利润”账户的金额

3.“本年利润”账户

“本年利润”账户属于所有者权益类账户，核算企业当期实现的净利润或净亏损。贷方登记由“主营业务收入”、“其他业务收入”、“营业外收入”等收入类账户转入的金额，借方登记由“主营业务成本”、“销售费用”、“管理费用”、“财务费用”、“其他业务成本”、“税金及附加”、“营业外支出”、“所得税费用”等成本费用类账户转入的金额。期末应将本期收入与支出相抵后结出余额，贷方余额表示本年度截止至本期的累计利润总额，借方余额则表示本年度截止至本期的累计亏损额。

“本年利润”的账户结构：

借方	本年利润 贷方
核算主营业务成本转入金额 核算税金及附加转入金额 核算其他业务成本转入金额 核算销售费用转入金额 核算管理费用转入金额 核算财务费用转入金额 核算营业外支出转入金额 核算所得税费用转入金额	核算主营业务收入转入金额 核算其他业务收入转入金额 核算投资收益转入金额 核算营业外收入转入金额
表示本期发生的亏损数	表示本期实现的利润数

年度终了，应将本年实现的净利润额全部转入“利润分配——未分配利润”账户的贷方，如为亏损则记入“利润分配——未分配利润”账户的借方，结转后“本年利润”账户应无余额。

4.“利润分配”账户

“利润分配”账户属于所有者权益类账户，核算企业利润的分配或弥补的亏损，以及企业从创办至上年分配或弥补后的余额。“利润分配”借方登记提取的盈余公积、应付股利以及由“本年利润”账户转入的本年累计亏损数，贷方登记盈余公积弥补的亏损数以及年末由“本年利润”账户转入的本年累计净利润，贷方余额表示尚未分配利润，借方余额则表示有未弥补亏损。该账户应按利润分配项目设置明细账进行核算。

“利润分配”账户的结构：

借方　　　　利润分配	贷方
核算提取的法定盈余公积 核算提取的任意盈余公积 核算分配的利润 核算本年利润转入本年累计亏损数	核算本年利润的转入金额 核算盈余公积转入弥补亏损金额
表示未弥补亏损	表示未分配利润

5.“应付股利”账户

“应付股利”或称“应付利润”。该账户属于负债类账户，用于核算企业分配的现金股利或利润。其贷方登记应付给投资者的利润数，借方登记已实际支付的利润，期末余额在贷方表示尚未支付的利润。

“应付股利”账户的结构：

借方　　　　应付股利	贷方
核算实际支付的现金股利	核算应付给投资者的现金股利
	表示未支付的现金股利

6.“所得税费用”账户

该账户属于损益类账户，核算企业确认的应从当期利润总额中扣除的所得税费用。其借方登记本期应交的所得税，贷方登记期末转入“本年利润”账户的所得税金额，结转后该账户月末无余额。

"所得税费用"账户的结构：

借方	所得税费用 贷方
核算期应交的所得税金额	核算期末转入"本年利润"账户的

7."盈余公积"账户

该账户属于所有者权益类账户，用来核算企业从净利润中提取的盈余公积。其贷方登记从净利润中提取的盈余公积，借方登记盈余公积的使用，如盈余公积弥补亏损或转增资本等，余额在贷方，表示提取的盈余公积结存数。该账户应按10%计提"法定盈余公积"，10%计提"任意盈余公积"并设置明细账户进行核算。

"盈余公积"账户的结构：

借方	盈余公积 贷方
核算弥补企业亏损的金额 核算盈余公积转增资本金额	核算从净利润中提取的盈余公积
	反映企业的累计盈余公积

三、利润形成及分配过程主要经济业务的核算

福兴公司2021年利润形成及利润分配业务如下。

[**例3-40**]2021年10月20日，从银行收到泉州宏利公司捐赠款20 000元。

本项经济业务解读：该项业务使银行存款增加，应借记"银行存款"。捐赠款收入不是日常业务，因此营业外收入增加，应贷记"营业外收入"。因此，编制会计分录如下：

借：银行存款　　20 000

　贷：营业外收入——捐赠收入　　20 000

[**例3-41**]2021年10月11日，从银行存款支付税务局查补税罚款5 000元。

本项经济业务解读：该项经济业务使企业银行存款减少，贷记"银行存款"。支付罚款不是日常管理业务，应借记"营业外支出"。因此，编制会计分录如下：

借：营业外支出——罚款支出　　5 000

　贷：银行存款　　5 000

[**例3-42**]2021年10月31日，将各损益类收入类账户的余额结转到"本年利润"账户。

本项经济业务解读：期末应将所有损益类收入类账户的贷方余额转入“本年利润”账户的贷方。因此，编制会计分录如下：

借：主营业务收入　　320 000
　　其他业务收入　　30 500
　　营业外收入　　20 000
　贷：本年利润　　370 500

[例3-43]2021年10月31日，将各损益类成本费用类账户的余额结转到“本年利润”账户。

本项经济业务解读：期末应将所有反映成本费用的损益类账户的借方余额从相应账户的贷方转入“本年利润”账户的借方，以根据收入与支出配比原则，抵减当月收入，进而计算出当月利润总额。因此，编制会计分录如下：

借：本年利润　　360 558.50
　贷：主营业务成本——A产品　　120 000
　　　　　　　　　——B产品　　150 000
　　　其他业务成本　　25 000
　　　税金及附加　　2 558.50
　　　销售费用　　37 600
　　　管理费用　　20 200
　　　财务费用　　200
　　　营业外支出　　5 000

本月实现的利润总额为：375 500－360 558.50＝9 941.50(元)

[例3-44]2021年10月31日，计算并结转本月应交所得税，所得税税率为25％。

本项经济业务解读：本月所得税的应纳税额＝9 941.50×25％＝2 485.38元。该项经济业务使所得税增加，应借记“所得税费用”科目。应交所得税增加，应贷记“应交税费”科目。因此，编制会计分录如下：

借：所得税费用　　2 485.38
　贷：应交税费——应交所得税　　2 485.38

同时应将“所得税费用”账户余额转入“本年利润”科目，应借记“本年利润”科目，贷记“所得税费用”科目。

借：本年利润　　2 485.38
　贷：所得税费用　　2 485.38

本月净利润=9 941.50-2 485.38=7 456.12(元)

[例 3-45]年末,假设福兴公司本年度实现的净利润为 560 000 元。根据规定按本年税后利润的 10%计提法定盈余公积。

本项经济业务解读:该项业务一方面使企业已分配利润增加,未分配利润减少,应借记“利润分配”;另一方面,所有者权益中来自于企业盈利的积累增加,应贷记“盈余公积”。因此,编制会计分录如下:

借:利润分配——提取法定盈余公积 56 000

贷:盈余公积——法定盈余公积 56 000

[例 3-46]年末,向投资者分配利润 200 000 元。其中明达企业 120 000 元,弘发企业 80 000元。

本项经济业务解读:该项经济业务使应付投资者的利润增加,应贷记“应付股利”。应付股利是从净利润中支付的,属于利润分配项目,所以应借记“利润分配”科目,表示可分配净利润的减少。因此,编制会计分录如下:

借:利润分配——应付利润 200 000

贷:应付股利——明达企业 120 000

——弘发企业 80 000

[例 3-47]年末,结转“本年利润”各明细账户。

本项经济业务解读:结转前,“本年利润”账户贷方余额为 560 000 元,应将这个余额从相反方向结转到“利润分配——未分配利润”账户。因此,编制会计分录如下:

借:本年利润 560 000

贷:利润分配——未分配利润 560 000

[例 3-48]年末,结转“利润分配”各明细账户。

本项经济业务解读:结转前“利润分配——提取法定盈余公积”明细账户借方余额为 56 000元,“利润分配——应付现金股利”明细账户借方余额为 200 000 元,应将各账户余额从相反方向结转到“利润分配——未分配利润”账户。因此,编制会计分录如下:

借:利润分配——未分配利润 256 000

贷:利润分配——提取法定盈余公积 56 000

——应付利润 200 000

职场智慧：

企业利润计算是否准确，直接影响股东权益，所以，在所有成本费用开支前应严格审核，不合理的开支不能受理，在成本费用归集过程中应该准确。如果利润计算错误，就将影响所有股东的权益。

◎ 人生智慧

机会给有准备的人

卡恩·罗杰是一家银行的普通职员，他担任的是最简单的柜台工作，在所有员工中他并不突出。由于初入银行业，他发现自己对银行内许多工作不了解。银行里有许多资料可以供大家学习，每天下了班，他主动留下来阅读学习与工作相关的各种知识。久而久之，大家都知道每天在办公大楼都走空后，还有一盏灯亮着，那就是卡恩·罗杰在学习。有一天下班后，老板突然敲门进来，他拿着一个客户的对账单希望卡恩能帮助解决。虽然这不是卡恩工作领域的问题，但是由于这几个月来他积极主动学习，所以这时他已经可以比较轻松地解答这类问题了。老板非常惊讶，说实话，他来找卡恩并没有抱太大的希望，因为卡恩工作的领域并不在这一范围。只是因为这个问题实在是急于解答，身边又没有可以解决的人，才想起来那个下了班还留下来阅读的人。

从此，老板认识了卡恩·罗杰。后来在一次人员调动中，老板给了他一项更高级的工作。这就是卡恩的机会。试想，如果卡恩没有利用休息时间学习更多的工作相关知识，他能解决这个问题吗？老板又怎么可能发现他的能力呢？如果卡恩没有在大家都回家的时候留下来，老板可能找得到他吗？

学习能使自己快速成功，机会是给有准备的人，有所付出必然有所收获。

◎ 课后阅读建议

1.全国高校思想政治工作网址：https://www.sizhengwang.cn/。

2.中华人民共和国财政部：《小企业会计准则》，2011 年 10 月 18 日。

3.[美]雷吉娜·李兹：《超级整理术 2》，中国友谊出版公司 2018 年版。

◎ 自我提高再训练

请完成自我提高再训练任务 5、6、7、8、9、10。

项目四

会计凭证

“劳动者素质对一个国家、一个民族的发展至关重要。当今世界，综合国力的竞争归根到底是人才的竞争、劳动者素质的竞争。”

——习近平总书记金句

思政目标。

1. 价值塑造：崇尚科学，不断进取。
2. 会计职业道德：保守秘密，廉洁自律。

知识目标

1. 了解会计凭证的概念与作用。
2. 了解原始凭证的种类。
3. 掌握原始凭证的填制方法。
4. 了解原始凭证审核有关规定和具体方法。
5. 掌握记账凭证的填制与审核方法。
6. 了解会计凭证保管等有关规定。

能力目标

1. 能够正确填写原始凭证。
2. 能够按规定正确审核原始凭证。
3. 能够根据经济业务正确填写记账凭证。
4. 能够根据经济业务正确审核记账凭证。
5. 能够采用正确方法装订、保管记账凭证。

思政教育小任务

请1～2位同学说说，社会主义核心价值观包括哪些内容，自己有什么践行社会主义核心价值观的故事分享。

当一个企业在正常经营时，每天都发生着许多经济业务。商店因销售需要采购原材料、购入办公用品、支付运输费、汽油费、电话费等，这些经济业务常常以原始单据的形式表现出来。购入商品时，对方开出销售发票、验收入库单据；支付运输费时，得到的是运输费发票或车票；运输货物用的汽车加油时，可以得到加油费发票。这些纸质单据，正用无声的语言反映着一项项经济事项。在会计核算过程中，通常采用一种方法，把它们同类集中、汇总、统计后编制会计分录，填写记账凭证，再通过账簿记录来全面、系统地反映企业所有经济活动。

这就是本项目所要学习的会计凭证填写与审核工作。

任务一 认识会计凭证

一、会计凭证的概念

会计凭证是指记录经济业务发生或者完成情况的书面证明，是登记账簿的依据。会计凭证按其编制程序和用途的不同，分为原始凭证和记账凭证。

原始凭证是在经济业务发生或完成时取得或填制的，用以记录或证明经济业务的发生或完成情况的文字凭据。原始凭证是会计资料中最早出现，且具有法律效力的重要凭证。

记账凭证包括凭证名称、编制凭证的日期及编号、接受凭证单位的名称、经济业务的数量和金额、填制凭证单位的名称和有关人员的签章等。记账凭证是登记账簿的直接依据，常用的记账凭证有收款凭证、付款凭证、转账凭证等。

二、会计凭证的作用

会计凭证可以通过如实记录、反映经济业务的发生情况，为会计核算提供原始依据。原始凭证真实与否，直接影响企业会计核算正确性；记账凭证准确与否，直接影响企业会计核算真实性。会计凭证在整个核算体系中具有十分重要的作用。

1.记录经济业务,提供记账依据

原始凭证是最早出现在会计核算体系中的,它是记账凭证填写的依据;记账凭证是登记账簿的依据。因此,会计凭证是记录经济业务、提供记账依据的重要会计资料。

2.明确经济责任,强化内部控制

原始凭证所反映的经济事项,可以明确该经济事项的责任人,当会计档案被保存 20 年时,任何时候,都可以将最原始的凭证取出来审计,查找相关人员的责任。所以,如实反映经济事项,是单位每一位相关人员的法定责任;在支付前进行原始凭证审核,是强化内部管理的重要工作,单位一定要加以重视。

3.监督经济活动,控制经济运行

通过对原始凭证的审核,可以详细监督原始单据所反映的经济活动真实性、合法性、合理性;通过对原始凭证的记录,可以发现问题,及时调整管理措施,改变或控制经营策略。

三、会计凭证的种类

会计凭证按照填制程序和用途可分为原始凭证和记账凭证。这两大类详细分类将在以下章节中介绍。

任务二　原始凭证填写

一、原始凭证的概念

原始凭证,又称原始单据,是在经济业务发生或完成时取得或填制的,用以记录或证明经济业务的发生或完成情况的文字凭据。它能用来记录经济业务发生或完成情况,明确经济责任,是进行会计核算工作的原始资料和重要依据,是会计资料中最具有法律效力的一种重要凭证。

二、原始凭证的分类

每天企业发生的经济事项繁多,所取得的原始凭证也是多种多样,为提高会计核算工作效率,让我们一起来了解这些不同的原始凭证。

1.原始凭证按照来源不同分类

原始凭证按经济业务发生时所取得的来源不同分为外来原始凭证和自制原始凭证两大类。

(1)外来原始凭证是指在同外单位发生经济往来事项时,从外单位取得的凭证。如发票、飞机和火车的票据、银行收付款通知单、企业购买商品时从供货单位取得的发票等。

(2)自制原始凭证是指在经济业务事项发生或完成时,由本单位内部经办部门或人员填制的凭证。如收料单、领料单、工资计算表、成本计算单等。

2.原始凭证按照填制手续不同分类

自制原始凭证按填制手续不同,又可分为一次凭证、累计凭证和汇总原始凭证。

(1)一次凭证是指只反映一项经济业务或同时记录若干项同类性质经济业务的原始凭证,其填制手续是一次完成的。各种外来原始凭证如车票、餐费发票、销售发票等都是一次凭证;企业内部自制的“领料单”、“借款单”、“入库单”、“材料费用分配表”等都是一次凭证。

(2)累计凭证是指在一定时期内(一般以一个月为限)连续发生的同类经济业务的自制原始凭证,其填制时随着经济业务事项的发生而分次进行。如“限额领料单”就是累计凭证。

(3)汇总原始凭证是指根据一定时期内反映相同经济业务的多张原始凭证,汇总编制而成的自制原始凭证,以集中反映某项经济业务总括发生情况。汇总原始凭证可以简化会计核算工作,便于进行经济业务的分析比较。“工资汇总表”、“现金收入汇总表”、“发料凭证汇总表”等都是汇总原始凭证。

3.原始凭证按照格式不同分类

原始凭证按其所反映的内容不同,格式也有不同,比如,飞机票与动车票是不一样的,它们具有特定格式,所以它们又被分为:通用凭证、专用凭证。

(1)通用凭证是由有关部门统一印制、在一定范围内使用的具有统一格式和使用方法的原始凭证,通用凭证具有广泛用途。如:全国通用的增值税发票、银行转账结算凭证等。

(2)专用凭证一部分是指由单位自行印制、仅在本单位内部使用的原始凭证,如:收料单、领料单、工资费用分配单、折旧计算表等;另一部分专用凭证又指从企业外部取得的,具有特定格式的发票,如:电信部门设计的快递单据、飞机票、火车票、汽车票等都是专用凭证。

4.原始凭证按照经济业务不同分类

(1)反映银行存款收入业务的原始凭证。如:将库存现金送存银行的解款单、收到其他企业转来款项的收款通知书、因贷款收到银行转来的借款凭单等。

(2)反映银行存款支出业务的原始凭证。如:从银行领取的现金、缴纳税金而取得的纳税单据、从银行领取现金的现金支票存根等。

(3)反映现金收入业务的原始凭证。如:收回职工借款而开具的收据、从银行领取现金的现金支票存根、反映因销售收到现金的销售发票等。

(4)反映现金支出业务的原始凭证。如:支付招待费的用餐发票、支付员工借款的借款单据、支付购买办公用品的发票等。

(5)反映采购业务的原始凭证。如:购买原材料而从供应单位取得的销售发票、购买包装物的发票、因采购原材料而签订的采购合同书等。

(6)反映职工薪酬业务的原始凭证。如:支付职工工资的工资表、计提应付职工工资的计算表、按规定计提职工福利费的计算表等。

(7)反映成本费用的原始凭证。如成本计算表、工资分配表、制造费用分配表等。

(8)反映销售业务的原始凭证。如:因销售产品而签订的销售合同书、销售发票、出库单等。

(9)反映固定资产业务的原始凭证。如:固定资产采购协议、固定资产折旧计算表、固定资产调拨单、固定资产捐赠协议书等。

(10)反映纳税业务的原始凭证。如:按规定计提应缴税金的计算表、缴税凭证等。

(11)反映利润分配业务的原始凭证。如:分配股利的股东大会决议、利润分配计算表等。

(12)反映月末转账业务的原始凭证。如:收入账户科目余额表、支出账户科目余额表等。

记录现金和银行存款收付增减等业务的凭证,既有外来的,也有自制的,但多为一次性的凭证,如现金借据、现金收据、领款单、购货发票、车船机票、医药费单据、银行支票、付款委托书等。

职场智慧:

为提高工作效率,节约成本,在实际工作中,可以将反映同类经济业务的原始凭证找出来,整理在同一叠中,采用表格形式进行汇总。当然,如果单一项目可以直接合计,可将合计数写在第一张凭证右上角,然后将它们据以编制一张记账凭证。这样可以节省许多工作时间。比如,一个月中发生36笔支付给银行的手续费,可以把它们放在一起作一笔会计分录,填写一张记账凭证,这样可以节省打印35张记账凭证,装订时也比较方便,工作效率也提高了。类似这样的情况在会计核算中可以举一反三,广泛应用。

三、原始凭证的基本要素

为全面反映企业经济业务，所有设计的原始凭证其所记载的经济业务内容应清晰、全面、准确，按要求应该加盖的印章要齐全。不论哪类原始凭证，均具有其特定和共性的内容，按规定原始凭证一般应具备以下八个方面基本要素：

1.原始凭证的名称

2.原始凭证的编号

3.原始凭证填制日期

4.接受凭证单位名称

5.填制凭证单位或填制人姓名

6.经济业务的内容（含商品或劳务的数量、规格、单价和金额）

7.有关人员的签名或盖章

8.凭证附件（如起补充说明作用的购物清单）

以上所述原始凭证内容应当注意：从外单位取得的原始凭证，应使用统一发票或行政事业统一票据，具有明确的原始凭证名称，发票上应印有税务专用章或财政收费专用章；必须加盖填制单位的公章。自制的原始凭证，必须要有经办单位负责人或者由单位负责人指定的人员签名或者盖章；支付款项的原始凭证，必须要有收款单位和收款人的收款证明，不能仅以支付款项的有关凭证代替；购买实物的原始凭证，必须有验收证明；销售货物发生退回并退还货款时，必须以退货发票、退货验收证明和对方开具的收款收据作为原始凭证；职工借款填制的借款凭证，必须附在记账凭证之后；经上级有关部门批准的经济业务事项，应当将批准文件作为原始凭证的附件。

四、原始凭证填写的基本要求

原始凭证反映企业资金的来龙去脉，反映资金的增加与减少，所以，原始凭证的填制规范十分重要，它直接影响企业成本核算及利润计算，影响企业利益。原始凭证应按以下要求进行填写。

1.记录真实

原始凭证所填列的经济业务内容和数字，必须真实可靠，具有合法性、合理性，符合国家有关政策、法令、法规、制度的要求；原始凭证上填列的内容、数字，必须真实可靠，真实反映有关经济业务的实际情况，不得弄虚作假，更不得伪造凭证，不得使用假票据。

2.内容完整

原始凭证所要求填列的项目必须逐项填列齐全，不得遗漏、省略；购买物品的发票应写明数量单价金额，若品种繁多可以附清单全面反映经济业务内容。

3.手续完备

从外部取得的原始凭证，必须盖有填制单位的公章；对外开出的原始凭证必须加盖本单位公章；单位自制的原始凭证必须有经办单位领导人或者其他指定的人员签名盖章；从个人取得的原始凭证，必须有填制人员的签名盖章。

原始凭证手续完备还包括票据后面经手人、证明人、验收人、部门经理审核，财务审核、单位主管审批。只有手续完备的原始凭证方可给予报销，缺一不可。

4.书写规范

原始凭证要按规定填写，文字要简要，字迹要清楚、易于辨认，不得使用简化汉字；大小写金额必须相符且填写规范，小写金额用阿拉伯数字逐个书写，不得写连笔字；在金额前空白栏应填写人民币符号“￥”，人民币符号“￥”与阿拉伯数字之间不得留有空白；金额数字一律填写到角分，无角分的，写“00”或符号“－”，有角无分的，分位写“0”，不得用符号“－”；大写金额用汉字壹、贰、叁、肆、伍、陆、柒、捌、玖、拾、佰、仟、万、亿、元、角、分、零、整等填写；原始凭证开具一律用正楷或行书字书写，大写金额前未印有“人民币”字样的，应加写“人民币”三个字，“人民币”字样和大写金额之间不得留有空白；大写金额到元或角为止的，后面要写“整”或“正”字，有分的，不写“整”或“正”字。如小写金额为￥1 008.00，大写金额应写成“壹仟零捌元整”。

5.编号连续

如果原始凭证已预先印定编号，在没有填写好需作废时，应加盖“作废”戳记，或在票据中间醒目位置写明“作废”字样，全部联次一起保存，妥善保管，不得撕毁。

6.清晰完整

不论是外来原始凭证还是自制原始凭证，若填写时有错误，应当由出具单位或个人重开，确实无法重开的，应由填写人亲自更正，并在更正处加盖出具单位印章。

外来原始凭证金额有错误的，应当由出具单位重开，不得由本单位经手人在原始凭证上自己更正。任何原始凭证都不得涂改、刮擦、挖补。不清晰不完整的原始凭证不得作为报销依据。

7.填报及时

各种原始凭证一定要及时填写,并按规定的程序及时送交会计机构、会计人员进行审核。企业内部应规定原始单据应在发票取得日起半年或一年内报销,没有特殊原因,超过 1 年以上的原始凭证不给予报销。这一规定由企业决策层做出,特殊情况,应写出书面说明,经部门经理证明、总经理审批后方可使用。

五、部分常见原始单据的填制

1.现金支票

(1)支票的出票日期填写必须使用中文大写。为防止变造支票的出票日期,在填写月、日时,月为壹、贰和壹拾的,日为壹至玖和壹拾、贰拾和叁拾的,应在其前面加“零”;日为拾壹至拾玖的,应在其前加“壹”。

例如,“1 月 2 日”,应写成“零壹月零贰日”;“1 月 15 日”,应写成“零壹月壹拾伍日”;“10 月 2 日”,写成“零壹拾月零贰日”;“10 月 20 日”,写成“零壹拾月零贰拾日”。

(2)支票上的收款人、付款行名、签发人栏目及账号应写单位全称或个人的姓名,不得简写。

(3)签发人签章处应盖上签发人在银行预留的签章(称为印鉴),一般使用本单位授权的财务专用章和法人代表的私章。

(4)支票上的任何一处填写错误,均不得修改,须作废,重取一张填写。

[**例 4-1**]2013 年 07 月 05 日,福兴公司签发现金支票,提取备用金 3 000 元。

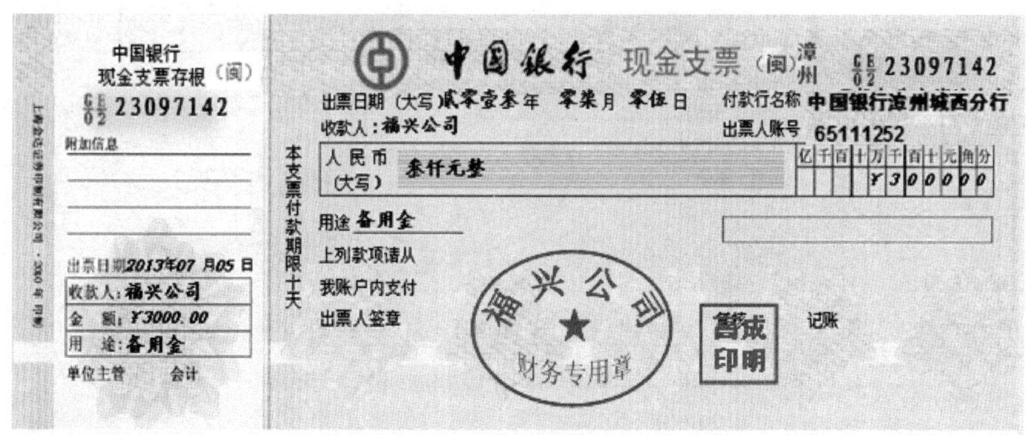
中国银行
现金支票存根(闽)
GE 02 23097142
附加信息
出票日期2013年07月05日
收款人:福兴公司
金　额:¥3000.00
用　途:备用金
单位主管　　会计

中国银行　现金支票(闽)漳州　GE 02 23097142
出票日期(大写)贰零壹叁年　零柒月　零伍日　付款行名称　中国银行漳州城西分行
收款人:福兴公司　出票人账号　65111252
本支票付款期限十天

人民币(大写)	亿	千	百	十	万	千	百	十	元	角	分
叁仟元整					¥	3	0	0	0	0	0

用途 备用金
上列款项请从
我账户内支付
出票人签章
福兴公司 财务专用章
詹成印明
记账

图 4-1

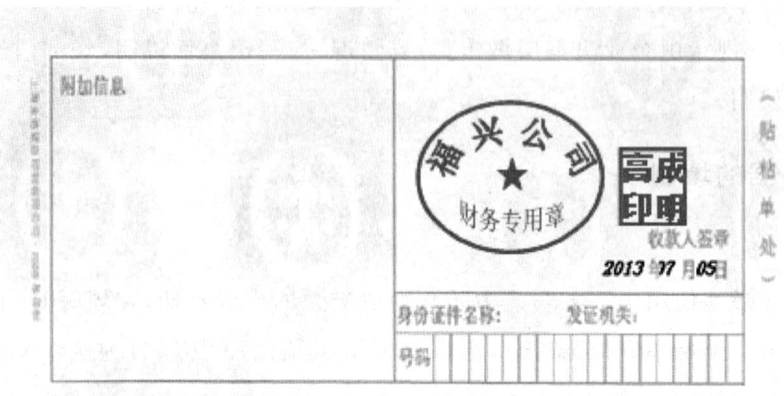
附加信息

福兴公司 财务专用章

高成印明

收款人签章

2013 年 07 月 05 日

身份证件名称: 发证机关:

号码

（贴粘单处）

图 4-2

[例 4-2]2013 年 07 月 06 日，福兴公司签发转账支票，以支付给福建利达公司货款 20 000元。

中国银行 转账支票存根（闽）

GE 02 23910026

附加信息

出票日期 2013年07月06日

收款人：福建利达公司

金 额：¥20000.00

用 途：货款

单位主管 会计

中国银行 转账支票（闽）漳州 GE 02 23910026

出票日期（大写）贰零壹叁年 零柒月 零陆日 付款行名称：中国银行漳州城西分行

收款人：福建利达公司 出票人账号：65111252

本支票付款期限十天

人民币（大写）	亿	千	百	十	万	千	百	十	元	角	分
贰万元整				¥	2	0	0	0	0	0	0

用途 货款

上列款项请从

我账户内支付

出票人签章 福兴公司 财务专用章 高成印明

复核 记账

图 4-3

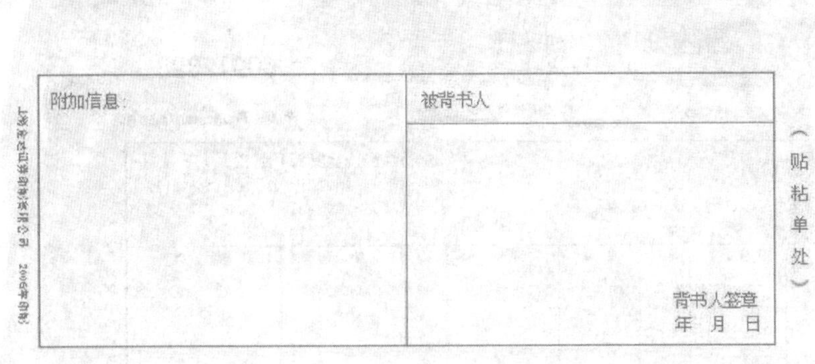

附加信息:	被背书人
	背书人签章 年　月　日

（贴粘单处）

图 4-4

2.发票

发票分为增值税发票和普通发票两大类。

(1)增值税专用发票

增值税专用发票是增值税一般纳税人(以下简称一般纳税人)销售货物或者提供应税劳务开具的发票,是购买方支付增值税额并可按照增值税有关规定据以抵扣增值税进项税额的凭证。一般纳税人应通过增值税防伪税控系统使用专用发票。

增值税专用发票由基本联次或者基本联次附加其他联次构成,基本联次为三联:发票联、抵扣联和记账联。发票联,作为购买方核算采购成本和增值税进项税额的记账凭证;抵扣联,作为购买方报送主管税务机关认证和留存备查的凭证;记账联,作为销售方核算销售收入和增值税销项税额的记账凭证。其他联次用途,由一般纳税人自行确定。

增值税专用发票开具时应做到:

①项目齐全,与实际交易相符;

②字迹清楚,不得压线、错格;

③发票联和抵扣联加盖财务专用章或者发票专用章;

④按照增值税纳税义务的发生时间开具。

[例 4-3]2013 年 07 月 08 日,销售产品 B 产品给华门商场,增值税专用发票上销售价款 60 000元,增值税 10 200 元,款项未收。

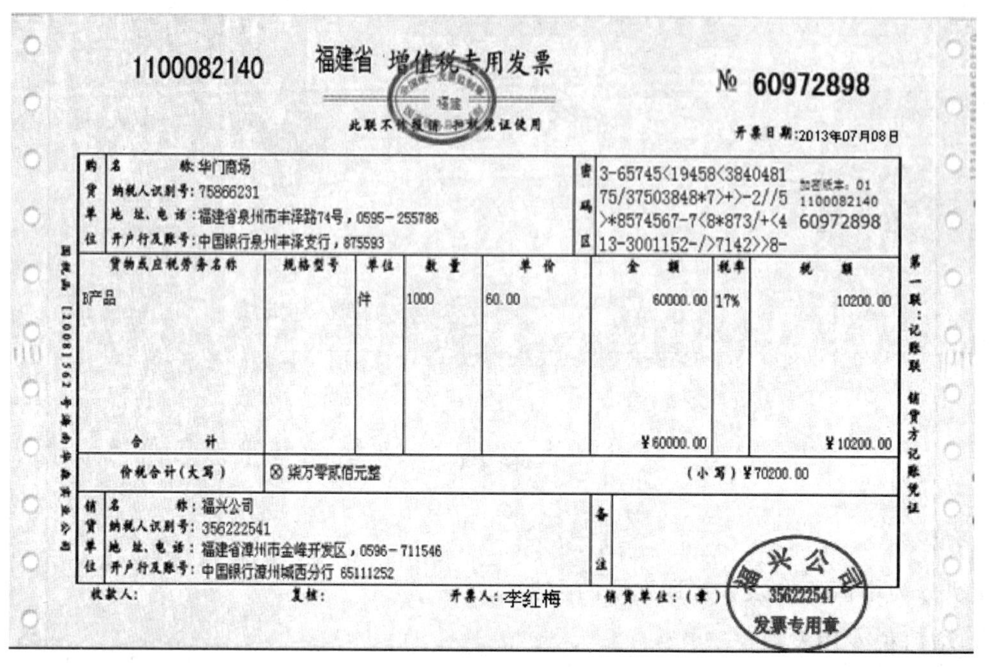

1100082140　福建省增值税专用发票　№ 60972898

此联不作报销、扣税凭证使用

开票日期:2013年07月08日

购货单位	
名称	华门商场
纳税人识别号	75866231
地址、电话	福建省泉州市丰泽路74号,0595-255786
开户行及账号	中国银行泉州丰泽支行,875593

密码区:3-65745<19458<3840481 75/37503848*7>+>-2//5 >*8574567-7<8*873/+<4 13-3001152-/>7142>>8-　加密版本:01 1100082140 60972898

货物或应税劳务名称	规格型号	单位	数量	单价	金额	税率	税额
B产品		件	1000	60.00	60000.00	17%	10200.00
合计					¥60000.00		¥10200.00
价税合计(大写)	⊗柒万零贰佰元整				(小写)¥70200.00		

销货单位	
名称	福兴公司
纳税人识别号	356222541
地址、电话	福建省漳州市金峰开发区,0596-711546
开户行及账号	中国银行漳州城西分行 65111252

备注

收款人:　复核:　开票人:李红梅　销货单位:(章)

福兴公司 356222541 发票专用章

第一联:记账联 销货方记账凭证

图 4-5

(2)增值税普通发票

增值税普通发票,是将除商业零售以外的增值税一般纳税人纳入增值税防伪税控系统开具和管理,也就是说一般纳税人可以使用同一套增值税防伪税控系统开具增值税专用发票、增值税普通发票等,俗称“一机多票”。

增值税普通发票是不可以认证进行税额抵扣的,在开具时,普通发票的购货单位栏也可以只填写购货人的公司名称。

增值税普通发票基本联次为两联:第一联为记账联,销售方用作记账凭证;第二联为发票联,购买方用作记账凭证。

(3)普通发票

普通发票是除增值税发票以外的各类发票,由从事经营活动并办理了税务登记的各种纳税人领购使用。

普通发票应当按照规定的时限、顺序,逐栏、全部联次一次性如实开具,并加盖单位财务印章或者发票专用章。同时注意:

①必须如实填开付款单位全称，不得以简称或其他文字、符号等代替付款单位全称；

②“单价”、“金额”栏填写含税单价、金额，并在“金额”栏合计（小写）数前用“?”符号封顶；

③不得涂改。如填写有误，应另行开具，并在误填的发票上注明“误填作废”四字。填错的发票，全部联次应当完整保存。

［**例 4-4**］2013 年 07 月 08 日，福兴公司办公室购入文具等办公用品，取得一张普通发票。

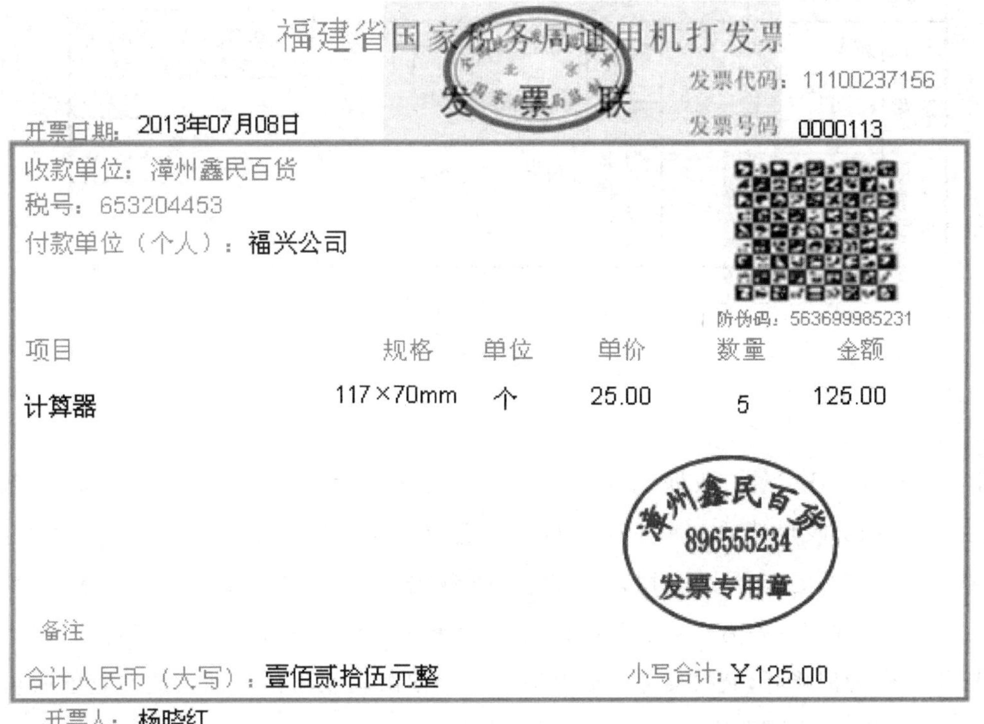

福建省国家税务局通用机打发票

发票联

发票代码：11100237156

开票日期：2013年07月08日　　发票号码 0000113

收款单位：漳州鑫民百货

税号：653204453

付款单位（个人）：福兴公司

防伪码：563699985231

项目	规格	单位	单价	数量	金额
计算器	117×70mm	个	25.00	5	125.00

漳州鑫民百货 896555234 发票专用章

备注

合计人民币（大写）：壹佰贰拾伍元整　　小写合计：￥125.00

开票人：杨晓红

图 4-6

3.借款单

借款单属于单位内部自制原始凭证，是借款人借款的凭证，借款时，由借款人填写借款单（注明借款金额、日期、用途等），由经办部门负责人、法人签字批准，方可办理借款手续，领取现金。

［**例 4-5**］2013 年 7 月 9 日，销售部王红预借出差款 2 200 元，填写借款单。出纳人员以现金付讫。借款单填写如图 4-7 所示。

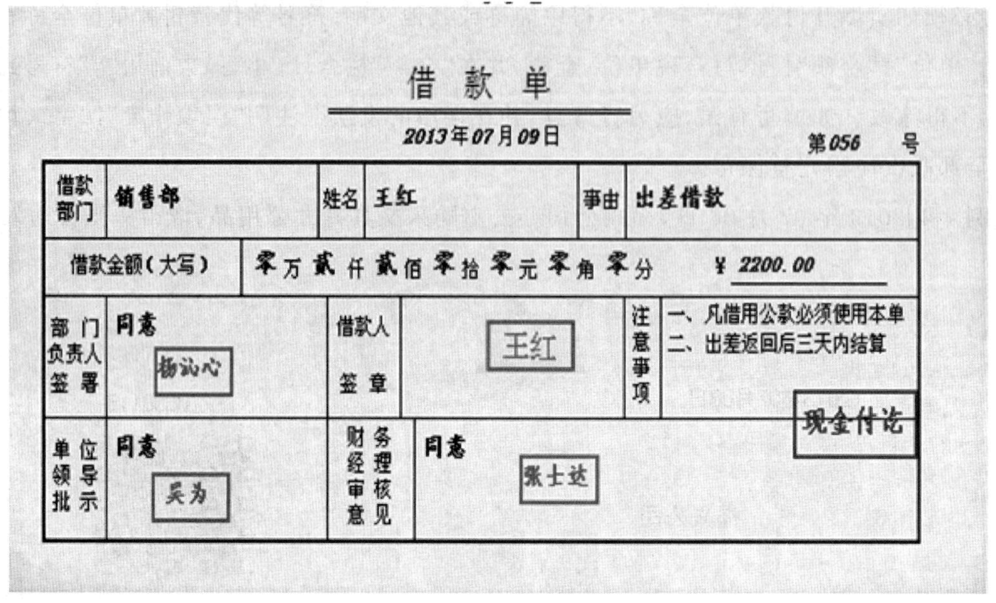

借 款 单

2013年07月09日　　第056　号

借款部门	销售部	姓名	王红	事由	出差借款
借款金额(大写)	零万贰仟贰佰零拾零元零角零分　¥2200.00				
部门负责人签署	同意　杨讯心	借款人签章	王红	注意事项	一、凡借用公款必须使用本单 二、出差返回后三天内结算
单位领导批示	同意　吴为	财务经理审核意见	同意　张士达		现金付讫

图 4-7

4.收据

非经营性资金往来统一收据，是企业发生非经营性款项收付时开具的凭证，非经营性款项收付包括企业内部收付款项往来及企业与企业之间的非经营性资金往来。当企业发生与经营、收益无直接关系的资金往来时都可以开具，如备用金、个人赔偿、差旅费借支等。

收据的基本联次一般为一式三联：第一联为存根联；第二联为收据联，交付款人作为付款的凭证；第三联为记账联，交财会部门据以记账。收据由收款单位出纳人员在收款后填写，应按编号的顺序使用，全部联次用双面复写纸一次性套写完成。

[例 4-6]2013 年 07 月 10 日，出纳收到车间工人李敏的罚款收入 600 元。填写收款收据。

5.差旅费报销单

差旅费报销单是单位职工将因公出差途中所支付的各种费用汇总后填制的报销凭证。职工因公出差返回后必须填制差旅费报销单，附上有关车票、住宿费发票等外来原始凭证，交财会部门审核报销，作为差旅费记账凭证，并据此作为退补现金的依据。

[例 4-7]2013 年 07 月 16 日，销售部王红出差归来，填写差旅费报销单。详细情况如下：出差时间 9 日至 12 日，来往交通费 320 元；住宿费 900 元，餐费 580 元；出差补贴 400 元。火车票、发票等原始票据共 8 张。差旅费报销单填写如下：

非经营性资金往来统一收据

发票代码 123309742568

发票号码 10275337

付款方：李敏 日期：2013年07月10日

项目	金额
罚款收入	600.00
合计人民币（大写）：陆佰元整	￥600.00
备注：未经收款单位盖章及收款人签章无效。	

第二联：付款方收据

款项结算方式：现金 开票： 收款：李红梅 收款单位（盖章）

福兴公司 财务专用章

图 4-8

差旅费报销单

2013年07月16日

<table>
<tr><td colspan="4">所属部门</td><td>销售部</td><td>姓名</td><td>王红</td><td>出差天数</td><td colspan="2">自07月09日至07月12日共 4天</td></tr>
<tr><td rowspan="2" colspan="4">出差事由</td><td rowspan="2" colspan="2">市场调查</td><td rowspan="2">借旅支费</td><td>日期 2013年07月09日</td><td colspan="2">金额￥2200.00</td></tr>
<tr><td colspan="3">结算金额:￥</td></tr>
<tr><td colspan="2">出发</td><td colspan="2">到达</td><td rowspan="2">起止地点</td><td rowspan="2">交通费</td><td rowspan="2">住宿费</td><td rowspan="2">伙食费</td><td rowspan="2" colspan="2">出差补贴</td></tr>
<tr><td>月</td><td>日</td><td>月</td><td>日</td></tr>
<tr><td>07</td><td>09</td><td>07</td><td>12</td><td>漳州－福州</td><td>320</td><td>900</td><td>580</td><td colspan="2">400</td></tr>
<tr><td colspan="4">合计</td><td colspan="6">零拾 零万 贰仟 贰佰 零拾 零元 零角 零分 ￥2200.00</td></tr>
</table>

现金付讫

总经理：吴为 财务经理：张士达 部门经理：杨沁心 会计：苏伟轮 出纳：李红梅 报销人：王红

图 4-9

6.电子发票

电子发票是信息时代的产物，同普通发票一样，由税务局统一发放给商家使用。发票号码采用全国统一编码、统一防伪技术分配给商家，且在电子发票上附有电子税务局的签名机制。

电子发票在保管、查询、调阅时更加方便，也便于电子商务网站为消费者提供更加便捷的服务，还可以避免资源浪费，更加环保。

(1)电子发票

电子发票是指经营活动中开具或收取的数据电文形式的收付款凭证，即电子形式的发票。电子发票一般为PDF格式文件，可供纳税人下载储存在手机、U盘等电子存储设备中，需要时可进行浏览、打印。

电子发票可以入账作为报销依据，根据《国家税务总局关于推行通过增值税电子发票系统开具的增值税电子普通发票有关问题的公告》(国家税务总局公告2015年第84号)，增值税电子普通发票法律效力、基本用途、基本使用规定等与税务机关监制的增值税普通发票相同。电子档案凭证在2016年1月1日起施行的《会计档案管理办法》中也已被合法化。

(2)增值税电子专用发票

电子专用发票属于增值税专用发票，其法律效力、基本用途、基本使用规定等与增值税纸质专用发票相同。与纸质专票相比，电子专票具有以下几方面优点：

①发票样式更简洁

电子专票进一步简化了发票票面样式，采用电子签名代替原发票专用章，将“货物或应税劳务、服务名称”栏次名称简化为“项目名称”，取消了原“销售方：(章)”栏次，使电子专票的开具更加简便。

②领用方式更快捷

纳税人可以选择办税服务厅、电子税务局等渠道领用电子专票。通过网上申领方式领用电子专票，纳税人可以实现“即领即用”。

③远程交付更便利

纳税人可以通过电子邮箱、二维码等方式交付电子专票，与纸质专票现场交付、邮寄交付等方式相比，发票交付的速度更快。

④ 财务管理更高效

电子专票属于电子会计凭证，纳税人可以便捷获取数字化的票面明细信息，并据此提升财务管理水平。同时，纳税人可以通过全国增值税发票查验平台（https://inv-veri.chinatax.gov.cn）下载增值税电子发票版式文件阅读器，查阅电子专票并验证电子签名的有效性，降低接收假发票的风险。

⑤存储保管更经济

电子专票采用信息化存储方式，与纸质专票相比，无需专门场所存放，也可以大幅降低后续人工管理的成本。此外，纳税人还可以从税务部门提供的免费渠道重新下载电子专票，防范发票丢失和损毁风险。

⑥社会效益更显著

电子专票交付快捷，有利于交易双方加快结算速度，缩短回款周期，提升资金使用效率。同时，电子专票的推出还有利于推动企业财务核算电子化的进一步普及，进而对整个经济社会的数字化建设产生积极影响。

任务三 原始凭证审核

为保证所有会计信息的准确性、合法性、合理性，要办理收支业务前，会计人员应当根据会计法有关规定和企业内部相关制度认真细致、实事求是、如实地对原始凭证进行审核。会计人员在审核工作中，应当公平公正、廉洁自律。

一、原始凭证审核的主要内容

1.真实性审核

原始凭证真实性审核是指会计人员以其会计职业敏感性，审核原始凭证所反映的经济业务是否真实，有没有歪曲、颠倒、虚假、夸大事实。财务人员在审核凭证过程中首先以口头询问的方式通过其职业判断进行并完成审核。具体从以下几个方面实施：

（1）审核原始凭证票据本身是否真实有效，是否是伪造、变造的假发票。

（2）审核原始凭证所反映的经济业务双方当事单位、当事人是否真实。

（3）审核原始凭证所反映的经济业务发生时间、地点、填制凭证的日期是否真实。不得把经济业务发生的真实时间及填制原始凭证的真实日期随意修改;不得把在甲地发生的经济业务改变成在乙地发生。

(4)审核原始凭证所反映的经济业务内容是否真实。不得把购物写成用餐,把餐费写成住宿费;是劳动报酬支付,就应该附有考勤记录、工资标准、相关用工合同等。

(5)审核原始凭证所反映的经济业务的"量"是否真实。购买货物的业务,要标明货物的重量、长度、体积、数量,并附验收入库单或验收人在发票上面签字;其他经济业务也要标明计价所使用的量,如住宿 2 天、打印纸 5 箱、矿泉水 3 桶等。

(6)审核原始凭证所反映的经济业务的单价、金额是否真实。不得在原始凭证填写时抬高或压低单价,多开或少开金额。

2.合法性审核

原始凭证合法性审核是指在审核原始凭证真实性的前提下,审核该项开支是否合法,是否符合企业内部相关规定。审核所发生的经济业务是否符合国家有关税法、会计制度规定的要求。原始凭证中所列的经济业务事项是否真实,有无弄虚作假情况。具体审核要求主要有以下几个方面:

(1)审核原始凭证是否为伪造、变造的假票据,如果原始凭证印制粗糙、印章不规范,也可以判断出其不合法的因素。

(2)审核原始凭证所列的收入项目及金额是否按合同协议书执行,是否按合同或协议书约定收款。

(3)审核原始凭证所列的支出是否按合同协议书执行,是否超过合同或协议书的约定付款。

(4)如果是行政事业单位,应审核反映大宗采用的原始凭证所列支出有无按招投标规定进行政府采购,大型企业或总公司是否按规定实施单位集中采购。

3.合理性审核

原始凭证合理性审核是指审核原始单据所反映的经济业务是否符合厉行节约、反对浪费,是否有利于提高经济效益。凡私人购置和私人使用的物品,不得将不相关发票用于公款报销;个人非因公外出发生的各种费用都不能到公司报销。具体审核要求主要有以下几个方面:

(1)审核原始凭证所列收入是否合理合法。

(2)审核原始凭证所列该项目收入金额是否全额到账。

(3)审核原始凭证所列支出金额是否超预算、超标准。

(4)审核原始凭证所列支出项目是否与本企业经济业务有关,是否符合企业经济活动的需要。

(5)审核原始凭证所列支出项目是否合理。

例如,职工因公出差乘坐火车轮船、到旅馆住宿,对等级、金额都有限定,超过部分应自理;医药费报销,不同工龄的职工享受公费的比例不同,报销时要按其公费比例报销,超出比例报销的部分就是不合法的。

4.完整性审核

原始凭证完整性审核是指对票据是否具备基本内容、是否有应填未填或填写不清楚的现象进行全面详细审核。具体审核要求主要有以下几个方面:

(1)审核原始凭证审批手续是否完整,票据背面是否有经办人签名、证明人或验收人签收确认、部门负责人签名、财务部审核签名、总经理审批。

(2)审核原始凭证应附的佐证资料是否齐全,是否将批准文件、采购合同或协议书、入库单或其他验收证明作为原始凭证附件。

(3)审核原始凭证所有要素是否齐全,接受凭证单位的名称是否为本单位的全称,有无写错或表达不规范的,从外单位取得的支出票据接受凭证单位名称不能写成二级部门名称,如:××公司供销科或“××车间”。

5.正确性审核

原始凭证正确性审核是指在以上审核正确的基础上,对相关发票在计算方面是否存在失误进行审核。审核原始单据反映的业务内容摘要是否正确,数量与单价的乘积与得出的金额是否一致,金额合计有没有错误等。具体审核要求主要有以下几个方面:

(1)审核发票上是否有当地税务机关的发票专用章,是否为正版发票。

(2)审核外来原始凭证中有无填制凭证单位名称,是否按规定加盖填制凭证单位的发票(收据、财务)专用章。

(3)审核劳务发票中反映的劳务的名称、数量、单价和总额是否正确,检查各项计算是否准确无误。

(4)审核销售发票中反映的商品名称、规格、数量、单价、总额计算和书写是否正确。

(5)审核原始凭证中,数量乘以单价是否等于该项目金额。

(6)审核原始凭证发票中各项目合计是否正确。

(7)审核原始凭证大写与小写金额书写是否相符,书写是否规范。

(8)审核填制人(开票人、制表人)姓名是否填列齐全。

(9)审核报销联次正确与否。一式几联的原始凭证,只能以"发票联"或"客户联"作为报销凭证。

6.及时性审核

及时性审核是指审核原始凭证的填制日期是否过期,是否超过支付时限。特别是办理银行业务的原始凭证,时效性强,应仔细审核其签发日期。比如:不能出现本月出差却用了去年的交通或住宿票据的情况。

有经费预算的支出,应在其规定的期内报支,如果超过时限,就应拒绝报销。会计人员认真对原始凭证审核后,应在凭证背面签上自己的名字,并注明"已审核",以示已经过审核,同时注明审核时间,会计人员对其审核签字的凭证负有相关责任。经过审核无误的原始凭证可办理付款和记账业务。出纳人员在办理完款项收付业务后,应及时在原始凭证上加盖"银行收讫"、"银行付讫"、"现金收讫"、"现金付讫"专用章。

7.印章应得当

(1)银行票据应按银行相关规定加盖单位预留印鉴。

(2)所有发票或收据均应按规定在发票联加盖发票专用章。

(3)增值税专用发票须在发票联和抵扣联同时加盖单位发票专用章。

(4)从外单位取得的原始凭证,必须盖有填制单位的公章(但在现在的实际工作中,也存在一些特殊情况,如:飞机票、船票、火车票和汽车票等一般都没有加盖公章,但它们仍被认可并正常使用。)

(5)发票或收据等原始凭证上加盖公章时应使用红色印泥。

另外,原始凭证的内容、结算方式、资金流向与对方单位等处都可能存在着异常。

二、对审核有问题的原始凭证应如何处理

《会计法》第十四条规定会计机构、会计人员必须按照国家统一的会计制度的规定对原始凭证进行审核,对不真实、不合法的原始凭证有权不予接受,并向单位负责人报告;对记载不准确、不完整的原始凭证予以退回,并要求按照国家统一的会计制度的规定更正、补充。原始凭证记载的各项内容均不得涂改;原始凭证有错误的,应当由出具单位重开或者更正,更正

会计行话"一支笔"

处应当加盖出具单位印章。原始凭证金额有错误的，应当由出具单位重开，不得在原始凭证上更正。记账凭证应当根据经过审核的原始凭证及有关资料编制。

1.审核中出现下列情况的，原始凭证应拒绝受理

(1)不符合规定的发票或未经税务或行政机关监制的发票、收据。如自制内部收据或白条。

(2)内容不真实，字迹不清楚的原始凭证。

(3)数字计算错误的原始凭证。

(4)弄虚作假、营私舞弊、伪造、假冒的原始凭证。

(5)经过涂改、挖补的原始凭证。

(6)作废以及其他不符合税务机关规定的发票。

2.原始凭证发现下列情况的，应退回填制单位或填制人员补填或更正

(1)错误或无法辨认的原始凭证应退回重新开具。

(2)项目不齐全的原始凭证应退回补充完整。

(3)没有加盖出票单位财务印章或者发票(收费)专用章的发票或行政事业性收据，应退回补盖相关印章。

(4)没有经办人签名或签名不规范、不齐全的就退回重新签署。

(5)计算错误的自制原始凭证应退回重填。

(6)发票或收据联次使用错误的应退回换正确联次。

(7)已经入账的原始凭证，不能抽出，应另外以正确原始凭证进行更正，并加以说明。

3.审核有问题的原始凭证处理方法

会计人员应根据会计制度规定及企业内部有关制度，认真审核原始凭证，发现问题，按规定处理。详见表4-1。

表4-1　审核有问题的原始凭证处理方法一览表

原始凭证审核要素	对不符合规定的原始凭证如何处理
原始凭证真实性审核	对不真实不合法的原始凭证有权不予接受，并向单位负责人报告。
原始凭证合法性审核	
原始凭证合理性审核	对记载不准确、不完整的原始凭证予以退回，并要求按规定更正、补充或重新填写。
原始凭证完整性审核	对不完整的原始凭证应由出具单位重开或者更正，更正处应当加盖出具单位印章。

续表

原始凭证审核要素	对不符合规定的原始凭证如何处理
原始凭证正确性审核	对不正确的原始凭证应由出具单位重开,不得在原始凭证上更正。
原始凭证及时性审核	对不及时的原始凭证可以拒绝受理,情况特殊的应由经手人员写出书面说明,经部门经理证明,总经理审批后办理。

任务四　原始凭证其他非正常事项处理

经审核无误的原始凭证可以作为记账依据登记入账,成为会计档案,具有法律效力,该档案按会计法规定进行传递和保存。

会计行话"套开"

一、原始凭证的保管与传递

1.已入账的原始凭证不得外借。其他单位或个人因特殊原因需要使用原始凭证时,经本单位领导批准,可以复印,但复印时,须有财务人员在场。

2.单位应当设置原始凭证登记簿,经财务主管批准后向外单位提供原始凭证复印件,并在专设的登记簿上进行登记,由提供人员、收取人共同签名或盖章。

二、外来原始凭证遗失的处理

原始凭证遗失时可按以下方法办理后代替原有原始凭证:

1.根据原票据的存根联或财务联复印,并加盖原填制单位公章,并注明"按原件复印",经办人应在此复印的票据背面注明"原件遗失"。

2.无法根据原票据复印的,应取得原填制单位盖章证明,并注明原始凭证编号金额和内容等,经单位领导人批准后,才能作为原始凭证。

3.如确实无法取得证明的,如外地火车、汽车、轮船、飞机票等,由当事人写出详细情况,经相关人员或部门领导证明后,由单位领导批准,代作原始凭证。

三、原始凭证分割单的开具

因特殊业务需要,两个以上单位共同负担一张原始凭证所列支出时,应当由保存该原始凭证的单位开给其他应负担单位原始凭证分割单，收到原始凭证分割单的单位以分割单作为记账凭证的附件应当将其他单位负担的部分，原始凭证分割单后可以附上经加盖保留原始凭证单位印章后注明“按原件复印”字样的原始凭证复印件。

原始凭证分割单必须具备原始凭证的七大基本内容：凭证名称，填制凭证日期，填制凭证单位名称或者填制人姓名，经办人的签名或者盖章，接受凭证单位名称，经济业务内容，应分担的数量、单价、金额和费用分摊事由等。

手续完备的原始凭证分割单可代作原始凭证作为会计核算的依据，具有同原始凭证原件一样的法律效力。详见表 4-2。

表 4-2 原始凭证分割单

<table>
<tr><td colspan="2">接受凭证单位名称</td><td colspan="3"></td></tr>
<tr><td rowspan="3">原发票内容</td><td>填制单位名称</td><td></td><td>发票号码</td><td></td></tr>
<tr><td>发票名称</td><td></td><td>填制日期</td><td></td></tr>
<tr><td>经济业务内容</td><td colspan="3"></td></tr>
<tr><td colspan="2">分担事由及计算</td><td colspan="3"></td></tr>
<tr><td colspan="5"></td></tr>
<tr><td colspan="2">应分摊的经费数</td><td colspan="3">人民币　拾万　万　千　佰　拾　元　角　分</td></tr>
<tr><td colspan="5">附件：文件（　）张、发票（　）张、其他资料（　）张</td></tr>
</table>

持票单位公章：　　　　经办人签章：

任务五　记账凭证填制

在实际工作中，经济业务发生后，产生了许多原始凭证，而众多的原始凭证不能直接用于登记账簿，为了便于登记账簿，需要将来自不同的单位、种类繁多、数量庞大、格式大小不一的原始凭证加以分类、整理、汇总，将同类经济业务的单据经汇总统计后填制具有统一格式的记账凭证。记账凭证又称记账凭单，或分录凭单，是会计人员根据审核无误的原始凭证按照经济业务事项的内容加以归类，并据以确定会计分录后所填制的会计凭证。它是登记账簿的直接依据。相应的原始凭证必须附在该记账凭证后作为依据。记账凭证填写必须是有依据的，不能凭空想象写出来。

一、记账凭证的分类

记账凭证按其适用的经济业务，分为专用记账凭证和通用记账凭证两类。

(1)专用记账凭证：用来专门记录某一类经济业务的记账凭证。专用凭证按其所记录的经济业务与现金和银行存款的收付有无关系，又分为收款凭证、付款凭证和转账凭证三种。

①收款凭证：用于记录库存现金和银行存款收款业务的会计凭证。它是根据有关现金和银行存款收入业务的原始凭证填制的，是登记现金日记账、银行存款日记账以及有关明细账和总账等账簿的依据，也是出纳人员收讫款项的依据。收款凭证的格式如下：

收 款 凭 证

借方科目： 年 月 日 ____字第号____号

摘 要	贷方总账科目	明细科目	借或贷	贷方金额									
				千	百	十	万	千	百	十	元	角	分
合 计													

附件 张

会计主管 记账 审核 出纳 制单

图 4-10 收款凭证

②付款凭证：用于记录库存现金和银行存款付款业务的会计凭证。它是根据有关现金和银行存款支付业务的原始凭证填制的，是登记现金日记账、银行存款日记账以及有关明细账和总账等账簿的依据，也是出纳人员付讫款项的依据。付款凭证的格式如下：

付　款　凭　证

贷方科目：　　　　　　　　　年　　月　　日　　　　　　　　____字第号____号

摘　　要	贷方总账科目	明细科目	借或贷	借方金额									
				千	百	十	万	千	百	十	元	角	分
合　　计													

附件　　张

会计主管　　　　记账　　　　审核　　　　出纳　　　　制单

图 4-11　付款凭证

③转账凭证：用于记录不涉及库存现金和银行存款业务的会计凭证。它是根据有关转账业务的原始凭证填制的。转账凭证是登记总分类账及有关明细分类账的依据。转账凭证的格式如下：

转　账　凭　证

年　　月　　日　　　　　　　　转字第号____号

摘　　要	总账科目	明细科目	√	借方金额										贷方金额									
				千	百	十	万	千	百	十	元	角	分	千	百	十	万	千	百	十	元	角	分
合　　计																							

附件　　张

会计主管　　　　记账　　　　审核　　　　出纳　　　　制单

图 4-12　转账凭证

在当今企业会计核算工作中，90%以上的单位采用电算化软件进行会计核算。采用收款凭证、付款凭证和转账凭证三种凭证进行核算的不多。考虑到专业基础知识的延续性，这里只做简单介绍，重点应学习通用记账凭证的填制。

(2)通用记账凭证:用来记录各种经济业务的记账凭证。

在经济业务比较简单的经济单位,为了简化凭证,可以使用通用记账凭证,记录所发生的各种经济业务。通用记账凭证的格式如下:

记　账　凭　证

年　　月　　日　　　　　　　　____字第号____号

摘　要	总账科目	明细科目	√	借方金额										贷方金额									
				千	百	十	万	千	百	十	元	角	分	千	百	十	万	千	百	十	元	角	分
合　计																							

附件　张

会计主管　　　记账　　　审核　　　出纳　　　制单

图 4-13　记账凭证

二、记账凭证基本内容

1.记账凭证基本内容

(1)记账凭证的名称

(2)填制记账凭证的日期

(3)记账凭证的编号

(4)经济业务事项的内容摘要

(5)经济业务事项所涉及的会计科目及其记账方向

(6)经济业务事项的金额

(7)记账标记

(8)所附原始凭证张数

(9)会计主管、记账、审核、出纳、制单等有关人员的签章。

2.记账凭证编制要求

(1)基本要求

记账凭证填写前应做好以下工作:严格按会计法及企业内部相关规定审核原始凭证,确定无误后方可编制记账凭证。若发现不符合制度要求的原始凭证,会计人员应将其退还原经办人员,要求按规定更正后受理。

根据审核无误的原始凭证填制记账凭证,是内部牵制制度的一个重要环节。然后,对原始凭证进行分类整理,将同一类经济业务原始凭证放在一起编制记账凭证,这样不但能节约凭证纸张,又能提高工作效率。

不论是哪种记账凭证,它们的填写都要遵循以下基本要求(又称一般要求):

①记账凭证各项内容必须完整。

②记账凭证应连续编号。对记账凭证进行连续编号有利于分清会计事项处理的先后顺序,便于记账凭证与会计账簿之间的核对,确保记账凭证的完整。一笔经济业务需要填制两张以上记账凭证的,可以采用分数编号法编号。

记账凭证编号的方法有多种,可以按现金收付、银行存款收付和转账业务三类分别编号,也可以按现金收入、现金支出、银行存款收入、银行存款支出和转账五类进行编号,或者将转账业务按照具体内容再分成几类编号。各单位应当根据本单位业务繁简程度、人员多寡和分工情况来选择便于记账、查账、内部稽核、简单严密的编号方法。无论采用哪一种编号方法,都应该按月顺序编号,即每月都从 1 号编起,顺序编至月末。一笔经济业务需要填制两张或者两张以上记账凭证的,可以采用分数编号法编号,如 1 号会计事项分录需要填制三张记账凭证,就可以编成 1(1/3)、1(2/3)、1(3/3)号。

③记账凭证的书写应清楚、规范,记账凭证基本内容所包括的都应填写清楚。实行会计电算化的单位,其机制记账凭证应当符合对记账凭证的一般要求,并应认真审核,做到会计科目使用正确,数字准确无误。打印出来的机制记账凭证上,要加盖制单人员、审核人员、记账人员和会计主管人员印章或者签字,以明确责任。

④记账凭证可以根据每一张原始凭证填制,也可以根据若干张反映同一类经济业务原始凭证合并编制,还可以根据反映同一类经济业务原始凭证统计编制“原始凭证汇总表”来填制。但是,不得将不同内容和类别的原始凭证汇总填制在一张记账凭证上。

⑤除结账和更正错误的记账凭证可以不附原始凭证外,所有记账凭证必须附有原始凭证

并注明所附原始凭证的张数。所附原始凭证张数的计算，一般以原始凭证的自然张数为准。与记账凭证中的经济业务记录有关的每一张证据，都应当作为原始凭证的附件。如果记账凭证中附有原始凭证汇总表，则应该把所附的原始凭证和原始凭证汇总表的张数一起计入附件的张数之内。报销差旅费等的零散票券，可以粘贴在一张纸上，但也是按其所粘贴张数算作为原始凭证。一张原始凭证如涉及几张记账凭证的，可以将该原始凭证附在一张主要的记账凭证后面，在其他记账凭证上注明该主要记账凭证的编号或者附上该原始凭证的复印件。

⑥填制记账凭证时若发生错误应当作废重新填制。已登记入账的记账凭证在当年内发现填写错误时，可以用红字更正法，填写一张与原内容相同的记账凭证，在摘要栏注明“注销某月某日某号凭证”字样，同时再用蓝字重新填制一张正确的记账凭证，注明“订正某月某日某号凭证”字样。如果会计科目没有错误，只是金额错误，也可将正确数字与错误数字之间的差额，另编一张调整的记账凭证，调增金额用蓝字，调减金额用红字。发现以前年度记账凭证有错误的，应当用蓝字填制一张更正的记账凭证。（这部分在账簿登记模块中会有详细介绍）

⑦记账凭证填制完成后，如有空行，应当自金额栏最后一笔金额数字下的空行处至合计数上的空行处划斜线注销。空白行应划斜线表示此行没有内容。

⑧分类正确。即根据经济业务的内容，正确区别不同类型的原始凭证，正确应用会计科目。在此基础上，记账凭证可以根据每一张原始凭证填制，或者根据若干张同类原始凭证汇总编制，也可以根据原始凭证汇总表填制；但不得将不同内容和类别的原始凭证汇总填制在一张记账凭证上。

⑨正确编制会计分录并保证借贷平衡。必须根据国家统一会计制度的规定和经济业务的内容，正确使用会计科目和编制会计分录，记账凭证借、贷方的金额必须相等，合计数必须计算正确。

⑩摘要应与原始凭证内容一致，能正确反映经济业务的主要内容，表述简短精练。应能使阅读的人通过摘要就能了解该项经济业务的性质、特征，判断出会计分录的正确与否，一般不必再去翻阅原始凭证或询问有关人员。摘要的填写示范如表 4-3 所示：

表 4-3 摘要的填写示范

摘要范例	经济业务内容	所用明细科目
购办公用品	当购回形针、笔、档案袋等办公用品时	办公费
购耗材	当购打印纸、硒鼓等电脑消耗相关材料时	办公费
付电费	当支付或计提当月电费时	电费

续表

摘要范例	经济业务内容	所用明细科目
付水费	当支付或计提当月水费时	水费
付招待费	当报销招待客人的用餐费用时	招待费
付工资	当支付上月职工工资时	工资
计提折旧	当计算本月应分摊折旧费时	折旧费
付王玉红借款	当支付职工因公借款时	直接写借款人姓名
收回借款	当职工归还原先借的款项时	直接写借款人姓名
收暂借款	老板将自己的钱送来公司发放工资或周转用时	直接写老板姓名
归还暂借款	公司钱归还老板时	直接写老板姓名

[**例 4-8**]根据例 4-3 福兴公司的销售业务填写通用记账凭证。

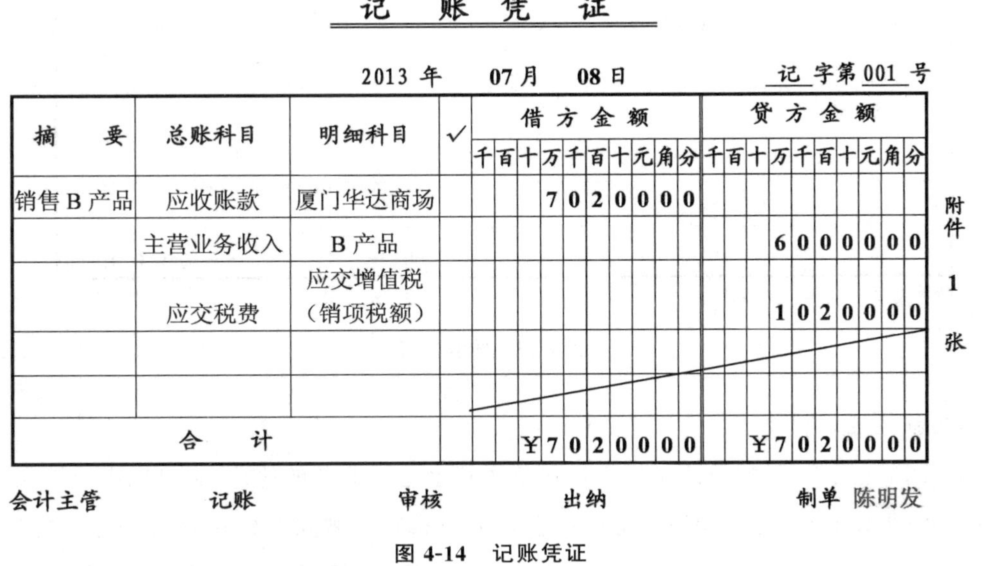

记 账 凭 证

2013 年 07 月 08 日 记 字第 001 号

摘要	总账科目	明细科目	✓	借方金额	贷方金额
销售 B 产品	应收账款	厦门华达商场		7020000	
	主营业务收入	B 产品			6000000
	应交税费	应交增值税（销项税额）			1020000
合 计				¥7020000	¥7020000

附件 1 张

会计主管 记账 审核 出纳 制单 陈明发

图 4-14 记账凭证

(2)收款凭证编制要求

收款凭证适用于:收款凭证是用来记录货币资金收款业务的凭证,它可以由出纳人员根据审核无误的原始凭证收款后填制,也可由会计人员根据反映收款经济业务的原始凭证填写。从银行收到销售货款可以填写收款凭证;但是,如果一笔销售款 10 万元,从银行收到该笔货款的 50%,即 5 万元,对方尚未付余款 5 万元,那么这时就不能填写银行存款的收款凭证,而应该填写转账凭证。

收款凭证左上角的“借方科目”按收款的性质填写“现金”或“银行存款”；日期填写的是编制本凭证的日期；右上角填写编制收款凭证的顺序号；“摘要”填写对所记录的经济业务的简要说明；“贷方科目”填写与收入现金或银行存款相对应的会计科目；“记账”是指该凭证已登记账簿的标记，防止经济业务事项重记或漏记；“金额”是指该项经济业务事项的发生额；该凭证右边“附件××张”是指本记账凭证所附原始凭证的张数；最下边分别由有关人员签章，以明确经济责任。

[**例 4-9**]根据例 4-6 填写收款凭证。

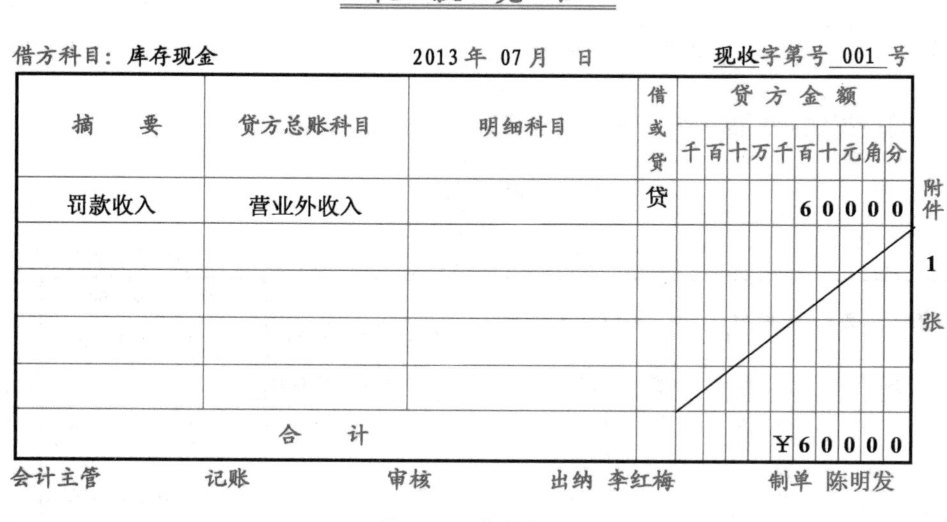

收 款 凭 证

借方科目：库存现金　　2013 年 07 月　日　　现收字第号 001 号

摘要	贷方总账科目	明细科目	借或贷	贷方金额									
				千	百	十	万	千	百	十	元	角	分
罚款收入	营业外收入		贷						6	0	0	0	0
合　计								¥	6	0	0	0	0

附件 1 张

会计主管　　记账　　审核　　出纳 李红梅　　制单 陈明发

图 4-15　收款凭证

(3)付款凭证编制要求

付款凭证适用于：付款凭证是用来记录货币资金付款业务的凭证，它可以由出纳人员根据审核无误的原始凭证付款后填制，也可由会计人员根据反映付款经济业务的原始凭证填写。出纳员从银行领取现金时，按经济业务发生的时间顺序，应填写银行存款的付款凭证而不是填写现金的收款凭证。将现金存入银行时，按经济业务发生的时间顺序，应填写现金的付款凭证而不是填写银行存款的收款凭证。对于涉及“现金”和“银行存款”之间的经济业务，为避免重复一般只编制付款凭证，不编收款凭证。

付款凭证的编制方法与收款凭证基本相同，只是左上角由“借方科目”换为“贷方科目”，凭证中间的“贷方科目”换为“借方科目”。

[例 4-10]根据例 4-1 提取备用金业务填写付款凭证。

付　款　凭　证

贷方科目：银行存款　　2013 年 07 月 05 日　　银付字第 001 号

摘　要	借方总账科目	明细科目	借或贷	贷方金额									
				千	百	十	万	千	百	十	元	角	分
提取备用金	库存现金		借					3	0	0	0	0	0
合　计							¥	3	0	0	0	0	0

附件 1 张

会计主管　　记账　　审核　　出纳 李红梅　　制单 陈明发

图 4-16

[例 4-11]根据例 4-5 填写付款凭证。

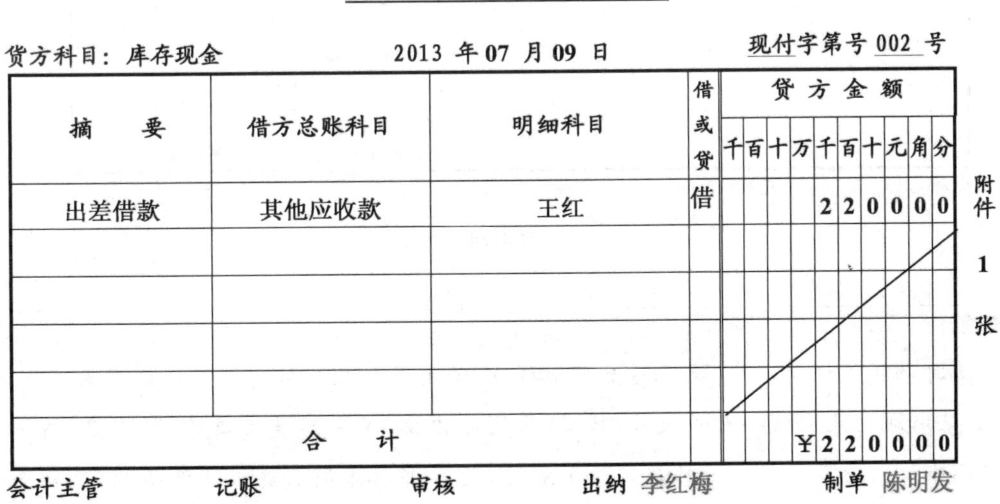

付　款　凭　证

贷方科目：库存现金　　2013 年 07 月 09 日　　现付字第号 002 号

摘　要	借方总账科目	明细科目	借或贷	贷方金额									
				千	百	十	万	千	百	十	元	角	分
出差借款	其他应收款	王红	借					2	2	0	0	0	0
合　计							¥	2	2	0	0	0	0

附件 1 张

会计主管　　记账　　审核　　出纳 李红梅　　制单 陈明发

图 4-17

(4)转账凭证、记账凭证编制要求

在企业未采用收付款凭证编制会计分录时,企业所发生的全部经济业务均编制记账凭证。通用记账凭证的名称为“记账凭证”或“记账凭单”。它集收款、付款和转账凭证于一身,通用于收款、付款和转账等各种类型的经济业务。记账凭证和转账凭证的格式一样,只是凭证标题不一样而已。其格式及填制方法与转账凭证完全相同。

编制转账凭证、记账凭证时,将经济业务事项中所涉及全部会计科目,按照先借后贷的顺序记入“会计科目”栏中的“一级科目”和“二级及明细科目”,并按应借、应贷方向分别记入“借方金额”或“贷方金额”栏。其他项目的填列与收、付款凭证相同。其他编制要求参考记账凭证编制的基本要求。

[**例 4-12**]根据例 4-7 报销差旅费填写转账凭证。

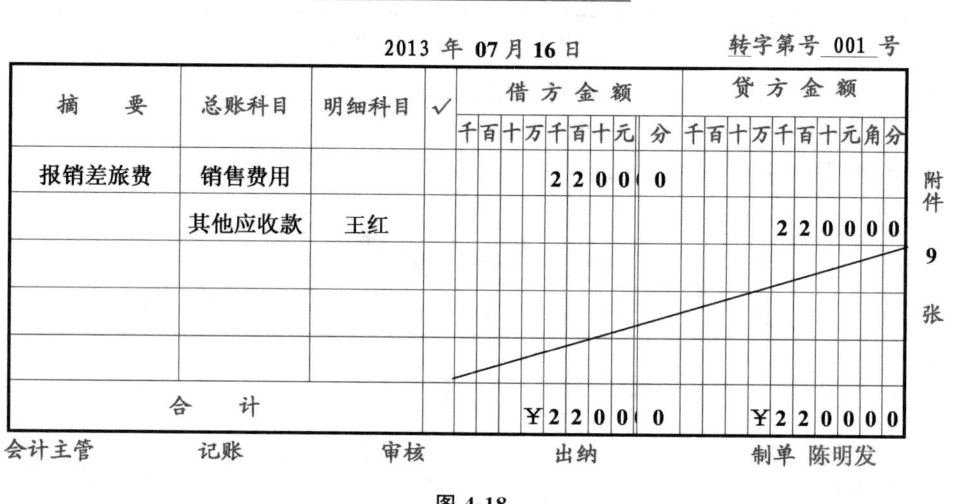

转 账 凭 证

2013 年 07 月 16 日　　　　转字第号 001 号

摘要	总账科目	明细科目	✓	借方金额	贷方金额
报销差旅费	销售费用			220000	
	其他应收款	王红			220000
合计				￥220000	￥220000

附件 9 张

会计主管　　记账　　审核　　出纳　　制单 陈明发

图 4-18

职场智慧:

在填写记账凭证时,一定要填写至明细科目,特别是应收应付类一级科目下不可以空白。因为,如果您在记录应收个人借款时,只写“其他应收款”而不写是谁借的款,那么,将来就不知道应向谁收回此笔借款。日后确实想了解时,还要去查阅原始凭证才能明确,这样会增加许多工作量,也是不规范不允许的。正确的方法是填写:“其他应收款——曾斌”(明细科目就是借款人姓名)。

任务六 记账凭证审核

1.记账凭证审核的主要内容

玩中学

会计人员编制好的记账凭证一定要自己审核，确认无误后再经过其他会计人员进行审核。记账凭证审核应按记账凭证编制的基本要求逐一进行。在审核记账凭证的过程中，如发现记账凭证填制有误，应当按照规定的方法及时加以更正。只有经过审核无误后的记账凭证，才能作为登记账簿的依据。通过会计凭证的审核，可以监督各项经济业务的合法性，检查经济业务是否符合国家的有关法律、制度；检查是否符合企业目标和财务计划；检查经济业务有无违法乱纪、违反会计制度的现象。

记账凭证的审核从上到下，主要包括以下内容：

(1)审核记账凭证摘要是否填写清楚，日期、凭证编号是否正确。

(2)审核记账凭证所列会计科目(包括一级科目、明细科目)，应借、应贷方向和金额是否正确，借贷双方的金额是否平衡；明细科目金额之和与相应的总账科目的金额是否相等。

(3)审核有关人员签章等各个项目填写是否齐全。

(4)审核附件张数是否正确。

(5)审核所附原始凭证是否附有原始凭证，所附原始凭证是否与记账凭证所反映的内容一致。记账凭证上填写的金额是否与所附原始凭证金额相等。

(6)审核所附记账凭证的张数是否与记账凭证所列附件张数相符。

在对记账凭证进行审核时，若发现记账凭证的填制有差错或者填列不完整、签章不齐全，应更正、补充或作废重填。审核无误的记账凭证，才能据以登记账簿。

2.原始凭证与记账凭证审核的异同

(1)相同点

①真实性：审核原始凭证日期是否真实、业务内容是否真实、数据是否真实等；审核记账凭证是否附有原始凭证为依据，记账凭证的内容是否与原始凭证一致。

②正确性：审核原始凭证金额计算及填写是否正确；记账凭证科目、金额、书写是否正确。

③完整性：填写项目是否齐全。

(2)不同点

①合法性:审核原始凭证所记录的经济业务是否有违反国家法律法规的情况,是否有贪污腐化等行为;记账凭证没有这一项。

②合理性:审核原始凭证所记录的经济业务是否符合生产经营活动的需要等;记账凭证没有这方面审核要求。

③及时性:审核符合要求的原始凭证要及时编制记账凭证,内容不全的、填写错误的原始凭证退回补充完整;不及时的原始凭证不予接受,并向单位负责人报告。记账凭证填写的及时性要求根据权责发生制原则,当月发生的经济业务应在当月编制记账凭证。

任务七 记账凭证传递与装订

1.会计凭证的传递

会计凭证的传递,是指各种会计凭证从填制、取得到归档保管为止的全部过程,即在企业、事业和行政单位内部有关人员和部门之间传送、交接的过程。要规定各种凭证的填写、传递单位与凭证份数,规定会计凭证传递的程序、移交的时间和接受与保管的有关部门。

2.会计凭证传递的作用

会计凭证的传递,是指会计凭证从编制时起到归档时止,在单位内部各有关部门及人员之间的传递程序和传递时间。为了能够利用会计凭证,及时反映各项经济业务,提供会计信息,发挥会计监督的作用,必须正确、及时地进行会计凭证的传递,不得积压。正确组织会计凭证的传递,对于及时处理和登记经济业务,明确经济责任,实行会计监督具有重要作用。会计凭证传递程序是企业管理规章制度的重要组成部分,传递程序的科学与否,能反映该企业管理的科学程度。其作用如下:

(1)有利于完善经济责任制度。经济业务的发生或完成及记录,是由若干责任人共同负责、分工完成的。会计凭证作为记录经济业务、明确经济责任的书面证明,体现了经济责任制度的执行情况。单位会计制度可以通过会计凭证传递程序和传递时间的规定,进一步完善经济责任制度,使各项业务的处理顺利进行。

(2)有利于及时进行会计记录。从经济业务的发生到账簿登记有一定的时间间隔,通过会计凭证的传递,使会计部门尽早了解经济业务发生和完成情况,并通过会计部门内部的凭证传递，及时记录经济业务，进行会计核算，实行会计监督。

职场智慧：

因为负责货币资金的收付工作，出纳员手上有许多反映收支的原始凭证，这些凭证会在哪一天传递给会计人员做账呢？这个时间一般根据所在单位业务量的大小来确定。如果业务量不大，出纳员可以在每月2～3日前将自己保管的上月原始单据整理好，移交给会计做账；如果业务量大，可以和会计商定，如10天交接一次或者一周交接一次单据。这样，会计人员的工作就不会集中在月初，即可以提前完成一部分记账凭证的填写工作。

3.会计凭证的保管

会计凭证的保管是指会计凭证记账后的整理、装订、归档和存查工作。会计凭证作为记账的依据，是重要的会计档案和经济资料。本单位以及其他有关单位，可能因为各种需要查阅会计凭证，特别是发生贪污、盗窃、违法乱纪行为时，会计凭证还是依法处理的有效证据。因此，任何单位在完成经济业务手续和记账后，必须将会计凭证按规定的立卷归档制度形成会计档案资料，妥善保管，防止丢失，不得任意销毁，以便日后随时查阅。

会计凭证的保管要求主要有：

(1)会计凭证应定期装订成册，防止散失。会计部门在依据会计凭证记账以后，应定期(每天、每旬或每月)对各种会计凭证进行分类整理，将各种记账凭证按照编号顺序，连同所附的原始凭证一起加具封面和封底，装订成册，并在装订线上加贴封签，由装订人员在装订线封签处签名或盖章。

从外单位取得的原始凭证遗失时，应取得原签发单位盖有公章的证明，并注明原始凭证的号码、金额、内容等，由经办单位会计机构负责人(会计主管人员)和单位负责人批准后，才能代作原始凭证。若确实无法取得证明的，如车票丢失，则应由当事人写明详细情况，由经办单位会计机构负责人(会计主管人员)和单位负责人批准后，代作原始凭证。

(2)会计凭证封面应注明单位名称、凭证种类、凭证张数、起止号数、年度、月份、会计主管人员和装订人员等有关事项，会计主管人员和保管人员应在封面上签章。

(3)会计凭证应加贴封条，防止抽换凭证。原始凭证不得外借，其他单位如有特殊原因确实需要使用时，经本单位会计机构负责人(会计主管人员)批准，可以复制。向外单位提供的原始凭证复制件，应在专设的登记簿上登记，并由提供人员和收取人员共同签名、盖章。

(4)原始凭证较多时，可单独装订，但应在凭证封面注明所属记账凭证的日期、编号和种类，同时在所属的记账凭证上应注明“附件另订”及原始凭证的名称和编号，以便查阅。对各种重要的原始凭证，如押金收据、提货单等，以及各种需要随时查阅和退回的单据，应另编目录，单独保管，并在有关的记账凭证和原始凭证上分别注明日期和编号。

(5)每年装订成册的会计凭证，在年度终了时可暂由单位会计机构保管一年，期满后应当移交本单位档案机构统一保管；未设立档案机构的，应当在会计机构内部指定专人保管。出纳人员不得兼管会计档案。

(6)严格遵守会计凭证的保管期限要求，期满前不得任意销毁。

◎ 职业指导

微笑——人际关系的润滑剂

我有一个朋友，他是一个非常勤奋上进的人，最近跳槽到了麦恳公司。几个月过去了，他却向我诉苦，说感觉这家新公司还没有原来的那家公司好：大家上班都板着脸，感觉冷冰冰的。我不敢相信大名鼎鼎的麦恳公司会是这么一个环境，于是一天下午我特意到他所在部门找他，想看看到底是怎么回事。哦，其实原因太简单不过了——他不也板着一张脸吗？

每个人生活中难免会遇到不愉快的事，及时调整自己的心态是一种了不起的能力。早晨上班前，对着镜子，练习微笑；出门了，不论遇到认识或不认识的人，微微点头并面带微笑，给人以乐观愉悦的感受；同样，在职场，要想营造一个良好的工作环境并不难：多给同事一个微笑，当他们遇上工作难题时尽量给予帮助，对于办公室的公共杂事，能及时解决的不要故意拖延。大家在微笑的环境中自然心情畅快，工作上携手共进，何乐不为？

微笑是一道润滑剂，让自己成为微笑达人，工作并快乐着，效率会更高。

◎ 课后阅读建议

1.中国文明网址：http://www.wenming.cn/。

2.中华人民共和国财政部：财会字19号《会计基础工作规范》，1996年6月17日。

3.周丽华：《出纳岗位操作实务训练》，厦门大学出版社2012年版。

◎ 自我提高再训练

请完成自我提高再训练任务11、12。

项目五

会计账簿

"青年时代,选择吃苦就选择了收获,选择奉献就选择了高尚。"

——习近平总书记金句

思政目标

1. 价值塑造:独立意志,热爱生命。
2. 会计职业道德:勤俭理财,规避风险。

知识目标

1. 了解会计账簿的概念与种类。
2. 掌握各种账簿的登记方法。
3. 掌握对账与结账的方法。
4. 掌握错账查找与更正的方法。
5. 了解会计账簿的更换与保管方法。
6. 了解账务处理程序的概念和步骤。

能力目标

1. 能够根据企业实际建立小型账套。
2. 能够按规定正确登记总分类账。
3. 能够按规定正确登记日记账。
4. 能够按规定正确登记明细分类账。
5. 能够按规定进行对账和结账。
6. 能够按规定采用正确方法进行错账更正。

思政教育小任务

用手机百度查阅最新的国内大事，并说说自己对该事件的想法。(2～4 分钟，先查阅到的同学举手示意，老师可以请 3 位同学现场分享)

曾经有毕业生在工作过程中通过 QQ 和我聊天，抱怨所在企业，只做内账，而且只记应收账款明细账和存货账。我耐心地告诉学生，希望她们能将学校学到的专业知识和专业能力应用于企业会计核算工作中，通过充分沟通，让老板知道设置一个完整账套进行会计核算才能起到监督作用。以后，如果您也遇到这样的情况，那么，可以向管理者提出建立系统账套的重要性，取得支持后，购买一套财务软件，确定一个时间点，通过全面清查，取得原始数据，建立一套完整的账簿。

在本项目任务中，我们一起来学习账务处理程序和账簿登记方法。

任务一　认识会计账簿

一、会计账簿的概念与作用

1.会计账簿

会计账簿是指由一定格式的账页组成，以经过审核的会计凭证为依据，全面、系统、连续地记录各项经济业务的簿籍。账簿登记是连接会计凭证和财务报表的中间环节，是编制财务报表的基础。

会计账簿有手工登记和电算化登记两种方式，现阶段普遍采用的方式是依托财务管理软件进行电脑核算。本章节学习的内容主要是手工记账背景下的会计账簿登记方法。

2.设置和登记账簿的作用

从财务处理程序可以了解到，为及时有效地提供准确全面的会计信息，企业对所有发生的经济业务进行账簿登记是一项十分重要的工作。设置和登记账簿的作用主要有：

(1)记载和储存会计信息

通过账簿登记可以储存各项会计信息。通过设置和登记账簿，可以将会计凭证中记录的信息记入相关账簿，从而全面地反映一个单位在一定会计期间发生的经济业务所引起的会计要素变化和资金运动情况。

(2)分类和汇总会计信息

通过设置和登记账簿,可以按账户对会计凭证中大量而分散的会计资料进行分类记录,并可进一步汇总加工,从不同角度提供多种企业管理者及投资人需要的会计信息。

(3)检查和校正会计信息

通过设置和登记账簿,可以反映各项财产物资的增减变动情况,从而监督财产物资的保管和使用情况,有利于保障财产物资的安全完整,通过账实核对做到账实相符,提供可靠的会计信息,会计账簿作为重要的会计档案,是会计检查和会计分析的重要依据。

(4)编报和输出会计信息

通过设置和登记账簿,可以为计算财务成果及编制财务报表提供依据,从而向会计信息使用者提供各项会计信息。

二、会计账簿的基本内容

在实际工作中,由于各种会计账簿所记录的经济业务不同,账簿的格式也多种多样。但各种账簿都应具备以下基本内容:

1.封面

封面上应注明单位的名称及会计账簿的名称,如总分类账、银行存款日记账、现金日记账等。账簿的封面如图 5-1 所示。

图 5-1 账簿封面

2.扉页

扉页上主要用来登载"账簿启用表"和"账户目录",明确账簿启用日期、记账人员等内容。为了保证账簿记录的严肃性与合法性,明确记账责任,会计人员在账簿启用时,应在账簿扉页的“账簿启用及交接表”内填写：单位名称 、账簿名称 、启用日期、账簿页数、会计主管人员和记账人员，并加盖单位公章以及会计主管人员和记账人员私章。

账簿启用表如图 5-2 所示。

账 簿 启 用 表

机构名称		印 鉴
账簿名称	（第 册）	
账簿编号		
账簿页数	本账簿共计 页（本账簿页数 检点人盖章 ）	
启用日期	公元 年 月 日	

经管人员	负责人		主办会计		复核		记账	
	姓名	盖章	姓名	盖章	姓名	盖章	姓名	盖章

接交记录	经管人员		接管				交出			
	职别	姓名	年	月	日	盖章	年	月	日	盖章

备注	

图 5-2　账簿启用表

3.账页

账页是会计账簿的主体，按反映经济业务的内容不同，账页的格式也不尽相同，但账页一般都应包括以下基本内容：

（1）账户的名称，即会计科目名称，包括一级会计科目、二级会计科目或明细科目名称；

（2）登账的日期栏，包括年、月、日；

（3）记账凭证的种类和号数栏；

（4）摘要栏，即记录经济业务的简要说明；

（5）金额栏，分为借方金额栏、贷方金额栏和余额栏；

（6）借贷栏，即余额方向栏；

（7）页次，明细账包括总页次和分页次。

三、会计账簿与账户的关系

账簿与账户的关系是形式和内容的关系。账簿是由若干账页组成的一个整体。账簿中的每一账页就是账户的具体存在形式和载体。没有账簿，账户就无法存在；账簿序时、分类地记录经济业务，是在各个具体的账户中完成的。因此，账簿只是一个外在形式，账户才是它的实质内容。

四、会计账簿的种类

会计账簿的种类很多，不同类别的会计账簿可以提供不同的信息，满足不同的需要。账簿的种类如下：

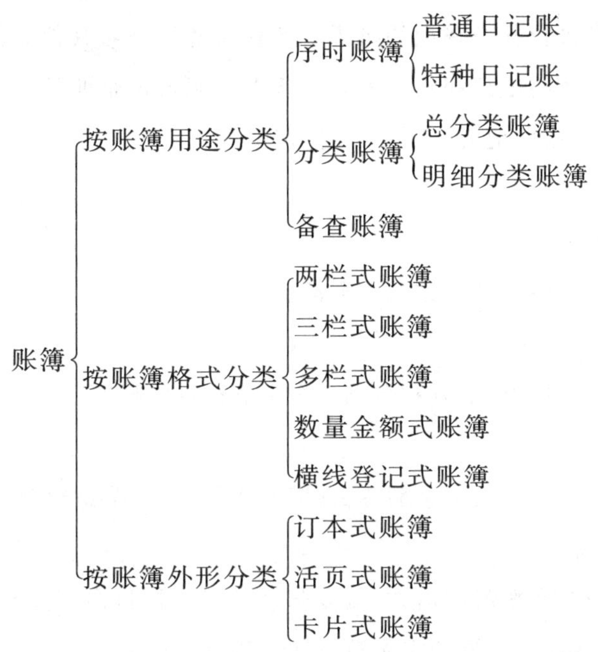

1.按账簿用途分类

(1)序时账簿

序时账簿，又称日记账，是按照经济业务发生时间的先后顺序逐日、逐笔登记的账簿。序时账簿按其记录的内容，可分为普通日记账和特种日记账。

普通日记账是对全部经济业务按其发生时间的先后顺序逐日、逐笔登记的账簿；特种日记账是对某一特定种类的经济业务按其发生时间的先后顺序逐日、逐笔登记的账簿。日记账主要应用在库存现金和银行存款登记中。

(2)分类账簿

分类账簿是按照会计要素具体类别而设置的分类账户进行登记的一种账簿。分类账簿按其反映经济业务的详略程度,可分为总分类账簿和明细分类账簿。总分类账簿,又称总账,是根据总分类账户开设的,能够全面地反映企业的经济活动;明细分类账簿,又称明细账,是根据明细分类账户开设的,用来提供明细的核算资料。总账对所属的明细账起统驭作用,明细账对总账进行补充和说明。如:应收账款明细账、产成品明细账等。

(3)备查账簿

备查账簿,又称辅助登记簿或补充登记簿,是指对某些在序时账簿和分类账簿中未能记载或记载不全的经济业务进行补充登记的账簿。备查账簿只是对其他账簿记录的一种补充,与其他账簿之间不存在严密的依存和勾稽关系。备查账簿根据企业的实际需要设置,没有固定的格式要求。如:应收票据登记簿、应付票据登记簿等。

2.按账簿格式分类

(1)两栏式账簿

两栏式账簿是指只有借方和贷方两个金额栏目的账簿。

(2)三栏式账簿

三栏式账簿是指设有借方、贷方和余额三个金额栏目的账簿。

(3)多栏式账簿

多栏式账簿是指在账簿的两个金额栏目(借方和贷方)按需要分设若干专栏的账簿。

(4)数量金额式账簿

数量金额式账簿是指在账簿的借方、贷方和余额三个栏目内,每个栏目再分设数量、单价和金额三小栏,借以反映财产物资的实物数量和价值量的账簿。

(5)横线登记式账簿

横线登记式账簿,又称平行式账簿,是指将前后密切相关的经济业务登记在同一行上,以便检查每笔业务的发生和完成情况的账簿。

3.按外形特征分类

(1)订本式账簿

订本式账簿,简称订本账,是在启用前将编有顺序页码的一定数量账页装订成册的账簿。

这种账簿一般适用于总分类账、现金日记账、银行存款日记账。

(2)活页式账簿

活页式账簿，简称活页账，是将一定数量的账页置于活页夹内，可根据记账内容的变化而随时增加或减少部分账页的账簿。这种账簿一般适用于各种明细分类账。

(3)卡片式账簿

卡片式账簿，简称卡片账，是将一定数量的卡片式账页存放于专设的卡片箱中，可以根据需要随时增添账页的账簿。这种账簿一般适用于固定资产的记录。

职场智慧：

在会计核算过程中，许多新手不清楚所在的企业应该设置哪些会计账簿进行会计核算。这个时候，请根据会计的重要性原则来考虑，当然，同时也要考虑老板或管理者对会计信息的要求。小企业常设的会计账簿有：总账、库存现金日记账、银行存款日记账、应收账款明细账、应付账款明细账、其他应收款明细账、其他应付款明细账、原材料明细账、产成品明细账等。如果是电算化核算，可以在账套初始化时，请软件公司技术服务人员帮助选定。

任务二　会计账簿的启用与登记要求

一、会计账簿的启用

启用会计账簿时，应当在账簿封面上写明单位名称和账簿名称，并在账簿扉页上附启用表。启用订本式账簿应当从第一页到最后一页顺序编定页数，不得跳页、缺号。使用活页式账簿应当按账户顺序编号，并须定期装订成册，装订后再按实际使用的账页顺序编定页码，另加目录以便于记明每个账户的名称和页次。

启用账簿的步骤：

1.填写“账簿启用表”

每本账簿的扉页均附有“账簿启用表”，内容包括单位名称、账簿名称、账簿号码、账簿页数、启用日期、单位负责人、单位主管财会工作负责人、会计机构负责人、会计主管人员等，启用账簿时，应填写表内各项内容，并在单位名称处加盖公章、各负责人姓名后加盖私章。

2.填写“经管本账簿人员一览表”

账簿经管人员指负责登记使用该账簿的会计人员，当账簿的经管人员调动工作时，应办理交接手续，填写该表中的账簿交接内容，并由交接双方人共同签名或盖章。

3.粘贴印花税票

根据税法相关规定，企业的会计账簿中的资金账簿，即反映企业实收资本和资本公积金额增减变化的账簿，按以下方法贴花：在企业设立初次建账时，按实收资本和资本公积金额的0.5‰贴花。次年度实收资本与资本公积未增加的，不再计算贴花；实收资本与资本公积增加的，就其增加部分按0.5‰税率补贴印花。其他会计账簿，每本应粘贴5元面值的印花税贴花。

若企业使用缴款书缴纳印花税，应在账簿扉页的“印花粘贴处”框内注明“印花税已缴”以及缴款金额。

账簿启用表及交接表格式如图5-3所示。

账簿启用及交接表

机构名称	福兴公司	印鉴
账簿名称	现金日记账 （第 一 册）	福兴公司 ★ 财务专用章
账簿编号	01	
账簿页数	本账簿共计 50 页（本账簿页数检点人盖章 ）	
启用日期	公元 2013 年 01月 01 日	

经管人员	负责人		主办会计		复核		记账	
	姓名	盖章	姓名	盖章	姓名	盖章	姓名	盖章
	高成明	高成明	张士达	张士达	苏伟纶	苏伟纶	陈明发	陈明发

接交记录	经管人员		接管				交出			
	职别	姓名	年	月	日	盖章	年	月	日	盖章

备注	

图5-3 账簿启用表及交接表格式

二、会计账簿的登记要求

为了保证账簿记录的正确性，必须根据审核无误的会计凭证登记会计账簿，并符合有关法律、行政法规和国家统一的会计准则制度的规定。

1.准确完整

会计账簿的登记必须根据审核无误的会计凭证，及时地登记各类账簿。登记账簿时，应当将会计凭证日期、编号、业务内容摘要、金额和其他有关资料逐项记入账簿内，做到数字准确、摘要清楚。

2.注明记账符号

登记完毕，应在记账凭证"记账"栏注明账簿页码或做出"√"符号，表示已记账，以免重记、漏记，也便于查阅、核对，并在记账凭证中"记账"处签名或盖章，以明确经济责任。

3.书写留空

登记账簿时，文字和数字的书写必须字迹清晰工整，易于辨认，书写时，文字和数字要紧靠底线，上面要留有适当的空格，一般应占格距的二分之一，如果发生错账便于更正。

4.正常记账使用蓝黑墨水

登记账簿要使用蓝黑墨水或者碳素墨水书写，不得使用圆珠笔（银行复写账簿除外）或者铅笔书写。

5.特殊记账使用红墨水

红色墨水在账簿中有特殊含义：

（1）按照红字冲账的记账凭证，冲销错误记录。

（2）在不设借贷等栏的多栏式账页中，登记减少数。

（3）在三栏式账页的余额栏前，如未印明余额方向的，在余额栏内登记负数余额。

（4）注销空行或空页。

（5）期末结账时划线。

（6）根据国家统一会计制度的规定可以用红字登记的其他会计记录。

6.顺序连续登记

各种账簿应按账户页次逐页逐行连续登记，不得跳行、隔页。如果不慎发生跳行、隔页，应在账簿中将空行和空页注销。

当出现空行时，应在该行摘要栏填入“此行空白”，然后用红笔划一条通栏红线，最后，由记账人员在该行签名或盖章。

当出现空页时，应在该页注明“此页空白”，然后用红笔在该页左上角至右下角划一条对角斜线，最后由记账人员在该页签名或盖章。

7.结出余额

登记账簿时，凡印有余额栏并需结出余额的账户，应在结出余额后，在“借或贷”栏内注明余额的借贷方向。若余额为零，则应在“借或贷”栏注明“平”，并在余额栏内“元”位写“0”表示。

8.连续账页内容之间的衔接

当一张账页记满，需要在下页继续登记时，应在本页的最末一行摘要栏注明“过次页”，结计出本页借、贷方发生额填入借方、贷方栏。在下一页的第一行摘要栏注明“承前页”，将前页结计出借方、贷方发生额以及余额，记入相应栏目。

不同账户的本页借、贷方发生额的结计方法有所不同，一般分为以下三种情况：

(1)月末需要结计本月发生额的账户：结计“过次页”的本页发生额为自本月初起至本页末止的借贷方发生额合计数。

(2)月末不需要结计本月发生额，但需结计本年累计发生额的账户：结计“过次页”的本页发生额为自年初起至本页末止的借贷方累计发生额。

(3)月末既不需要结计本月发生额，也不需要结计本年累计发生额的账户：可以只将各页的余额结转至次页，不需要结计本页发生额，其账页的最末一行，也可用来登记具体经济业务。在下一页的第一行摘要栏中注明“承前页”，在余额栏中记入前页余额即可。

一般来讲，账户按以下类别顺序归类结计：

损益类账户需结计“本月合计”及“本年累计”；

日记账及多栏账只需结计“本月合计”，不需结计“本年累计”；

总分类账户不需结计“本月合计”，只需在年末结计“本年合计”；

其他账户既不需结计“本月合计”，也不需结计“本年累计”。

9.不得涂改、刮擦、挖补

在手工记账背景下，会计账簿被连续编号，所以，当账簿记录发生错误时，不得采用涂改、挖补、刮擦、药水消除字迹等手段更正，也不允许重抄，而必须采用适当的错账更正方法来更正。

任务三　会计账簿的格式与登记方法

一、日记账的格式与登记方法

日记账是按照经济业务发生或完成的时间先后顺序逐日逐笔进行登记的账簿。设置日记账的目的是为了使经济业务的时间顺序清晰地反映在账簿记录中。日记账按其所核算和监督经济业务的范围,可分为特种日记账和普通日记账。

在我国,大多数企业一般只设库存现金日记账和银行存款日记账。

1.库存现金日记账的格式与登记方法

库存现金日记账是用来核算和监督库存现金日常收、付和结存情况的序时账簿。库存现金日记账的格式主要有三栏式和多栏式两种,库存现金日记账必须使用订本账。多栏式不常用,了解即可。

(1)三栏式库存现金日记账

三栏式库存现金日记账是用来登记库存现金的增减变动及其结果的日记账。设借方、贷方和余额三个金额栏目,一般将其分别称为收入、支出和结余三个基本栏目。

三栏式库存现金日记账是由出纳人员根据现金收款原始凭证、现金付款原始凭证以及银行存款的付款原始凭证,按当日发生时间的先后顺序逐笔登记,并结记当日余额。

登记现金日记账时,除了遵循账簿登记的基本要求外,还应注意以下栏目的填写方法:

①日期

"日期"栏中填入的应为据以登记账簿的原始凭证报销或收到的日期,也就是记账的当日;而不能填写原始凭证上记载的发生或完成该经济业务的日期。比如,2013 年 12 月 20 日出纳员收到一张 2013 年 11 月 5 日购买办公用品的发票,在支付相应款项时,记现金日记账的贷方,账簿上的日期应为 2013 年 12 月 20 日。

②凭证字号

"凭证字号"栏中应填入据以登账的会计凭证类型及编号。如,企业采用通用凭证格式,根据记账凭证登记现金日记账时,填入"记×号";企业采用专用凭证格式,根据现金收款凭证或现金付款凭证登记现金日记账时,填入"收×号"或"付×号"。

③摘要

“摘要”栏简要说明入账的经济业务的内容，力求简明扼要。

④借方、贷方

“借方金额”栏、“贷方金额”栏应根据相关凭证中记录的“库存现金”科目的借贷方向及金额记入。现金日记账余额栏前未印有借贷方向，其余额方向默认为借方。

⑤余额

“余额”栏应根据“本行余额＝上行余额＋本行借方－本行贷方”公式计算填入。

> **职场智慧：**
>
> 正常情况下库存现金日记账应该是借方余额，表示当天现金库存数额，库存现金账上不允许出现贷方余额，因此，若在登记现金日记账后当天现金余额为贷方，或者说是负数，那么就应该认真检查核对，是否有错记或漏记，确实没有错的话，还有一种可能：小企业的出纳员从老板那儿取得现金，而没有做收入处理，应该补开具一张收据给老板，表明公司收到老板付来的临时借款，及时增加库存现金，同时增加其他应付款。这样现金日记账就不会出现负数了。

下面对福兴公司 2013 年日记账的账簿进行登记介绍：

[**例 5-1**]建立现金日记账。2013 年 1 月 1 日，福兴公司库存现金的期初余额为 5 000.00 元。如图 5-4 所示。

现金日记账 第 1 页

2013年		凭证		票据	摘要	借方	贷方	余额	核对
月	日	种类	号数	号数		百十万千百十元角分	百十万千百十元角分	百十万千百十元角分	
01	01				上年结转			500000	□
									□
									□

图 5-4 福兴公司现金日记账(1)

[例 5-2]2013 年 11 月初福兴公司现金日记账借方本年累计发生额 35 000 元，贷方本年累计发生额 34 000 元，期初余额为 4 000 元。假设福兴公司 11 月份发生的现金日记账登记如图 5-5 所示。

现 金 日 记 账　　第 13 页

2013年 月	日	凭证 种类	凭证 号数	票据号数	摘要	借方（百十万千百十元角分）	贷方（百十万千百十元角分）	余额（百十万千百十元角分）	核对
11	01				承前页	3500000	3400000	400000	□
11	07	银付	001		提备用金	200000		600000	□
11	08	银付	002		出差借支		500000	100000	□
11	08	银付	003		提备用金	1100000		1200000	□
11	09	现付	004		付展览费、差旅费		1100000	100000	□
11	20	现收	001		出售残料收入	120000		220000	□
11	21	现付	005		存入残料收入		120000	100000	□
11	28	银付	006		提备用金	300000		400000	□
11	30	现付	007		发放福利费		350000	50000	□
									□

图 5-5　福兴公司现金日记账(2)

(2)多栏式库存现金日记账

多栏式库存现金日记账是在三栏式库存现金日记账基础上发展起来的。这种日记账的借方(收入)和贷方(支出)金额栏都按对方科目设专栏，也就是按收入的来源和支出的用途设专栏。这种格式在月末结账时，可以结出各收入来源专栏和支出用途专栏的合计数，便于对现金收支的合理性、合法性进行审核分析，便于检查财务收支计划的执行情况，其全月发生额还可以作为登记总账的依据。这种登记方法不好用，所以不常用。

2.银行存款日记账的格式与登记方法

银行存款日记账是用来核算和监督银行存款每日的收入、支出和结余情况的账簿。银行存款日记账应按企业在银行开立的账户和币种分别设置，每个银行账户设置一本日记账。由出纳员根据与银行存款收付业务有关的记账凭证，按时间先后顺序逐日逐笔进行登记。根据银行存款收款凭证和有关的库存现金付款凭证登记银行存款收入栏，根据银行存款付款凭证登记其支出栏，每日结出存款余额。

银行存款日记账与现金日记账的登记方法基本相同。

[**例 5-3**]2013 年 11 月初福兴公司银行存款借方本年累计发生额 93 000 元，贷方本年累计发生额 69 400 元，期初余额为 3 182 070 元。假设福兴公司 11 月份发生的银行存款日记账格式如图 5-6 所示。

银行存款日记账

第 11 页

开户行：中国银行漳州城西分行

账 号：963582224

2013年		凭证		摘要	借方	贷方	余额	核对
月	日	种类	号数		亿千百十万千百十元角分	亿千百十万千百十元角分	亿千百十万千百十元角分	
11	01			承前页	9300000	6940000	318207000	□
11	02	银收	001	收到投资款	50000000		368070000	□
11	02	银收	002	销售收入	6000000		374207000	□
11	07	银付	001	从银行提现		200000	37400700	□
								□
								□

图 5-6 福兴公司银行存款日记账

二、总分类账的格式与登记方法

1.总分类账的格式

总分类账是指按照总分类账户分类登记以提供总括会计信息的账簿。总分类账最常用的格式为三栏式，设有借方、贷方和余额三个金额栏目。

2.总分类账的登记方法

总分类账的登记方法因登记的依据不同而有所不同。经济业务少的小型单位的总分类账可以根据记账凭证逐笔登记；经济业务多的大中型单位的总分类账可以根据记账凭证汇总表（又称科目汇总表）或汇总记账凭证等定期登记。

[**例 5-4**]福兴公司 2013 年 11 月总分类账的格式为应收账款总分类账。总分类账登记如图 5-7 所示。

分页：08　总页：25

总分类账

科目：应收账款

2013年 月	日	凭证 字	号	摘要	借方（亿千百十万千百十元角分）	贷方（亿千百十万千百十元角分）	借或贷	余额（亿千百十万千百十元角分）	√
11	01			承前页	457000000	451800000	借	5200000	
11	30	科汇		11月份科目汇总表	8040000	8040000	借	5200000	

图 5-7　福兴公司总分类账

三、明细分类账的格式与登记方法

明细分类账是根据有关明细分类账户设置并登记的账簿，它能提供交易或事项比较详细、具体的核算资料，以补充总账所提供核算资料的不足。因此，各企业单位在设置总账的同时，还应设置必要的明细账。明细分类账一般采用活页式账簿、卡片式账簿。明细分类账一般根据记账凭证和相应的原始凭证来登记。

根据各种明细分类账所记录经济业务的特点，明细分类账的常用格式主要有以下四种：

1.三栏式

三栏式账页是设有借方、贷方和余额三个栏目，用以分类核算各项经济业务，提供详细核算资料的账簿，其格式与三栏式总账格式相同。

[**例 5-5**]福兴公司 2013 年 11 月三栏式的格式为应收账款明细账登记，如图 5-8 所示。

分页：………　总页：………

应收账款明细账

一级科目：应收账款　　二级科目：华夏商场

2013年 月	日	凭证 种类	号数	摘要	日页	借方（百十万千百十元角分）	贷方（百十万千百十元角分）	借或贷	余额（百十万千百十元角分）
11	01			承前页		5000000	4000000	借	1000000
11	02	银收	001	销售商品		8040000		借	9040000
11	12	转字	011	归还前欠货款			8040000	借	1000000

图 5-8　福兴公司应收账款明细账

2.多栏式

多栏式账页是将属于同一个总账科目的各个明细科目合并在一张账页上进行登记，即在这种格式账页的借方或贷方金额栏内按照明细项目设若干专栏。这种格式适用于收入、成本、费用类科目的明细核算。

对于借方多栏明细账的登记，如果发生贷方发生额，应用红字在借方栏内登记表示减少；对于贷方多栏式明细账的登记，如果发生借方发生额，应用红字在贷方栏内登记表示减少。

[**例 5-6**]2013 年福兴公司根据 11 月份相关资料登记管理费用明细账如下：办公费本年累计发生额 1 270 元，差旅费本年累计发生额 6 500 元，通讯费本年累计发生额 2 366.60 元，水电费本年累计发生额 385 元，工资及福利费本年累计发生额 135 000 元。

福兴公司 2013 年 11 月多栏式明细账的格式为管理费用明细账的登记，如图 5-9 所示。

分页：　　总页：

管理费用明细账

一级科目：管理费用

级科目：

2013年		凭证号数	摘要	办公费	差旅费	通讯费	水电费	工资及福利费	合计
月	日			十万千百十元角分	十万千百十元角分	十万千百十元角分	十万千百十元角分	十万千百十元角分	十万千百十元角分
11	01		承前页	127000	650000	236660	38500	13500000	14552160
11	16	记018	支付电费				250000		250000
11	26	记028	支付差旅费		550000				550000
11	31	记035	计提工资					1100000	110000
11	31	记042	结转成本费用类科目		550000		250000	1100000	1900000
11	31		本月合计		550000		250000	1100000	1900000

发生额减少用红字登记

图 5-9　福兴公司管理费用明细账

3.数量金额式

数量金额式账页适用于既要进行金额核算又要进行数量核算的账户，如原材料、库存商品等存货账户，其借方(收入)、贷方(发出)和余额(结存)都分别设有数量、单价和金额三个专栏。

数量金额式账页提供了企业有关财产物资数量和金额收、发、存的详细资料，从而能加强财产物资的实物管理和使用监督，保证这些财产物资的安全完整。

[**例 5-7**]福兴公司 2013 年 11 月数量金额明细账的格式为原材料明细账登记，如图 5-10 所示。

原材料明细账

分页________ 总页________

最高存量 10000　编号、名称 B材料

最低存量 300　储备天数 10　存放地点 第一仓库　计量单位 千克　规格________　类别________

2013年		凭证字号	摘要	收入			付出			结存		
月	日			数量	单价	金额（百十万千百十元角分）	数量	单价	金额（百十万千百十元角分）	数量	单价	金额（百十万千百十元角分）
11	01		承前页	8000.00	8.00	6400000	4560.00	8.00	3648000	3440.00	8.00	2752000
11	06	银付003	购入材料	1500.00	8.00	1200000				4940.00	8.00	3952000
11	15	银付004	购入材料	1000.00	8.00	800000				5940.00	8.00	4752000
11	30	转011	本月发出材料				4375.00	8.00	3500000	1565.00	8.00	1252000
11	30		本月合计	2500.00		2000000	4375.00		3500000	1565.00	8.00	1252000

图 5-10　福兴公司原材料明细账

4.横线登记式

横线登记式账页是采用横线登记，即将每一相关的业务登记在一行，从而可依据每一行各个栏目的登记是否齐全来判断该项业务的进展情况的一种登记方式。这种格式适用于登记材料采购、在途物资、应收票据和一次性备用金业务。

横线登记式明细账格式如图 5-11 所示。

在途物资明细账

编号______ 页次______ 总页______

材料科目________________

材料类别或名称________________

年		凭证号数	摘要	计量单位	发票数量	实收数量	借方			贷方	余额
月	日						发票价格（十万千百十元角分）	运杂费等（十万千百十元角分）	合计（十万千百十元角分）	（十万千百十元角分）	（十万千百十元角分）

图 5-11　福兴公司在途物资明细账

四、总分类账户与明细分类账户的平行登记

会计行话"勾稽关系"

1.总分类账户与明细分类账户的关系

总分类账户是所属明细分类账户的统驭账户，对所属明细分类账户起着控制作用；明细分类账户则是总分类账户的从属账户，对其所隶属的总分类账户起着辅助作用。总分类账户及其所属明细分类账户的核算对象是相同的，它们所提供的核算资料互相补充，只有把二者结合起来，才能既总括又详细地反映同一核算内容。因此，总分类账户和明细分类账户必须平行登记。比如，一个企业在三个银行开设账户，那么，每月所有与银行有关的单据要在总账中进行登记，也要分别在三个银行日记账中进行登记，月末终了，三个银行日记账上的余额合计应等于银行存款总账上的余额。

2.总分类账户与明细分类账户平行登记的要点

平行登记是指对所发生的每项经济业务都要以会计凭证为依据的一种登记方式。一方面记入有关总分类账户，另一方面记入所属明细分类账户的方法。总分类账户与明细分类账户平行登记的要点是：

(1)方向相同

对于每一项经济业务，记入总分类账户的方向与记入其所属明细分类账户的方向必须相同。即如果总分类账户的金额记入借方，其所属明细分类账户的金额也应记入借方；相反，总分类账户的金额记入贷方，其所属的明细分类账户的金额也应记入贷方。

(2)期间一致

对于每一项经济业务，在同一会计期间，既要记入有关总分类账户，又要记入其所属明细分类账户。

(3)金额相等

对于每一项经济业务，记入总分类账户的金额与记入其所属明细账户的金额合计数相等。

任务四　对账与结账

一、对账

对账就是核对账目，是对账簿记录所进行的核对工作。各单位应当定期将会计账簿记录

与相关会计凭证、库存实物、款项及有关资料等进行相互核对，以保证会计账簿记录与会计凭证的有关内容相符、会计账簿记录与财务报表的有关内容相符。

为了保证账簿记录的可靠性，各单位应建立定期的对账制度。对账内容主要要包括账证核对、账账核对和账实核对。

(1)账证核对

账簿是根据经过审核之后的会计凭证登记的，但实际工作中仍有可能发生账证不符的情况。记账后，应将账簿记录与会计凭证核对，核对账簿记录与原始凭证、记账凭证的时间、凭证字号、内容、金额等是否一致，记账方向是否相符，做到账证相符。

会计期末，如果发现账账不符，也可以再将账簿记录与有关会计凭证进行核对，以保证账证相符。

(2)账账核对

账账核对的内容主要包括：

①总分类账簿之间的核对；

②总分类账簿与所属明细分类账簿之间的核对；

③总分类账簿与序时账簿之间的核对；

④明细分类账簿之间的核对。

(3)账实核对

账实核对是指各项财产物资、债权债务等账面余额与实有数额之间的核对。账实核对的内容主要包括：

①库存现金日记账账面余额与库存现金实际库存数逐日核对是否相符；

②银行存款日记账账面余额与银行对账单的余额每月核对是否相符；

③各项财产物资明细账账面余额与财产物资的实有数额每月核对是否相符；

④有关债权债务明细账账面余额与对方单位的账面记录每月核对是否相符等。

二、结账

结账是一项将账簿记录定期结算清楚的账务工作。在一定时期结束时(如月末、季末或年末)，为了编制财务报表，需要进行结账，具体包括月结、季结和年结。结账的内容通常包括两个方面：一方面是结清各种损益类账户，并据以计算确定本期利润；另一方面是结出各资产、负债和所有者权益账户的本期发生额合计数和期末余额。

1.结账的程序

(1)结账前,将本期发生的经济业务全部登记入账,并保证其正确性。对于发现的错误,应采用适当的方法进行更正。

(2)在本期经济业务全部入账的基础上,根据权责发生制的要求,调整有关账项,合理确定应计入本期的收入和费用。

(3)将各损益类账户余额全部转入“本年利润”账户,结平所有损益类账户。

(4)结出资产、负债和所有者权益账户的本期发生额合计数和余额,并转入下期。

上述工作完成后,就可以根据总分类账和明细分类账的本期发生额合计数和期末余额,分别进行试算平衡。

2.结账的方法

在手工记账的背景下,为编制财务报表,账簿登记后应每月进行结账工作。

总账账户平时只需结出月末余额。年终结账时,为了总括地反映全年各项资金运动情况的全貌,核对账目,要将所有总账账户结出全年发生额和年末余额,在摘要栏内注明“本年合计”字样,并在合计数下通栏划双红线。

库存现金、银行存款日记账和需要按月结计发生额的收入、费用等明细账,每月结账时,要在最后一笔经济业务记录下面通栏划单红线,结出本月发生额合计数和余额,在摘要栏内注明“本月合计”字样,并在下面通栏划单红线。

[例 5-8]福兴公司 2013 年 11 月的现金日记账月结登记,如图 5-12 所示。

对于需要结计本年累计发生额的明细账户,每月结账时,应在“本月合计”行下结出自年初起至本月末止的累计发生额,登记在月份发生额下面,在摘要栏内注明“本年累计”字样,并在下面通栏划单红线。12 月末的“本年累计”就是全年累计发生额,全年累计发生额下通栏划双红线。

年度终了结账时,有余额的账户,应将其余额结转下年,并在摘要栏注明“结转下年”字样;在下一会计年度新建有关账户的第一行余额栏内填写上年结转的余额,并在摘要栏注明“上年结转”字样,使年末有余额账户的余额如实地在下一年的账户中加以反映,以免混淆有余额的账户和无余额的账户。

现金日记账　　第 13 页

2013年 月	日	凭证 种类	凭证 号数	票据号数	摘要	借方	贷方	余额	核对
11	01				承前页	3500000	3400000	400000	□
11	07	银付	001		提备用金	200000		600000	□
11	08	银付	002		出差借支		500000	100000	□
11	08	银付	003		提备用金	1100000		1200000	□
11	09	现付	004		付展览费、差旅费		1100000	100000	□
11	20	现收	001		出售残料收入	120000		220000	□
11	21	现付	005		存入残料收入		120000	100000	□
11	28	银付	006		提备用金	300000		400000	□
11	30	现付	007		发放福利费		350000	50000	□
11	30				本月合计	1720000	2070000	50000	□
									□

通栏单红线

图 5-12　福兴公司现金日记账(3)

任务五　错账的更正方法

会计行话“结平”

在“互联网＋”时代，机器人记账软件开始进入账务工厂。但是，机器人也是人设计的，它做得对不对，也还需要人来审核评判。目前，企业的会计核算基本上采用电算化，但是，对于初学者来说，手工记账的背景下错账如何更正也是需要学习的。在本项任务中，我们将学习手工记账背景下错账的更正方法，了解电算化背景下错账的更正基本思路。

一、手工账借账更正方法

在登记账簿或对账过程中，发现账簿记录有错误，会计人员必须根据错账的具体情况，按规定的方法更正错误。在手工记账背景下，错账更正的方法一般包括以下三种：

(一)划线更正法

在结账前发现账簿记录有文字或数字错误，而记账凭证没有错误，采用划线更正法。

使用这一方法应该注意：第一，文字错误可只划掉错误的字，数字错误则需划掉整笔数字，不能只划掉其中一个或几个写错的数字。第二，被划掉的文字或数字仍应清晰可辨，不得涂成模糊一片。

[**例 5-9**]制造费用总分类账 12 月份科目汇总表的借贷方金额均为 58 484 元，发现错登记为 58 408.4 元。更正方法如下：

(1)把错误的金额用红线划掉；

(2)用蓝字将正确的数字写在划线上方；

(3)盖章以明确责任。

划线更正法如图 5-13 所示。

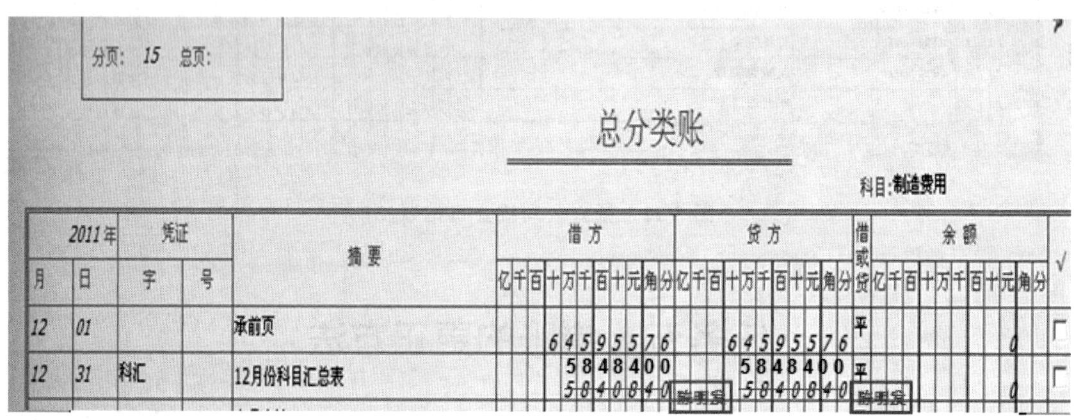

分页：15 总页：

总分类账

科目：制造费用

2011年 月	日	凭证 字	号	摘要	借方	贷方	借或贷	余额	√
12	01			承前页	64595576	64595576	平	0	
12	31	科汇		12月份科目汇总表	5848400 ~~5840840~~	5848400 ~~5840840~~	平	0	

图 5-13 划线更正法示例

(二)红字更正法

红字更正法，适用于以下两种情形：

1.记账后发现记账凭证中的应借、应贷会计科目有错误所引起的记账错误。

2.记账后发现记账凭证和账簿记录中应借、应贷会计科目无误，只是所记金额大于应记金额所引起的记账错误，可以采用红字更正法。当然，如果余额尚未结出，可以采用划线更正法进行更正。

[**例 5-10**]福兴公司 2013 年 4 月 5 日销售材料价款为 2 000 元，增值税为 340 元，货款已存入银行，编制记账凭证如图 5-14 所示，并已登记入账。

(1)错误的记账凭证

(2)用红字填一张与错误会计凭证一样的凭证

注：记账凭证内的借方金额、贷方金额及合计金额均为红字。

(3)填写一张正确的记账凭证

记　账　凭　证

2013 年　04 月　05 日　　　　记 字第号 008 号

摘　要	总账科目	明细科目	√	借方金额										贷方金额									
				千	百	十	万	千	百	十	元	角	分	千	百	十	万	千	百	十	元	角	分
销售材料	库存现金		√					2	3	4	0	0	0										
	主营业务收入		√															2	0	0	0	0	0
	应交税费	应交增值税(销项税额)	√																3	4	0	0	0
合　计							¥	2	3	4	0	0	0				¥	2	3	4	0	0	0

附件 2 张

会计主管　　记账 朱晓星　　审核 刘艺诚　　出纳 李红梅　　制单 陈明发

图 5-14　福兴公司记账凭证(1)

记　账　凭　证

2013 年　04 月　30 日　　　　记 字第号 025 号

摘　要	总账科目	明细科目	√	借方金额										贷方金额									
				千	百	十	万	千	百	十	元	角	分	千	百	十	万	千	百	十	元	角	分
冲销 4 月 5 日第 008 号凭证	库存现金							2	3	4	0	0	0										
	主营业务收入																	2	0	0	0	0	0
	应交税费	应交增值税（销项税额）																	3	4	0	0	0
合　计							¥	2	3	4	0	0	0				¥	2	3	4	0	0	0

附件　张

会计主管　　记账　　审核　　出纳　　制单 陈明发

图 5-15　福兴公司记账凭证(2)

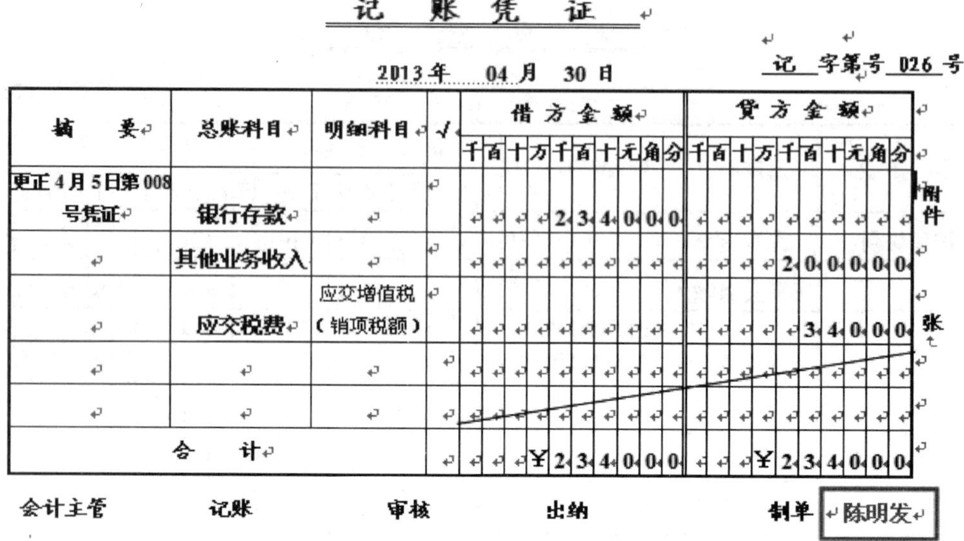

记 账 凭 证

2013年 04月 30日　　　　记 字第号 026 号

摘要	总账科目	明细科目	√	借方金额										贷方金额									
				千	百	十	万	千	百	十	元	角	分	千	百	十	万	千	百	十	元	角	分
更正4月5日第008号凭证	银行存款							2	3	4	0	0	0										
	其他业务收入																	2	0	0	0	0	0
	应交税费	应交增值税（销项税额）																	3	4	0	0	0
合计							¥	2	3	4	0	0	0				¥	2	3	4	0	0	0

附件　张

会计主管　　记账　　审核　　出纳　　制单 陈明发

图 5-16　福兴公司记账凭证(3)

［例 5-11］福兴公司 2013 年 4 月 5 日从银行转账支付前欠泉州宏利公司货款 2 360 元。编制记账凭证如图 5-17 所示，并已登记入账。

（1）错误的记账凭证

记 账 凭 证

2013年 04月 15日　　　　记 字第号 018 号

摘要	总账科目	明细科目	√	借方金额										贷方金额									
				千	百	十	万	千	百	十	元	角	分	千	百	十	万	千	百	十	元	角	分
归还前欠货款	应付账款	宏利公司	√					2	3	8	0	0	0										
	银行存款		√															2	3	8	0	0	0
合计							¥	2	3	8	0	0	0				¥	2	3	8	0	0	0

附件 2 张

会计主管　　记账 朱晓星　　审核 刘艺诚　　出纳 李红梅　　制单 陈明发

图 5-17　福兴公司记账凭证(4)

(2)填写一张将多记金额冲减的记账凭证

记 账 凭 证

记 字第号 028 号

2013 年 04 月 30 日

摘要	总账科目	明细科目	√	借方金额										贷方金额									
				千	百	十	万	千	百	十	元	角	分	千	百	十	万	千	百	十	元	角	分
更正 4 月 15 日第 018 号凭证	应付账款	宏利公司								2	0	0	0										
	银行存款																			2	0	0	0
合 计									¥	2	0	0	0						¥	2	0	0	0

附件 张

会计主管 记账 审核 出纳 制单 陈明发

图 5-18 福兴公司记账凭证(5)

注:记账凭证内的借方金额、贷方金额及合计金额均为红字。

(三)补充登记法

记账后发现记账凭证和账簿记录中应借、应贷会计科目无误,只是所记金额小于应记金额时,采用补充登记法。

[例 5-12]福兴公司 2013 年 4 月 10 日,从银行转账支付广告费 2 800 元。并已登记入账。

(1)错误的记账凭证

(2)补充登记法

填写一张记账凭证应借、应贷科目完全相同,而且已经结出余额。这时,可以采用补充登记法补记少记金额。如图 5-20 所示。

记 账 凭 证

2013年 04月 10日　　　　记字第号 012号

摘　要	总账科目	明细科目	√	借方金额										贷方金额									
				千	百	十	万	千	百	十	元	角	分	千	百	十	万	千	百	十	元	角	分
付广告费	销售费用		√					2	0	0	0	0	0										
	银行存款		√															2	0	0	0	0	0
合　计							¥	2	0	0	0	0	0				¥	2	0	0	0	0	0

附件 1 张

会计主管　　记账 朱晓星　审核 刘艺诚　出纳 李红梅　　制单 陈明发

图 5-19　福兴公司记账凭证(6)

记 账 凭 证

2013年 04月 30日　　　　记字第号 032号

摘　要	总账科目	明细科目	√	借方金额										贷方金额									
				千	百	十	万	千	百	十	元	角	分	千	百	十	万	千	百	十	元	角	分
补充4月10日第012号凭证	销售费用								8	0	0	0	0										
	银行存款																		8	0	0	0	0
合　计								¥	8	0	0	0	0					¥	8	0	0	0	0

附件 张

会计主管　　记账　　审核　　出纳　　制单 陈明发

图 5-20　福兴公司记账凭证(7)

二、电算化账错账更正方法

在电算化记账的背景下，错账更正有以下三种方法。财政部《会计核算软件基本功能规范》(财会字〔1994〕27 号)第十八条规定：发现已经输入并审核通过或者登账的记账凭证有错误的，可以采用红字凭证冲错法或者补充凭证法进行更正；记账凭证输时，“红字可用”可以用“—”号或者其他标记表示。但是，在电算化软件记账背景下，采用红字凭证冲错法或者补充凭证法进行更正是留有痕迹的，也就说，别人可以看到你是在原来错误凭证修改的。所以，一般不采用这样的更正方法。正确的做法是：如果本月记账凭证出错，未记账的，直接修改错误凭证；已经过账的，执行反记账，然后再修改该凭证。如果是以前月份凭证出错，没有涉及损益的，执行反结账，一直执行到错误凭证月份，然后修改错误凭证；涉及损益的，因为已经对外出具过财务报表，最好是在本月以更正错账的方式更正，方法跟手工记账的更正错账一样。

当然，在具体操作时，一定注意采用原来凭证录入人权限进行操作，也要注意修改电脑的时间，以免修改出现当前日期。至于如何反过账、反结账，软件不同，操作方法有所不同。查阅软件说明或者跟软件供应商联系，他们会有售后技术人员来指导、远程或上门协助。

任务六　会计账簿的更换与保管

一、会计账簿的更换

会计账簿的更换通常在新会计年度建账时进行。为方便会计档案保管，总账、日记账和多数明细账应每年更换一次，备查账簿可以连续使用。不可为节约或图省事，多年同用一本账册。

二、会计账簿的保管

年度终了，各种账户在结转下年、建立新账后，一般应将旧账集中统一管理。会计账簿暂由本单位财务会计部门保管一年，期满后，由本单位财务会计部门编造清册移交本单位的档案部门保管。

各种账簿应当按年度分类归档，编造目录，妥善保管。既保证在需要时迅速查阅，又保证各种账簿的安全和完整。保管期满后，还要按照规定的审批程序经批准后才能销毁。

任务七　账务处理程序

一、认识账务处理程序

1.账务处理程序的概念

账务处理程序，又称会计核算组织程序或会计核算形式，是指会计凭证、会计账簿、财务报表相结合的方式，包括账簿组织和记账程序。账簿组织是指会计凭证和会计账簿的种类、格式，会计凭证与账簿之间的联系方法；记账程序是指由填制、审核原始凭证到填制、审核记账凭证，登记日记账、明细分类账和总分类账，编制财务报表的工作程序和方法等。

2.账务处理程序意义

科学、合理地选择账务处理程序的意义主要有：

(1)有利于规范会计工作，保证会计信息加工过程的严密性，提高会计信息质量；

(2)有利于保证会计记录的完整性和正确性，增强会计信息的可靠性；

(3)有利于减少不必要的会计核算环节，提高会计工作效率，保证会计信息的及时性。

3.账务处理程序的种类

企业常用的账务处理程序主要有记账凭证账务处理程序、汇总记账凭证账务处理程序和科目汇总表账务处理程序等。他们之间的主要区别为登记总分类账的依据和方法不同。

(1)记账凭证账务处理程序

记账凭证账务处理程序是指对发生的经济业务，先根据原始凭证或汇总原始凭证填制记账凭证，再直接根据记账凭证登记总分类账的一种账务处理程序。

(2)汇总记账凭证账务处理程序

汇总记账凭证账务处理程序是指先根据原始凭证或汇总原始凭证填制记账凭证，定期根据记账凭证分类编制汇总收款凭证、汇总付款凭证和汇总转账凭证，再根据汇总记账凭证登记总分类账的一种账务处理程序。

(3)科目汇总表账务处理程序

科目汇总表账务处理程序，又称记账凭证汇总表账务处理程序，是指根据记账凭证定期编制科目汇总表，再根据科目汇总表登记总分类账的一种账务处理程序。

二、记账凭证账务处理程序

1.记账凭证账务处理程序的内容

记账凭证账务处理程序是一种最基本的账务处理程序，其他各种账务处理程序都是在其基础上发展形成的。这是一种最常用的账务处理程序。

在记账凭证账务处理程序下，记账凭证可用一种通用的格式，也可使用收款凭证、付款凭证和转账凭证三种专用记账凭证。一般应设置现金日记账、总分类账和明细分类账。现金、银行存款日记账和总分类账均采用三栏式，明细分类账可根据需要采用三栏式、数量金额式或多栏式。

2.记账凭证账务处理程序的特点、优缺点和适用范围

(1)记账凭证账务处理程序的特点

记账凭证账务处理程序的特点是直接根据记账凭证对总分类账进行逐笔登记。这种方法最常用，电算化背景下一般采用这种方法。

(2)记账凭证账务处理程序的优缺点

记账凭证账务处理程序的优点是简单明了，易于理解，方便查账，总分类账可以较详细地反映经济业务的发生情况；缺点是登记总分类账的工作量较大。

(3)记账凭证账务处理程序的适用范围

该账务处理程序适用于规模较小、经济业务量较少的单位。

3.记账凭证账务处理程序的工作步骤

记账凭证账务处理程序如图 5-21 所示。

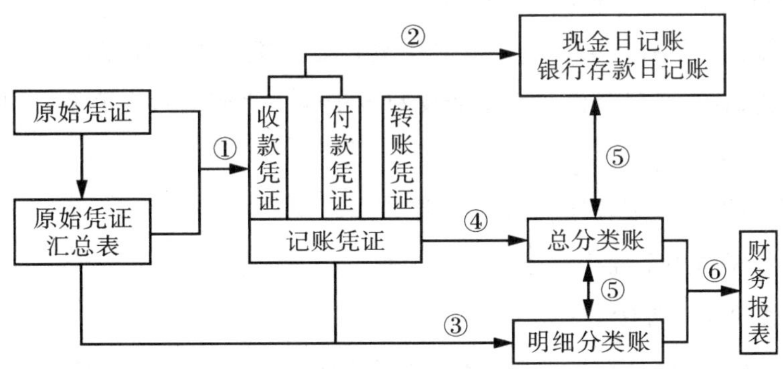

图 5-21　记账凭证账务处理程序的一般步骤

记账凭证账务处理程序的一般步骤是：

①对送达的原始凭证进行审核，确认无误后根据需要填制汇总原始凭证；

②根据原始凭证或汇总原始凭证，填制收款凭证、付款凭证和转账凭证，也可以直接填制通用记账凭证；

③根据记账凭证逐笔登记总分类账；

④根据原始凭证、汇总原始凭证和记账凭证，登记各种明细分类账；

⑤期末，将库存现金日记账、银行存款日记账和明细分类账的余额与有关总分类账的余额核对相符；

⑥期末，根据总分类账和明细分类账的记录，编制财务报表。

三、科目汇总表账务处理程序

1.科目汇总表账务处理程序的内容

采用这种账务处理的程序，除了要设置通用的格式和专用格式的记账凭证外，还要编制科目汇总表。账簿的设置与格式均与记账凭证账务处理程序相同。

2.科目汇总表账务处理程序的特点、优缺点和适用范围

(1)科目汇总表账务处理程序的特点

科目汇总表账务处理程序的特点是先将所有记账凭证汇总编制成科目汇总表，然后以科目汇总表为依据登记总分类账。

(2)科目汇总表账务处理程序的优缺点

科目汇总表账务处理程序的优点是减轻了登记总分类账的工作量，易于理解，方便学习，并可做到试算平衡；缺点是科目汇总表不能反映各个账户之间的对应关系，不利于对账目进行检查。

(3)科目汇总表账务处理程序的适用范围

该账务处理程序适用于经济业务较多的单位。

3.科目汇总表的编制方法

科目汇总表，又称记账凭证汇总表，是企业通常定期对全部记账凭证进行汇总后，按照不同的会计科目分别列示各账户借方发生额和贷方发生额的一种汇总凭证。科目汇总表的编制方法是，根据一定时期内的全部记账凭证，按照会计科目进行归类，定期汇总出每一个账户的

借方本期发生额和贷方本期发生额，填写在科目汇总表的相关栏内。科目汇总表可每月编制一张，按旬汇总，也可每旬汇总一次编制一张。

任何格式的科目汇总表，都只反映各个账户的借方本期发生额和贷方本期发生额，不反映各个账户之间的对应关系。

科目汇总表的填制如表 5-1 所示。

表 5-1 科目汇总表

2013 年 09 月 01 日至 2013 年 09 月 30 日

会计科目	记账凭证起讫号	借方										贷方									
		千	百	十	万	千	百	十	元	角	分	千	百	十	万	千	百	十	元	角	分
库存现金	001#—056#				3	7	8	5	3	1	5				2	9	7	6	0	5	1
银行存款	001#—056#			2	5	3	3	0	7	6	1			1	6	7	7	0	4	4	8
应收账款	001#—056#				6	5	8	3	0	0	0			1	4	3	7	1	1	3	8
预付账款	001#—056#					4	5	0	0	0	0										
应收股利	001#—056#				1	5	0	0	0	0	0										
应收利息	001#—056#														2	2	3	7	0	0	0
其他应收款	001#—056#					1	5	0	0	0	0										
原材料	001#—056#			4	8	9	5	5	0	0	0			2	9	3	3	6	0	0	0
库存商品	001#—056#			1	5	7	5	4	2	0	0			1	2	7	6	2	2	0	0
固定资产	001#—056#				3	0	0	0	0	0	0										
累计折旧	001#—056#														7	6	5	8	0	0	8
无形资产	001#—056#																				
短期借款	001#—056#													2	0	0	0	0	0	0	0
合　　计			1	0	5	5	0	8	2	7	6		1	0	5	5	0	8	2	7	6

4.科目汇总表账务处理的工作步骤

科目汇总表账务处理程序如图 5-22 所示。

(1)对送达的原始凭证进行审核，确认无误后根据需要填制汇总原始凭证；

(2)根据原始凭证或汇总原始凭证填制记账凭证；

(3)根据收款凭证、付款凭证逐笔登记库存现金日记账和银行存款日记账；

(4)根据原始凭证、汇总原始凭证和记账凭证，登记各种明细分类账；

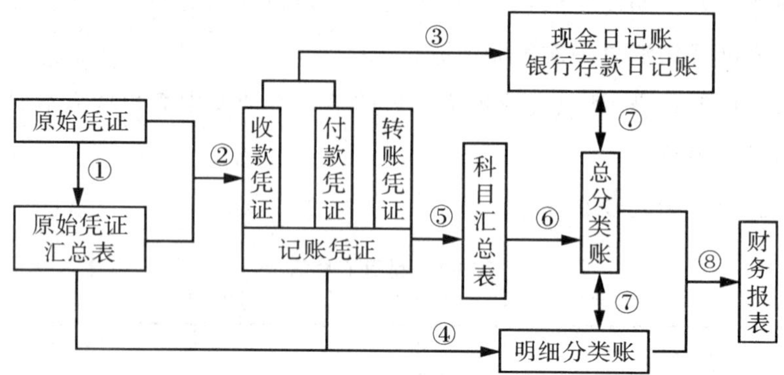

(5)根据各种记账凭证编制科目汇总表；

(6)根据科目汇总表登记总分类账；

(7)期末，将库存现金日记账、银行存款日记账和明细分类账的余额同有关总分类账的余额核对相符；

(8)期末，根据总分类账和明细分类账的记录，编制财务报表。

职场智慧：

企业建立新账的依据应以经过合法中介机构审验评估的审计报告、资产评估报告、验资报告为基础，以详细的财产清查、资产评估调整，和会计调整后的相关财务账项数据作为建账依据。如果是新的小企业，因为万事才开头，建账工作相对比较简单，只要先根据会计师事务所的验资报告来确实实收资本，然后根据会计核算原则，逐笔记录所发生的经济业务，进行日常会计核算。

如果是已经在生产或营业中的小企业，因为他们一开始没有建立一套系统的账，只是根据老板认为需要的，分别进行记录，这样的记录互相没有稽核关系，记录下来的会计信息是否准确都不知道。所以，建账是必须要做的工作，只有建立一整套完整的账务核算体系，才能进行良好的财务管理，才能堵住管理漏洞，保护企业财产的安全与完整，提高企业经济效益，使利润最大化。这时，在生产或营业中的小企业的建账的依据应该是经过财产清查出来的全面、完整、准确的基础信息。

◎ 职业指导

做好最基本的工作

罗伯特·亨利是天道书店的董事长，他在这个书店整整奉献了30年的时光。现在很多年轻人都羡慕他，把他当作自己的偶像。是啊，只用了10年的时间就遍布全美，其经管的连锁店之密、之多是任何一家连锁店都无法比拟的，更何况天道只用了7年的时间就占领了美国零售业的半壁江山。一个这样企业的领导人怎么能不让人羡慕呢？可是你知道罗伯特·亨利最初的工作是什么吗？

罗伯特·亨利第一份工作是书店导购。导购是一个再普通不过的工作，很多人认为每天面对众多的读者询问简直无聊透了，有一个同学知道他做这个工作，嘲笑他："亨利，你怎么干女人做的活？"可是亨利不这么认为，他觉得每天穿梭在书海中对自己来说简直是太幸运了，因此他十分热爱自己的工作。

凭借着对工作的热爱以及敬职敬业的态度，亨利很快就熟悉了整个书店的书。当读者询问某一本书放在什么位置时，他总能很快把这个位置告诉读者，如果位置很复杂，他还会带读者到正确的书架边。想想真是不容易，整个书店20多万品种的书，输进电脑都需要很长一段时间，可是亨利仅仅凭自己的记忆就把它们背得滚瓜烂熟，试问有几个人可以做到呢？

很快亨利就成了一个顾客喜欢的导购，遇到需要帮助的时候顾客们总喜欢找他。亨利找书的速度是最快的，只要你说出书名，亨利就会摸摸自己的脑门说："跟我来。"

凭借自己对最基础工作的满腔热情和敬业，罗伯特·亨利为自己成为天道书店老板打下了良好基础。

◎ 课后阅读建议

1.人民云党建网址：http://www.rmydj.cn/。

2.周丽华：《生产制造企业会计账簿建立方法》，国作登字-2016-A-00258207。

玩中学

◎ 自我提高再训练

请完成自我提高再训练任务13、14。

项目六

财产清查

"志向是人生的航标。一个人要做出一番成就,就要有自己的志向。"

——习近平总书记金句

思政目标

1. 价值塑造:职业理想,个性发展。
2. 会计职业道德:强基固本,终身学习。

知识目标

1. 了解财产清查的意义与种类。
2. 熟悉财产清查的一般程序。
3. 掌握货币资金、实物资产和往来款项的清查方法。
4. 熟悉银行存款余额调节表的编制方法。
5. 熟悉财产清查结果的账务处理方法。

能力目标

1. 能够参与库存现金清理。
2. 能够正确填写银行存款余额调节表。
3. 能够写出实物资产和往来款项的清查流程。
4. 能够对财务清查的结果进行账务处理。

思政教育小任务

请根据本教材前面习近平总书记的金句说说自己的理解。(同学举手主动发言或者老师请 2～3 位同学来分享自己的理解)

2009 年暑假，我受一个第三方物流公司总经理临时聘请并委派，前往其下属三明分公司进行内部审计。刚去的时候，我就对出纳员李红梅说："请你清理一下库存现金，登记好库存现金日记账，我将进行库存现金清查。"同时，我顺口问了一句："今天为止，库存现金还有多少？"她回答说："13 万多元。"我一听，感觉不太对：一个小型私营企业，库存现金怎么可能会有那么多呢？这一定有原因。但我也不作声，只是静静地等她打开保险箱，当面清点现金。出纳员取出现金的同时，还取出了一堆借条。经清点，真正的现金其实只有 2305.8 元，其他均为员工借款单据。当天库存现金日记账余额为 132 405.8 元，实存数比账上余额少 100 元。经反复核查，出纳员未能说明原因，估计属于出纳员的失职造成的损失，应由出纳员李红梅赔偿。

财产清查是财务管理一个重要工作，是保护企业财产安全完整的关键任务，是报表编制前应该做的一件重要事项。

任务一　认识财产清查

一、财产清查的概念

会计核算作为财务管理的一项基础性工作，应全面、系统、连续地对企业所有经济活动进行及时准确的反映。为保证企业资产安全与完整，证明会计核算的准确性，保证账账相符、账实相符，应定期或不定期进行财产清查。

财产清查是指通过对货币资金、实物资产、往来款项等财产物资进行清理、盘点、核对，确定其实际存在的金额，进而与其相应明细账上金额核对，考核实存数与账上数是否相符的一种专门方法。财产清查是企业内部控制制度的一个重要工作，是财产管理的需要。

财产清查是财务管理的重要方法之一，从理论上说，账簿上的结存数与实际结存数应当一致。但在实际工作中，由于人为的、自然的因素，其账面结存数与实际结存数可能出现不一致。造成这种不一致的原因主要有以下几种情况：

1.会计核算时，在凭证和账簿中，出现漏记、错记或计算上的错误。

2.在收、发财产时，由于计量、检验不准确而造成品种、数量或质量上的差错。

3.各项财产物资在保管过程中出现问题，如在财产物资保管过程中发生自然损耗。

4.由于管理疏漏造成的财产物资毁损或被盗窃等。

5.发生自然灾害和意外损失。

6.结账过程中账款未到或拒付等原因,造成企业与其他企业的结算往来款项不符。

二、财产清查的意义

企业应当建立健全财产物资清查制度,加强管理,以保证财产物资核算的真实性和完整性。具体而言,财产清查的意义主要有:

1.保证账实相符,提高会计资料的准确性

通过财产清查,可以确定各项实物资产的实存数,查明账存数与实存数之间的差异,以便及时调整账面记录,使账存数与实存数一致,从而保证会计核算资料的真实可靠。

2.切实保障各项财产物资的安全完整

通过财产清查,可以发现问题,改进实物资产管理,健全实物资产管理制度,确保实物资产的安全与完整。

3.加速资金周转,提高资金使用效益

通过财产清查,可以查明各项实物资产的储备和利用情况,既要防止储备不足而延误生产经营,又要避免实物资产积压、呆滞而占用大量资金,造成浪费,从而可以充分挖掘实物资产的潜力,避免损失浪费,加速资金周转。

三、财产清查的种类

1.按照清查范围分类

(1)全面清查

全面清查是指对所有的财产进行全面的盘点和核对。全面清查涉及的范围大、内容多、时间长、参与人员多。需要进行全面清查的情况主要有:

①年终决算之前;

②撤销、合并或改变隶属关系之前;

③企业合资之前;

④企业股份制改制之前;

⑤开展全面资产评估、清产核资之前;

⑥主要领导调离工作岗位之前等。

(2)局部清查

局部清查是指根据需要只对部分财产进行盘点和核对。局部清查范围小、内容少、时间短、参与人员少,但专业性较强。局部清查主要包括的内容为:

①现金应每日清点至少一次;

②银行存款每月至少核对一次;

③债权债务每季度或每半年至少核对一次;

④各项存货应有计划、有重点地抽查;

⑤贵重物品每日或每月应清查一次。

2.按照清查的时间分类

(1)定期清查

定期清查是指按照预先计划安排的时间对财产进行盘点和核对。定期清查一般在月末、季末、年末。定期清查,可以是全面清查,也可以是局部清查。

(2)不定期清查

不定期清查是指事前不规定清查日期,而是根据特殊需要临时进行的盘点和核对。不定期清查,可以是全面清查,也可以是局部清查,应根据实际需要来确定清查的对象和范围。

不定期清查情况通常有:

①更换财产保管人员、出纳人员时,要对其保管的物资进行清查,以明确责任;

②发生意外灾害造成非常损失时,对受损的物品进行清查,以查明受损情况;

③上级主管部门和财政、税收、审计等部门进行的突击性会计检查时;

④进行临时性的清产核资时。

3.按照清查的执行系统分类

(1)内部清查

内部清查是指由本单位内部自行组织清查工作小组所进行的财产清查工作。大多数财产清查都是内部清查。

(2)外部清查

外部清查是指由上级主管部门、审计机关、司法部门、注册会计师根据国家有关规定或情况需要对本单位所进行的财产清查。进行外部清查时应有本单位相关人员参加。

四、财产清查的一般程序

财产清查既是会计核算的一种专门方法，又是财产物资管理的一项重要制度。企业必须有计划、有组织地进行财产清查。

财产清查一般包括以下程序：

1.建立财产清查组织；

2.组织清查人员学习有关政策规定，掌握有关法律、法规和相关业务知识，以提高财产清查工作的质量；

3.确定清查对象、范围，明确清查任务；

4.制定清查方案，具体安排清查内容、时间、步骤、方法，以及必要的清查前准备；

5.清查时本着先清查数量、核对有关账簿记录等，后认定质量的原则进行；

6.填制盘存清单；

7.参与清查人员签名确认；

8.根据盘存清单，填制实物、往来账项清查结果报告表。

任务二　财产清查的方法

由于货币资金、实物、往来款项的特点各有不同，在进行财产清查时，应采用与其特点和管理要求相适应的方法。

一、货币资金的清查方法

1.库存现金的清查

库存现金的清查，采用实地盘点法确定库存现金的实存数，然后与库存现金日记账的账面余额相核对，确定账实是否相符。

库存现金的清查除了由出纳人员自己对现金进行日常清查点核对外，企业还应根据内部控制制度要求由一人或一人以上的清查小组对库存现金进行不定期抽查。抽查时，首先对保险柜进行清查，盘点库存现金的实有数，然后与现金日记账的当天余额进行核对，检查账实是否一致；同时审核现金收付凭证和有关账簿记录，检查账务处理是否合理合法，账簿记录有无错误，以确定账存与实存是否相符等；清查的时间一般在上午刚上班时下午下班前进行，清查过程中，出纳人员必须在场。特别强调，现金清查只能在开始前几分钟通知，不可以提前一天通知，也不可以定期进行，这样才能达到内部控制的成效。

清查的结果填入“现金盘点报告表”，并由清查人员和出纳人员当面签名确认。

现金盘点报告表如表 6-1 所示：

表 6-1　现金盘点报告表

盘点时间：　　年　　月　　日

实存金额	账存金额	盘　盈	盘　亏	备　注

盘点人(签章)：　　　　　　　　　　出纳员(签章)：

2.银行存款的清查

银行存款的清查是采用与开户银行核对账目的方法进行的，即将本单位银行存款日记账的账簿记录与开户银行转来的对账单逐笔进行核对，来查明银行存款的实有数额。银行存款的清查一般在月末进行。

会计行话“坐支”

(1)银行存款日记账与银行对账单不一致时，将截止到清查日所有银行存款的收付业务都登记入账后，对发生的错账、漏账应及时查清更正，再与银行的对账单逐笔核对。如果二者余额相符，通常说明没有错误；如果二者余额不相符，则可能是企业或银行一方或双方记账过程有错误或者存在未达账项。

未达账项，是指企业和银行之间，由于记账时间不一致而发生的一方已经入账，而另一方尚未入账的事项。未达账项一般分为以下四种情况：

①企业已收款记账，银行未收款未记账的款项；

②企业已付款记账，银行未付款未记账的款项；

③银行已收款记账，企业未收款未记账的款项；

④银行已付款记账，企业未付款未记账的款项。

上述任何一种未达账项的存在，都会使企业银行存款日记账的余额与银行开出的对账单的余额不符。所以，在与银行对账时首先应查明是否存在未达账项，如果存在未达账项，就应该编制“银行存款余额调节表”，据以调节双方的账面余额，确定企业银行存款实有数。

(2)银行存款清查的步骤

银行存款的清查按以下四个步骤进行。

①将本单位银行存款日记账与银行对账单，以结算凭证的种类、号码和金额为依据，逐日逐笔核对。凡双方都有记录的，用铅笔在金额旁打上“√”。

②找出未达账项(即银行存款日记账和银行对账单中没有打“√”的款项)。

③将日记账和对账单的月末余额及找出的未达账项填入“银行存款余额调节表”，并计算出调整后的余额。

④将调整平衡的“银行存款余额调节表”，经主管会计签章后，呈报开户银行。

企业同时在几个银行开设存款账户的单位，应分别按存款账户开设“银行存款日记账”。每月月底，应分别将各账户的“银行存款日记账”与各账户相对应的“银行对账单”核对，并分别编制各账户的“银行存款余额调节表”。

银行存款余额调节表的编制，是以双方账面余额为基础。其计算公式如下：

企业银行存款日记账余额＋银行已收企业未收款－银行已付企业未付款

＝银行对账单存款余额＋企业已收银行未收款－企业已付银行未付款

(3)“银行存款余额调节表”的编制方法

[例 6-1]福兴公司 2013 年 5 月 31 日收到银行的对账单如图 6-1 所示，根据银行存款日记账如图 6-2 所示，编制银行存款余额调节表。

中国银行对账单

单位名称：福兴公司　　　账号：　　　2013年05月31日

2013年 月	日	凭证号	摘要	结算凭证 种类	结算凭证 号码	借方	贷方	余额
05	21		承前页					10141000.00
05	21		取现备用	转支	#111123	40000.00		10101000.00
05	27		预付下一年度房租	转支	#111124	200000.00		9901000.00
05	27		收回前欠款项	委收	#1206		350000.00	10251000.00
05	31		取到预付款	转支	#111125		240000.00	10491000.00
05	31		商业汇票到期	委收	#1209		311000.00	10802000.00
05	31		支付物业管理费	特转	#1906	30000.00		10772000.00

中国银行漳州城西分行 2013.05.31 业务受理章 (07)

图 6-1　银行存款对账单

银行存款日记账

第 07 页

开户行：中国银行漳州城西分行

账　号：65111252

2013年 月	日	凭证 种类	凭证 号数	摘要	借方	贷方	余额	核对
05	21			承前页			1014100000	□
05	21	银付	112	取现备用		4000000	1010100000	□
05	26	银付	113	预付下一年度房租		20000000	990100000	□
05	28	银收	213	收回前欠款项	35000000		1025100000	□
05	30	银收	214	取到预付款	24000000		1049100000	□
05	31	银付	114	预付购货款		13000000	1036100000	□
05	31	银收	215	收回货款	80000000		1116100000	□
								□

图 6-2　银行日记账

根据上述资料，查出未达账项并编制银行存款余额调节表，如表 6-2 所示：

表 6-2 银行存款余额调节表

单位名称：福兴公司　　2013 年 5 月 31 日　　单位：元

项　目	金　额	项　目	金　额
银行存款日记账余额	11 161 000	银行对账单余额	10 772 000
加：银行已收，企业未收	311 000	加：企业已收，银行未收	800 000
减：银行已付，企业未付	30 000	减：企业已付，银行未付	130 000
调节后的存款余额	11 442 000	调节后的存款余额	11 442 000

主管会计：　　制表：陈明发

(4)银行存款余额调节表的作用

①银行存款余额调节表是一种对账记录或对账工具，不能作为调整账面记录的依据，即不能根据银行存款余额调节表中的未达账项来调整银行存款账面记录，未达账项只有在收到有关凭证后才能进行有关的账务处理。

②调节后的余额如果相等，通常说明企业和银行的账面记录一般没有错误，该余额通常为企业可以动用的银行存款实有数。

③调节后的余额如果不相等，通常说明一方或双方记账有误，需进一步追查，查明原因后予以更正和处理。

职场智慧：

根据企业内部控制制度要求，每月 5 日前，企业会计应当前往所有开户银行领取银行对账单，对上个月银行存款总账、日记账上余额发生额及余额进行核对，如果余额一致，直接在余额右边打“√”表示已经核对；如果余额不相等，则需要一笔笔核对，找出原因，最后根据月末未达账项情况编制银行存款余额调节表。以上所有工作均应由会计人员来完成，不得由出纳员自己核对。

如果企业采用网银结算，则要截图或下载相关银行对账单进行核对，这就是银行存款清查工作。

二、实物资产的清查方法

实物资产主要包括固定资产、存货等。实物资产的清查就是对实物资产在数量和质量上所进行的清查。常用的清查方法主要有实地盘点法和技术推算法。

1.实地盘点法

实地盘点法是通过对实物资产堆放现场的实物进行逐一清点或用计量器具来确定各项实物资产实存数量的一种方法。这种方法适用范围广、要求严格、数字准确可靠、清查质量高，但工作量较大。在企业一般用于对机器设备、包装物、原材料、产成品、库存商品等的清查。

2.技术推算法

技术推算法是通过利用一定技术方法对实物资产的实存数进行推算的一种方法。这种方法适用于数量大、不便于逐一数点或用计量器具计量，以及价值比较低的材料物资，如大量成堆散放的化肥、饲料，露天堆放的沙石、煤等。

为了明确经济责任，在进行盘点清查时保管人员必须在场。对于盘点的结果，应如实登记在“盘存单”上，并由盘点人员和保管人员当场签名确认。

“盘存单”的一般格式如表 6-3 所示。

表 6-3　盘存单

财产类别：　　　　存放地点：　　　　盘点时间：　　　　编号：

序号	规格	名称	单位	数量	单价	金额	备注

盘点人(签章)：　　　　保管人(签章)：

盘存单只反映财产物资的实存数。为了确定账实是否相符，还需要根据盘存单和账簿记录填制“账存实存对比表”。其一般格式如表 6-4 所示。

表 6-4　账存实存对比表

单位名称：　　　　清查时间：　　年　　月　　日　　　　编号：

序号	规格	名称	单位	单价	账　存		实　存		盘　盈		盘　亏	
					数量	金额	数量	金额	数量	金额	数量	金额
备注												

复核：　　　　制单：

三、往来款项的清查方法

往来款项主要包括应收账款、应付款项、预收账款、预付款项等。

往来款项的清查一般采用发函询证的方法进行核对。

往来款项清查以后，企业将清查结果编制“往来款项清查报告单”，填列各项债权、债务的余额。对于有争执的款项以及无法收回的款项，应在报告单上详细列明情况，以便及时采取措施进行处理，避免或减少坏账损失。往来款项对账单格式如表 6-5 所示。

表 6-5 往来款项对账单

总账会计科目： 清查时间： 年 月 日

明细科目		清查结果		核对不符单位及原因的分析				备注
名称	金额	核对相符金额	核对不符金额	争执款项	未达款项	无法收回或偿还的款项	其他	

清查人员签章： 经管人员签章：

任务三 财产清查结果的处理

一、财产清查结果处理的要求

对于财产清查中发现的问题，如财产物资的盘盈、盘亏、毁损或其他各种损失，应核实情况，调查分析产生的原因，按照国家有关法律法规的规定，进行相应的处理。

财产清查结果处理的具体要求有：

1.分析产生差异的原因和性质，提出处理建议。

2.积极处理多余积压财产，盘活资金。

3.及时清理往来款项，减少坏账损失。

4.经批准后及时调整账簿记录，保证账实相符。

5.总结经验教训,建立健全各项管理制度。

二、财产清查结果处理的步骤与方法

对于财产清查结果的处理可分为以下两种情况:

1.审批之前的处理

审批之前的处理根据“清查结果报告表”、“盘点报告表”等已经查实的数据资料,填制记账凭证,记入有关账簿,使账簿记录与实际盘存数相符,同时根据权限,将处理建议报股东大会或董事会,或经理(厂长)会议或类似决策机构批准。

2.审批之后的处理

企业清查的各种财产的损溢,应于期末前查明原因,并根据企业的管理权限,经股东大会或董事会,或经理(厂长)会议或类似机构批准后,在期末结账前处理完毕。企业应严格按照有关部门对财产清查结果提出的处理意见进行账务处理,填制有关记账凭证,登记有关账簿,并追回由于责任者原因造成的财产损失。

企业清查的各种财产的损溢,如果在期末结账前尚未经批准,在对外提供财务报表时,先按上述规定进行处理,并在附注中做出说明;其后批准处理的金额与已处理金额不一致的,调整财务报表相关项目的年初数。

三、财产清查结果的账务处理

在对资产进行清查后,若发现实物数量与账上不一致时,应根据会计的账实相符要求,及时调整账上记录,使其与实物数量相等,因为尚未查明原因,所以应采用过渡账户先挂账,等查明原因并审批后,再作相关财务处理。

1.设置“待处理财产损溢”账户

为了反映和监督企业在财产清查过程中查明的各种存货资产的盘盈、盘亏、毁损及其处理情况,应设置“待处理财产损溢”账户。“待处理财产损溢”账户属于双重性质的资产类账户,下设“待处理流动资产损溢”和“待处理非流动资产损溢”两个明细分类账户进行明细分类核算。该账户的借方登记财产物资的盘亏数、毁损数和批准转销的财产物资盘盈数;贷方登记财产物资的盘盈数和批准转销的财产物资盘亏及毁损数。企业清查的各种财产的盘盈、盘亏和毁损应在期末结账前处理完毕,所以“待处理财产损溢”账户在期末结账后没有余额。

"待处理财产损溢"账户结构如下：

借方 待处理财产损溢	贷方
登记盘亏的财产物资 盘盈的转销数	登记盘盈的财产物资 盘亏的转销数
表示尚未转销的盘亏数	表示尚未转销的盘盈数

2.库存现金清查结果的账务处理

(1)库存现金盘盈的账务处理

库存现金盘盈时，应及时办理库存现金的入账手续，调整库存现金账簿记录，即按盘盈的金额借记"库存现金"，贷记"待处理财产损溢——待处理流动资产损溢"。

对于盘盈的库存现金，应及时查明原因，按管理权限报经批准后，按盘盈的金额借记"待处理财产损溢——待处理流动资产损溢"，按需要支付或退还他人的金额贷记"其他应付款"，按无法查明原因的金额贷记"营业外收入"。

(2)库存现金盘亏的账务处理

库存现金盘亏时，应及时办理盘亏的确认手续，调整库存现金账簿记录，即按盘亏的金额借记"待处理财产损溢——待处理流动资产损溢"，贷记"库存现金"。对于盘亏的库存现金，应及时查明原因。如果是可以得到保险公司及过失人赔偿的金额，借记"其他应收款"；如果是管理不善等原因造成净损失的金额，借记"管理费用"；如果是自然灾害等原因造成净损失的金额，借记"营业外支出"；各项目原因调查结果写一份报告，经报经批准后贷记"待处理财产损溢——待处理流动资产损溢"。

[**例 6-2**]福兴公司 2013 年 4 月 5 日、26 日进行了两次现金清查，其清查结果及账务处理如下：

4 月 5 日第一次清查时：库存现金数为 2 405.8 元，当天现金日记账余额为 2 305.8 元，实存数比账上余额多 100 元。经反复核查，未查明原因，经报批准转作营业外收入。

①审批前：

借：库存现金　　100

　贷：待处理财产损溢——待处理流动资产损溢　　100

②审批后：

借：待处理财产损溢——待处理流动资产损溢　　100

　贷：营业外收入　　100

4 月 26 日第二次清查时：库存现金数为 1 000 元，现金日记账的当天余额为 1 080 元，实存数比账上余额少 80 元。经查属于出纳员的失职造成的损失，应由出纳员李红梅赔偿。

①审批前：

借：待处理财产损溢——待处理流动资产损溢 80

贷：库存现金 80

②审批后：

借：其他应收款——李红梅 80

贷：待处理财产损溢——待处理流动资产损溢 80

待李红梅当时就交来现金时：

借：库存现金 80

贷：其他应收款——李红梅 80

③如果出纳员李红梅当时就交来现金，应直接转销：

借：库存现金 80

贷：待处理财产损溢——待处理流动资产损溢 80

职场智慧：

在现金管理安全问题上，出纳员是主要责任人，一般现金出现丢失单位不给予核销，只能由出纳员自己赔偿。为防范风险，保护单位财产，减少出纳员个人损失，要养成好习惯：上班时始终保持保险柜关闭状态；下班前要特别注意检查保险柜是否锁好；办公室门窗是否关好；在收款时，应该先收款，将交来的现金清点两遍以上确认一致后才能开收据或办理收款事项，不得先开收据后点现金；在支付现金时，一定自己清点两遍以上确认无误后方可支付；在去银行办理现金业务时，如果存取款量大(一般 3 万元以上)，一定要求单位派车前往并有男性同事陪同至银行办理；出纳员在前往银行领取款项后应当场清点现金，正确无误后方可离开银行；领取现金后必须从银行直接回到所在单位，不得中途去购物或办理其他事项。

3.存货清查结果的账务处理

(1)存货盘盈的账务处理

存货盘盈时，应及时办理存货入账手续，调整存货账簿的实存数。盘盈的存货应按其重置成本作为入账价值借记“原材料”“库存商品”等，贷记“待处理财产损溢——待处理流动资产损溢”。对于盘盈的存货，应及时查明原因，按管理权限报经批准后，冲减管理费用，即按其入账价值，借记“待处理财产损溢——待处理流动资产损溢”，贷记“管理费用”。

(2)存货盘亏的账务处理

存货盘亏时,应按盘亏的金额借记“待处理财产损溢——待处理流动资产损溢”,贷记“原材料”“库存商品”等。涉及增值税的,还应进行相应处理。如果可以得到保险公司及过失人赔偿的金额,借记“其他应收款”;如果是管理不善等原因造成净损失的金额,借记“管理费用”;如果是自然灾害等原因造成净损失的金额,借记“营业外支出”;各项目原因调查结果写一份报告,经报经批准后贷记“待处理财产损溢——待处理流动资产损溢”。

[例 6-3]福兴公司 2013 年 4 月 30 日在财产清查中盘盈甲材料 10 公斤,计 1 000 元,经查证该差异是由于计量仪器不准造成。经批准冲减管理费用。

①审批前:

借:原材料——甲材料　　1 000

　贷:待处理财产损溢——待处理流动资产损溢　　1 000

②审批后:

借:待处理财产损溢——待处理流动资产损溢　　1 000

　贷:管理费用——其他　　1 000

[例 6-4]福兴公司 2013 年 5 月 30 日进行盘点,盘亏甲产品金额为 800 元,经查属于定额内正常损耗。

①审批前:

借:待处理财产损溢——待处理流动资产损溢　　800

　贷:库存商品——甲产品　　800

②审批后:

借:管理费用——其他　　800

　贷:待处理财产损溢——待处理流动资产损溢　　800

[例 6-4]福兴公司 2013 年 6 月 30 日财产清查中发现甲材料由于管理不善,发生火灾损失 2 000 元,其中 1 000 元经认证可获保险公司赔偿,经报批处理,责令保管员李勇赔偿 500 元,其余记入非常损失。

①审批前:

借:待处理财产损溢——待处理流动资产损溢　　2 340

　贷:原材料——甲材料　　2 000

　　应交税费——应交增值税(进项税额转出)　　340

②审批后：

借：其他应收款——保险公司 1 000

——李勇 500

营业外支出——非常损失 840

贷：待处理财产损溢——待处理流动资产损溢 2 340

③保险公司从银行转来赔偿款时：

借：银行存款 1 000

贷：其他应收款——保险公司 1 000

④李勇以现金交来赔偿款时：

借：库存现金 1 000

贷：其他应收款——李勇 1 000

4.结算往来款项清查的账务处理

在财产清查过程中发现的长期未结算的往来款项，应及时清查。对于经查明确实无法支付的应付款项可按规定程序报经批准后，转作营业外收入。对于无法收回的应收款项则作为坏账损失冲减坏账准备。坏账是指企业无法收回或收回的可能性极小的应收款项。由于发生坏账而产生的损失，称为坏账损失。小企业如果按照《小企业会计准则》是没有计提坏账准备的，但从会计谨慎原则考虑，提取坏账准备是分散企业财务风险的一个重要举措。根据会计的重要性原则，没有计提坏账准备时，如果出现损失，则经批准后列管理费用。

企业通常应将符合下列条件之一的应收款项确认为坏账：

(1)债务人死亡，以其遗产清偿后仍然无法收回的；

(2)债务人破产，以其破产财产清偿后仍然无法收回的；

(3)债务人较长时间内未履行其偿债义务，并有足够的证据表明无法收回或者收回的可能性极小。

企业对有确凿证据表明确实无法收回的应收款项，经批准后作为坏账损失。对于已确认为坏账的应收款项，并不意味着企业放弃了追索权，一旦重新收回，应及时入账。

[例 6-5]福兴公司 2013 年 5 月 30 日财产清查中发现客户东大商店所欠的 3 000 元账款已无法收回。按管理权限报经批准确认为坏账损失。

借：坏账准备 3 000

贷：应收账款——东大商店 3 000

没有计提坏账准的企业：

借：管理费用——其他　　3 000

　贷：应收账款——东大商　　3 000

[例 6-6]福兴公司 2013 年 6 月 30 日财产清查中发现应付账款中供应商捷大公司已破产，欠其的 2 000 元账款已无须偿还。

借：应付账款——捷大公司　　2 000

　贷：营业外收入　　2 000

职场智慧：

造成企业账实不相等的原因是多方面的，主要有以下几种：

1.人为因素。一些小型私营企业管理者只重视现金银行存款管理，不重视实物资产的管理，一些私营企业未建立健全内部控制制度，未设置仓库，也没有设专人管理存货，有的企业虽然有仓库，可是钥匙仓库员有，老板也有，这样就会造成责任不清。会计人员应该对不规范情况提出意见或建议，倡议建立内部控制制度，引导管理者提升财产管理水平。

应多清查，及时发现人为因素造成的损失，并及时整改，以免漏洞越来越大。

2.客观因素。在制造业生产过程中，一些原材料或库存商品因受气候影响，发生自燃损耗或升溢，如汽油、油漆、水果、蔬菜、干果、纺织品等。这种差异如果能够由技术部门提出一个合理的比例，其清查差异可以考虑先挂“待处理财产损溢”，在一个会计年度中均衡后再年底调整。

在企业风险防范上，每年办理适量的财产保险也是一种好办法。

◎ 职业指导

实际岗位工作指导

一个新创业的单位，财务部会计核算需要配备的设备及办公用品有：

1.记账用的软件，建议采用全国销量第一的用友财务软件。

2.台式电脑、凭证装订机、复印机、扫描仪、传真机。

3.激光打印机，如果要用电脑开发票或打印银行支票，应再配一台针式打印机。

4.A4 打印纸，凭证打印纸、传真纸。

5. 如果手工记账应购账簿：总账、现金日记账、银行存款日记账、三栏式明细账、数量单价式明细账、多栏式明细账、记账凭证、记账凭证封面、记账凭证封角。

6.借款单、报销单、收款收据、入库单、领料单、差旅费报销单、工资表、银行存款余额调节表、报销单据粘贴单、出纳报告单。

7.回形针、大头针、复写纸、胶水、装订线、大夹子、中夹子、小夹子、碳素签字笔、订书机、双面胶、U盘、移动硬盘。

8.“银行收讫”、“银行付讫”、“现金收讫”印章、“现金付讫”印章。

以上设备、耗材、办公用品数量根据单位规模大小及实际需要量确定。如果用量较大，可以上网批量采购并设仓库管理；如果用量不大，可以在当地办公用品商店购买。

◎ 课后阅读建议

1.中国共青团网址：http://www.gqt.org.cn/。

2.中华人民共和国财政部：《企业内部控制基本规范》，2010年4月。

3.周丽华：《会计分岗位综合实务训练》，厦门大学出版社2013年版。

◎ 自我提高再训练

请完成自我提高再训练任务15、16。

项目七

财务报表的编制

"志向是人生的航标。一个人要做出一番成就,就要有自己的志向。"

——习近平总书记金句

思政目标

1. 价值塑造:经世济民,报效祖国。
2. 会计职业道德:情感智慧,善于沟通。

知识目标

1. 了解财务报表的概念、种类。
2. 了解财务报表的基本要求、作用。
3. 了解财务报表编制之前应完成的工作。
4. 掌握资产负债表的编制原理与方法。
5. 掌握利润表的编制原理与方法。

能力目标

1. 能够在编制财务报表之前进行相关会计处理。
2. 能够采用正确方法编制资产负债表。
3. 能够采用正确方法编制利润表。

思政教育小任务

请根据本教材前面习近平总书记的金句说说自己的理解。(同学举手主动发言或者老师请 2~3 位同学来分享自己的理解)

日子一天天过去,会计核算以月为单位有序地进行着。当一个月过去后,企业老板会十分急切地想了解上个月企业经过努力经营,到底是赚钱了还是亏本了。这个时候,会计人员应用借贷记账法进行及时、全面、系统的核算,对所有分散的原始凭证进行汇总整理分类,编制会计分录,填写记账凭证,计算产品成本等,并通过财务软件进行会计核算,最后形成三份主要财务报表:通过利润表,报告上个月收入、成本、费用、应交税金等情况,从而计算出当期收益情况。老板所关心的赚钱还是亏本,答案在这个时候就出来了;通过资产负债表,反映这个企业从创办之日起到上个月拥有的资本金、资产及应承担的负债情况,综合系统全面地反映企业资金"从哪里来,到哪里去";通过现金流量表,及时地反映企业上个月现金是流入的更多,还是流出的更多。这就是整个会计核算最为重要的成果。

现在,让我们一起来学习这样一种总结会计信息的系统方法。

任务一　财务报表概述

一、财务报表的概念

财务报表是在公认会计准则指导下根据日常会计核算资料定期编制的,综合反映企业某一特定日期财务状况和某一会计期间经营成果、现金流量的总结性书面报告文件。编制财务报表是会计核算的一项重要工作。

财务报表编制是在不同的会计准则规范和行业会计制度指导下,企业会计人员通过填制和审核会计凭证、登记账簿等会计核算方法,对企业所发生的各种经济业务,进行连续、系统、全面的记录。但是,这些日常核算资料分散地反映众多的业务,不能集中、概括、全面地反映企业的经济活动及其经营成果的全貌,不便于会计信息的解读和利用,不能满足信息使用者的需要。为了满足会计信息使用者的要求,会计人员通过特定方法对日常的会计核算资料进一步进行加工整理,按统一的要求和格式,定期编制财务报表。

财务报表是对企业财务状况、经营成果和现金流量的结构性表述。财务报表至少应当包括下列组成部分:资产负债表、利润表、现金流量表、所有者权益变动表、报表附注。财务报表上述组成部分具有同等的重要程度。

二、财务报表的分类

财务报表因会计核算内容不同、性质不同、管理要求不同，所编制的财务报表种类也不尽相同。就企业而言，其所编制的财务报表可以按照以下标准划分。

1.按编制时间不同分类

(1)月报

月报是指按日历上自然月份编制的财务报表，简称月报。每月终了应将当月会计账簿上的数据进行期末结转，得出月末科目余额表，并于次月 10 日内编制相关财务报表。月报中的“本月数”用来总括反映企业当月的财务状况；月报中的“累计数”反映上月止的财务状况；月报中的“年初数”或“上年数”则反映上一会计年度相应期间的财务状况。

(2)季报

季报是指按日历上季度编制的财务报表，简称季报。季报是用来总括反映企业季末的财务状况和一个季度的经营成果情况的财务报表。企业应于季度终了后的 15 日内编制季度财务报表。

(3)半年报

半年报是指按每年 1 月至 6 月为编制期的财务报表，简称中报或半年报，在每半年度终了时编制，应于年度中期结束后 30 天内也就是每年的 7 月 30 日前完成上半年度财务报表。中报是用以总括反映企业会计年度中期财务状况和经营成果情况的财务报表。半年度财务报表同年度财务报表一样，至少应反映两个会计年度或者相关两个会计期间的比较数据。

(4)年报

年报是指按年度编制的财务报表，亦称年报。企业应于每个年度终了后 4 个月内编制相关财务报表，并对外提供，是用以总括反映企业年终财务状况和全年经营成果情况的财务报表，主要包括“资产负债表”、“利润表”、“现金流量表”和“利润分配表”。年度财务报表至少应反映两个会计年度或者相关两个会计期间的比较数据。

2.按所反映的经济内容分类

(1)反映企业财务状况的财务报表

这类报表是用来总括反映企业在某一特定日期的财务状况的财务报表，如“资产负债表”。

(2)反映企业经营成果的财务报表

这类报表是总括反映企业在一定时期的经营成果及其分配情况的财务报表,如“利润表”,或称“损益表”、“利润分配表”。

(3)反映企业现金流入和流出情况的财务报表

这类报表是以现金的流入和流出来反映企业在一定时期内的经营活动、投资活动和筹资活动的财务报表,如“现金流量表”。

(4)反映企业收支情况的财务报表

这类报表是总括反映企业在一定时期内收入的取得和费用的支付情况的财务报表,如“主营业务收支明细表”。

(5)反映企业成本、费用情况的财务报表

这类报表是总括反映企业在一定时期内,因生产加工产品所发生的各项费用的支出和成本形成情况的财务报表,如“成本计算表”。

3.按报送对象不同分类

(1)对外财务报表

企业对外报送的财务报表主要包括“资产负债表”“利润表”“现金流量表”。企业对外报送的财务报表的具体格式、编制方法和报送时间均按会计准则统一规定,不得随意增减或改变。

(2)对内财务报表

企业对内财务报表的种类、格式、编制方法及其编制时间均由各单位根据本单位的经营特点和管理要求自行规定、自行设计。

4.按照财务报表的编制主体不同分类

(1)个别财务报表

个别财务报表是指单个的独立法人作为会计主体所编制的反映本单位财务状况及其经营成果的财务报表。

(2)合并财务报表

合并财务报表是指反映母公司和其全部子公司形成的企业集团整体财务状况、经营成果和现金流量的财务报表。

5.按照财务报表的编制单位不同分类

(1)单位财务报表

单位财务报表是指由独立核算的会计主体编制的，用以反映该会计主体的财务状况、经营成果及其收支和成本、费用情况的财务报表。

(2)汇总财务报表。

汇总财务报表是由上级主管部门将其所属各基层经济单位的财务报表，与其本身的财务报表汇总编制而成的财务报表，用以反映一个部门或一个区域的经济情况。

6.按照财务报表反映的资金运动状态不同分类

(1)静态财务报表

静态财务报表，亦称某个时点的财务报表。它是指反映企业资金运动处于某一相对静止状态的财务报表，一般情况下，是反映企业某一特定日期，如月末、季末、年末财务状况的财务报表，如"资产负债表"。

(2)动态财务报表

动态财务报表，亦称某个时期的财务报表。它是指反映企业资金处于运动状态的财务报表，一般情况下，是反映企业某一特定时期内(如 1～3 月份、1～12 月份)的经营成果的"利润表"和反映企业在一定时期内经营活动、投资活动和筹资活动的"现金流量表"。

三、财务报表编制的作用

会计工作的最终目的是向企业的管理者和与企业有关的外部各利害关系集团提供决策有用的会计信息。准确全面的财务报表能帮助投资者和债权人了解企业的经营状况，为制定计划、做出经济决策服务。财务报表的使用者通常包括：投资者、债权人、政府及相关机构(如工商、税务部门等)、企业管理人员、社会公众等。财务报表编制在会计核算工作中具有重大意义，其作用可概括为以下几个方面：

1.完整准确的财务报表可以提供丰富的会计信息

通过分析资产负债表，可以了解公司的财务状况，对公司的偿债能力、资本结构是否合理、流动资金充足情况等作出判断；通过分析利润表，可以了解分析公司的盈利能力、盈利状况、经营效率，对公司在行业中的竞争地位、持续发展能力作出判断；通过分析现金流量表，可以了解和评价公司获取现金和现金等价物的能力，并据以预测公司未来现金流量。

2.不同主题的财务报表可以满足不同会计信息使用者对信息的需求

企业的投资者包括国家、法人、外商和社会公众等。通过对企业资产负债表的解读，可以了解其经营活动情况财务状况、资金使用状况、资金支付报酬能力等会计信息。资产负债表可以为投资者了解企业资金的去向提供必要的信息资料；利润表可以为股东对投资效益进行分析，为投资者提供他们所关心的投资报酬和投资风险数据，为未来投资变动决策、利润分配提供丰富有效的会计信息；对内报送的成本核算表可以为企业内部管理者提供产品定价、生产计划决策服务。

3.财务报表分析财务指标能为企业提升管理、加强监督服务

通过财务报表分析，可以确认企业的偿债能力、营运能力、盈利能力和现金流量等状况，合理地评价经营业绩，并促进管理水平的提高；可以为债权人提供企业的资金运转情况和偿债能力的信息资料；可以为管理决策者、银行、其他债权人、会计师事务所、工商、税务、审计、监察等部门等机构提供有效会计信息。

四、财务报表编制的基本要求

为了使财务报表能够最大限度地满足各有关方面的需要，充分发挥财务报表的作用，企业编制财务报表时，应当根据真实的交易事项以及完整、准确的账簿记录等资料，严格按照会计准则规定编制。一套完整的财务报表至少应当包括：资产负债表、利润表、现金流量表、所有者权益变动表以及附注。财务报表编制应当全面完整、真实可靠、相关可比、编报及时、便于理解。具体要求如下：

根据《会计法》规定，财务报表编报的基本要求是数字真实、计算准确、内容完整、报送及时。财务报表编报的具体要求是：

1.做好会计核算基础工作，保证编制依据正确性

编制财务报表，必须根据经过审核无误的会计账簿记录和有关资料进行，做到数字真实、计算准确、内容完整、说明清楚。在财务报表编制之前的会计核算工作以及成果的准确性更显重要。如实准确编制财务报表是会计人的职业道德，任何人均不得篡改或者授意、指使、强令他人篡改财务报表。

2.认真解读《会计法》规定，按规定格式规范编制

编制财务报表，应当根据国家统一的会计制度规定格式和要求进行，认真编制，做到项目

齐全、内容完整,保证财务报表主体表、附注及其说明完整无误。

3.遵循一致性原则,保证财务报表编制标准一致

根据《会计基础工作规范》的规定,财务报表之间、财务报表各项目之间,凡有对应关系的数字,应当相互一致;本期财务报表与上期财务报表之间的有关的数字应当相互衔接;如果不同会计年度财务报表中各项目的内容和核算方法有变更,应当在年度财务报表中加以说明。

五、财务报表编制前的准备工作

在编制财务报表前应检查所有会计事项是否处理完整,检查根据权责发生制要求的经济事项是否应记入账簿,具体来说,主要进行以下工作:

1.检查当期所有经济业务是否全部入账,防漏防重

期末,会计人员应认真检查当期发生的各项经济业务是否已全部填制记账凭证,并据以登记相关的总分类账、明细分类账和日记账。检查有无将当期经济业务漏掉或推移至下期,有没有下期经济业务提前至当期入账。如有上述情况,应于结账前分别进行更正。

2.按规定调整账簿记录,保证所有业务全部入账

期末,会计人员应根据权责发生制、收入与支出相配比的要求确定当期的经营成果,并进行期末账项结转工作。期末应结转的业务有:计提应付职工工资、计提折旧费、计提坏账准备、计提应付水电费、应付利息等,还要将当期的全部收入结转至本年利润账户;将与收入对应的成本、费用、支出结转至本年利润账户。

3.对重要财产进行清查,保证账实相符

为保证财务报表各项数据的准确性,在期末结账、编制财务报表前应按照有关规定对各项存货结存情况进行清查,以确保账实相符。对于清查中出现的盘盈、盘亏和损失等情况,应进行相应的会计处理,使各项财产的账面记录结存数与实际结存数保持一致,为编制财务报表确实可靠奠定基础。

4.全面核对账簿记录,保证账账相符

财务报表主要依据账簿资料所编制,为保证报表指标的正确无误,必须在编表前检查账簿记录的正确性。核对账目包括内部核对和外部核对两方面内容。内部核对要将总账账户余额与相应明细账余额合计数核对;外部核对以往来款项为对象,如与国家税务部门之间应交、已

交税款的核对，与银行之间借款核对，与应收应付账款相关单位核对等。通过账目内部核对和外部核对，保证账账相符，为编制财务报表做好准备。

5.结束当期账簿记录输出科目余额表

在确认当期发生的所有经济业务、调整账项及有关转账业务已全部登记入账后，应分别结计总分类账、日记账、明细分类账的当期发生额和余额，结束本期账簿记录，输出并打印科目余额表。

职场智慧：

以上所介绍的是企业对外报送的财务报表。企业内部还可以根据管理需要，按日编报"现金日报表"、"销售日报表"，按月编制"收入分析表"、"应收账款账龄分析表"、"成本分析表"等；也可以根据企业规模按周、按旬来编报相关对内财务报表。总之，为企业内部管理者提供的财务报表在编制时间上不受会计准则限制，其格式、主题、时间均可根据管理者要求来编报。

任务二　资产负债表

一、资产负债表的概念和意义

1.资产负债表的概念

资产负债表是静态财务报表。反映企业某一特定日期止，如月末、季末、年末财务状况的财务报表。它是根据"资产＝所有者权益＋负债"这一会计等式，按照一定的分类标准和一定顺序，把企业一定日期的资产、负债和所有者权益各项目予以适当排列，并对日常工作中形成的大量数据进行高度浓缩整理后编制而成的。资产负债表是企业基本财务报表之一，是所有独立核算的企业单位必须对外报送的最基本、最重要的财务报表。

2.资产负债表的作用

资产负债表是反映企业在某一特定日期止财务状况的财务报表，资产负债表主要提供有关企业财务状况方面的信息，即某一特定日期关于企业资产、负债、所有者权益及其相互关系，资产负债表可以反映企业资产、负债和所有者权益的全貌。资产负债表的作用包括：

(1)反映企业所有者权益情况

资产负债表可以提供某一日期止所有者所拥有的权益情况，据以判断资本保值、增值情况及企业拥有资本的实力，真实反映企业创办的资金“从哪里来”，了解股东投入资金的数额。通过分析所有者权益占总资产的比重，可以了解企业的财务风险抵御能力。

(2)反映企业负债情况

资产负债表可以提供某一日期止负债总额及其结构，表明企业未来需要用多少资产或劳务清偿债务以及清偿时间，通过对负债的分析，报表使用者可以了解该企业的偿债能力，以及与其合作时的风险程度。资产负债表同样可以真实反映企业所占用的资金“从哪里来”，了解企业借入资金的数额。

(3)反映企业拥有或控制的资源及其分布情况

资产负债表可以提供至某一日期止编报企业资产总额及其结构，使用者可以一目了然地从资产负债表上了解企业在某一特定日期所拥有的资产总量及其分布情况，了解可能产生的现金流变动对合作影响。资产负债表同样能够真实反映企业资金“到哪里去”，了解资产分布的合理性以及风险。

(4)反映企业的流动性和财务实力

资产负债表还可以为报表使用者提供进行财务分析的基本资料，如将流动资产与流动负债进行比较，可以计算出流动比率；将速动资产与流动负债进行比较，可以计算出速动比率等，可以表明企业的变现能力、偿债能力和资金周转能力，从而有助于报表使用者做出经营决策。

二、资产负债表的结构与内容

资产负债表由表头、表身和表尾等部分组成。表头部分应列明报表名称、编表单位名称、编制日期和金额计量单位；表身部分反映资产、负债和所有者权益的内容；表尾部分为补充说明。其中，表身部分是资产负债表的主体和核心。

资产负债表的格式主要有账户式和报告式两种。我国企业的资产负债表采用账户式结构。账户式资产负债表分左右两方，右方为负债及所有者权益项目，一般按求偿权先后顺序排列；左方为资产项目，按资产的流动性大小排列。

根据“资产＝所有者权益＋负债”这一会计等式反映企业总资产的来龙去脉。资产负债表包括三大项目，即：所有者权益、负债、资产。

所有者权益按照实收资本(或股本)、资本公积、盈余公积、未分配利润等项目分项列示。

负债按短期借款、长期借款偿还期长短排列。企业清算之前不需要偿还的所有者权益项目排在后面。

资产负债按照流动性排列，流动性大的资产如“货币资金”、“应收账款”等排在前面，流动性小的资产如“固定资产”、“无形资产”等则排在后面。

账户式资产负债表中的资产各项目合计等于负债和所有者权益各项目合计，即资产负债表左方和右方应保持平衡。资产负债表的基本格式如表7-1所示。

表7-1　资产负债表格式

单位名称：　　　　　　　　　　年　月　日　　　　　　　　　　单位：元

项　目	行次	年初数	年末数	项　目	行次	年初数	年末数
流动资产：				流动负债：			
货币资金	1			短期借款	21		
应收票据	3			应付票据	22		
应收账款	4			应付账款	23		
预付账款	5			预收账款	24		
应收利息	6			应付职工薪酬	25		
应收股利	7			应交税费	26		
其他应收款	8			应付利息	27		
存货	9			应付股利	28		
其他流动资产	10			其他应付款	29		
流动资产合计				流动负债合计			
非流动资产：				非流动负债：	30		
长期应收款	11			长期借款	31		
固定资产	12			应付债券	32		
减：累计折旧	13			长期应付款	33		
固定资产净值	14			专项应付款	34		
在建工程	15			非流动负债合计			
工程物资	16			负债合计			
固定资产清理	17			所有者权益：			
无形资产	18			实收资本	35		

续表

项　目	行次	年初数	年末数	项　目	行次	年初数	年末数
开发支出	19			资本公积	36		
长期待摊费用	20			盈余公积	37		
				未分配利润	38		
非流动资产合计				所有者权益合计			
资产总计				负债和所有者权益合计			

单位负责人：　　复核：　　财务负责人：　　制表：

三、资产负债表的编制方法

资产负债表的各项目均需填列“年初余额”和“期末余额”两栏。其中：资产负债表的“年初余额”栏各项目数字，应根据上年末资产负债表“期末余额”栏内所列数字填列，资产负债表的“年初余额”在报告期内每个月数据均是一样的，因为，不论报告期是1月还是9月，“年初余额”就是去年12月31日止的数据，也就是从上年年报的期末数取数。

在手工编制资产负债表时，应遵循：先年初后年末，先右后左。因为资产负债表年初数每月是都一样的，一般抄过来就是了，或采用电子表格设置公式取数过来就好；资产负债表综合反映企业资金的来龙去脉，所以，建议先填写所有者权益项目，再填写负债项目，最后填写资产类项目。

表 7-2　科目余额表

企业名称：福兴公司　　会计期间：2021 年 10 月　　单位：元

账户名称	借　方	账户名称	贷　方
库存现金	3 500.00	短期借款	50 000.00
银行存款	455 000.00	应付票据	250 000.00
应收票据	25 000.00	应付账款	40 000.00
应收账款	140 000.00	预收账款	30 000.00
坏账准备	−4 500.00	其他应付款	120 000.00
预付账款	4 000.00	应付职工薪酬	12 000.00
其他应收款	9 000.00	应交税费	3 600.00
原材料	156 000.00	实收资本	500 000.00

续表

账户名称	借　方	账户名称	贷　方
库存商品	120 000.00	资本公积	0.00
生产成本	46 900.00	盈余公积	0.00
固定资产	86 300.00	未分配利润	130 000.00
累计折旧	－5 600.00		
无形资产	100 000.00		
合计	1 135 600.00	合计	1 135 600.00

从以上科目余额表可以得到该企业2021年10月31日止期末的相关数据，可以据以编制当月资产负债表。表7-3为福兴公司2003年1月份资产负债表。

表7-3　资产负债表

企业名称：福兴公司　　2021年10月31日　　单位：元

项　目	行次	年初数	年末数	项　目	行次	年初数	年末数
流动资产：				流动负债：			
货币资金	1		458 500.00	短期借款	21		50 000.00
应收票据	3		25 000.00	应付票据	22		250 000.00
应收账款	4		135 500.00	应付账款	23		40 000.00
预付账款	5		4 000.00	预收账款	24		30 000.00
应收利息	6		0.00	应付职工薪酬	25		12 000.00
应收股利	7		0.00	应交税费	26		3 600.00
其他应收款	8		9 000.00	应付利息	27		
存货	9		322 900.00	应付股利	28		
其他流动资产	10			其他应付款	29		120 000.00
流动资产合计			954 900.00	流动负债合计			505 600.00
非流动资产：				非流动负债：	30		
长期应收款	11		0.00	长期借款	31		
固定资产	12		86 300.00	应付债券	32		
减：累计折旧	13		5 600.00	长期应付款	33		
固定资产净值	14		80 700.00	专项应付款	34		
在建工程	15		0.00	非流动负债合计			

续表

项　目	行次	年初数	年末数	项　目	行次	年初数	年末数
工程物资	16		0.00	负债合计			
固定资产清理	17		0.00	所有者权益：			
无形资产	18		100 000.00	实收资本	35		500 000.00
开发支出	19			资本公积	36		0.00
长期待摊费用	20			盈余公积	37	0.00	
				未分配利润	38		130 000.00
非流动资产合计			180 700.00	所有者权益合计			630 000.00
资产总计			1 135 600.00	负债和所有者权益合计			1 135 600.00

单位负责人：　　复核：　　财务负责人：　　制表：

资产负债表的"期末余额"栏则根据财务报表编报时间，可为月末、季末或年末的数据。"期末余额"主要是通过对本会计期间会计核算记录的数据加以归集、整理而成。现在我们一起来学习手工编制方法和原理。

1.所有者权益项目的填列方法

所有者权益项目反映企业投入的资本以及经营过程中的积累，也反映企业经营而产生的亏损。所有者权益项目位于资产负债表的右下角，包括：实收资本、资本公积、盈余公积、未分配利润。

(1)"实收资本"反映企业投资者实际投入的资本总额。"实收资本"应根据"实收资本"账户的期末贷方余额填列。"实收资本"应等于注册资金数额，如果投入资金大于注册资金，则应将多出来的金额填列在"资本公积"栏目。

(2)"资本公积"反映企业资本公积的期末余额。本项目应根据"资本公积"账户的期末贷方余额填列。如果企业投入资金大于注册资金，多出来的金额填列在本栏目。

(3)"盈余公积"反映企业盈余公积的期末余额。本项目应根据"盈余公积"账户的期末贷方余额填列。

(4)"未分配利润"反映企业从创办至上年度尚未分配的利润以及编报当年至编报期止本年利润实现的情况。本项目应根据"本年利润"账户和"利润分配"账户的余额计算填列。如果计算结果体现未弥补的亏损，其金额在报表中应在金额之前以"－"号填列。

2.负债项目的填列方法

(1)“短期借款”反映企业借入尚未归还的一年期以下(含一年)的借款。本项目应根据“短期借款”账户的期末贷方余额填列。

(2)“应付票据”反映企业为了抵付货款等而开出、承兑的尚未到期付款的应付票据,包括银行承兑汇票和商业承兑汇票。本项目应根据“应付票据”账户的期末贷方余额填列。

(3)“应付账款”反映企业购买材料、商品或接受劳务供应等而应付给供应单位的款项。本项目应根据“应付账款”总账账户期末贷方余额+“预付账款”总账账户贷方余额填列。如果“应付账款”总账账户出现期末借方余额,应在本表“预付账款”项目内填列。

(4)“预收账款”反映企业向本企业购买商品客户单位的预收款项。本项目应根据“预收账款”总账账户期末贷方余额填列。如果“应收账款”总账账户出现期末贷方余额,也应加在本项目中填列。

(5)“应付职工薪酬”反映企业应付而尚未支付给职工的工资和福利费等。本项目应根据“应付职工薪酬”总账账户的期末贷方余额填列。

(6)“应付股利”反映企业因获得盈利而根据股东决议计算的应付而未付股东的现金股利。本项目应根据“应付股利”总账账户的期末贷方余额填列。

(7)“应交税费”反映企业期末应交未交、多交或未抵扣的各种税金和附加费。本项目应根据“应交税费”总账账户的期末贷方余额填列。如果“应交税费”总账账户期末为借方余额,则表示一般纳税人进项税大于销售税,应以在其金额前以“－”填列。

(8)“其他应付款”反映企业应付或暂收其他单位和个人的款项。本项目应根据“其他应付款”总账账户的期末贷方余额填列。如果“其他应付款”总账账户的期末为借方余额,则应在“其他应收款”栏目填列,不能在“其他应付款”栏目以“－”填列。

(9)“长期借款”反映企业借入尚未归还的一年期以上(不含一年)的借款本息。本项目应根据“长期借款”总账账户的期末贷方余额填列。

(10)“应付债券”反映企业发行且尚未偿还的各种长期债券的本息。本项目应根据“应付债券”总账账户的期末贷方余额填列。

3.资产项目的填列方法

(1)“货币资金”反映企业库存现金、银行结算存款、外埠存款、银行汇票存款、银行本票存款、银行卡存款、信用证保证金存款期末存有数。本项目应根据“库存现金”、“银行存款”、“其他货币资金”各总账账户借方余额的合计数填列。

(2)“应收票据”反映企业收到的未到期并且未向银行贴现的商业承兑汇票和银行承兑汇票。本项目应根据“应收票据”总账账户的期末借方余额填列。

(3)“应收股利”反映企业因对外股权投资而应收未收的现金股利、利润。本项目应根据“应收股利”总账账户的期末借方余额填列。

(4)“应收利息”反映企业因债权投资而应收未收的利息。本项目应根据“应收利息”总账账户的期末借方余额填列。

(5)“应收账款”反映企业因销售商品、产品和提供劳务等而应向购买单位或个人收取的各种款项。本项目应根据“应收账款”总账账户的期末借方余额填列。如果“预收账款”总账账户出现期末借方余额,也应加在此栏目填列。如“应收账款”总账账户的期末为贷方余额,则在“预收账款”项目内填列,不能在“应收账款”栏目以“—”填列。

(6)“其他应收款”反映企业对其他单位和个人的应收和暂付款项。本项目应根据“其他应收款”总账账户的期末借方余额填列。

(7)“预付账款”反映企业预付给供货单位或供应劳务单位的款项。本项目应根据“预付账款”总账账户的期末借方余额填列。如果“应付账款”总账账户期末借方有余额,则应加在本栏目填列。如果“预付账款”总账账户期末贷方有余额,则表示对方多付货物,形成应付账款,应在“应付账款”项目填列,不得在“预付账款”栏目以“—”填列。

(8)“存货”反映企业期末在库、在途和在加工中各种存货的金额。存货包括各种原材料、辅助材料、产成品、在产品、半成品、包装物、低值易耗品、分期收款发出商品、委托代销商品、受托代销商品等。本项目应根据“在途物资”“原材料”“低值易耗品”“自制半成品”“库存商品”“包装物”“分期收款发出商品”“委托加工物资”“委托代销商品”“受托代销商品”“生产成本”等总账账户的期末借方余额合计填列。

(9)“固定资产”反映企业的各种固定资产原值。本项目应根据“固定资产”总账账户的期末余额减去“累计折旧”、“固定资产减值准备”总账账户的期末贷方余额后的净额填列。

(10)“工程物资”反映企业库存的工程物资实际成本。本项目应根据“工程物资”总账账户的期末借方余额填列。

(11)“在建工程”反映企业期末各项未完工程的实际支出,包括交付安装的设备价值、未完建筑安装工程已经耗用的材料、工资和费用支出、预付出包工程的价款、已经建筑安装完毕但尚未交付使用的建筑安装工程等的可收回金额。本项目应根据“在建工程”总账账户的期末借方余额填列。

(12)“固定资产清理”反映企业因出售、毁损、报废等原因转入清理但尚未清理完毕的固定资产的净值，以及固定资产清理过程中所发生的清理费用和变价收入等各项金额的差额。本项目应根据“固定资产清理”总账账户的期末借方余额填列，如“固定资产清理”总账账户期末为贷方余额，则在金额前以“－”号填列。

(13)“无形资产”反映企业各项无形资产的期末可收回金额。本项目应根据“无形资产”总账账户的期末借方余额，减去“累计摊销”和“无形资产减值准备”期末贷方余额后填列。

职场智慧：

对外报送的财务报表上尽量不要用负数填列。根据会计的实质重于形式原则，若“应收账款”总账账户期末出现贷方余额，则说明是客户多付了货款，应视同“预收账款”在负债中相应栏目填列；“应付账款”也是如此，本来期末余额应该在贷方，可是如果“应付账款”总账账户期末出现借方余额，则反映本企业多付了货款给供应单位，所以应在资产负债表资产中“预付账款”项目内填列。

任务三 利润表

一、利润表的概念和意义

1.利润表的概念

利润表又称损益表，是反映企业在一定会计期间经营成果的报表，是动态财务报表。利润表是根据会计收入与支出相配比原则设置的，即把一定时期的收入和相对应的成本费用相配比，计算出企业一定时期的各项利润指标。利润表以“收入－费用＝利润”这一会计等式为编制依据，计算并反映一定时期与利润相关的指标。利润表会计等式中所指的“费用”是广义的，包括主营业务成本、其他业务成本和期间费用等。

2.利润表的意义

通过利润表可以从总体上了解企业收入、成本、费用及净利润(或亏损)的实现及构成情况；同时，通过利润表提供的不同时期的比较数字，可以分析企业的获利能力及利润的未来发展趋势，了解投资者投入资本的保值增值情况。由于利润既是企业经营业绩的综合体现，又是企业进行利润分配的主要依据，因此，利润表是财务报表中最基本、最重要的报表。利润表的作用具体表现在以下几个方面：

(1)利润表能够反映企业一定期间的生产经营成果

利润表通过把企业在一特定期间内的收入、成本和费用情况加以配比，全面准确地在一张表格中反映出来，可以直观了解企业生产经营的收益或亏损情况，表明企业的投入产出比例关系，计算出企业在此期间内是盈利还是亏损。

(2)利润表是考核企业计划完成情况的重要依据

企业每年末为次年制定生产经营计划，拟定利润指标。利润表是考核企业计划完成情况的重要依据。企业的利润是各项生产经营活动的收益与耗费的集中表现，企业的各项生产经营活动所发生的收益以及与之相配比的成本费用开支在利润表中表现出来。利润表通过反映企业生产经营成果的情况，能够为全面考核企业生产经营计划的完成情况提供依据。

(3)利润表是分析和预测企业收益能力的重要资料

利润表所提供的企业营业利润、投资收益和营业外收支等企业损益的详细情况，是进行财务分析的重要资料。财务人员可以通过分析历年营业利润的增减变化、投资净收益的增减变化和营业外收支的变动情况，可以分析和测定企业损益的发展变化趋势，预测企业未来的盈利能力。

二、利润表的格式

利润表由表头、表身和表尾等部分组成。表头部分应列明报表名称，编表单位名称、编制期间和金额计量单位；表身部分反映利润的构成内容；表尾部分为补充说明。其中，表身部分为利润表的主体和核心。对外报送的报表是全国统一规定采用的多步式利润表格式，如表 7-4 所示。

表 7-4　利润表(一)

编制单位：　　　　年　　月　　　　单位：元

项　　目	本期金额	本期累计
一、营业收入		
减：营业成本		
税金及附加		
销售费用		

续表

项　　目	本期金额	本期累计
管理费用		
财务费用		
资产减值损失		
加：公允价值变动收益（损失以“－”号填列）		
投资收益（损失以“－”号填列）		
其中：对联营企业和合营企业的投资收益		
二、营业利润（亏损以“－”号填列）		
加：营业外收入		
减：营业外支出		
三、利润总额（亏损总额以“－”号填列）		
减：所得税费用		
四、净利润（净亏损以“－”号填列）		

单位负责人：　　　　财务负责人：　　　　复核：　　　　制表：

对外报送的报表是全国统一格式的，一个会计年度终了，编制与上年度相对比的利润时，表格格式略有变化，这样的变化可以应用于当年某个季度与上年度同一季度的比较，也可以应用于当年整体年度与上年度数据的比较。如表 7-5 所示。

表 7-5　利润表（二）

编制单位：　　　　年　　月　　　　单位：元

项　　目	本期金额	上期金额
一、营业收入		
减：营业成本		
税金及附加		
销售费用		
管理费用		
财务费用		
资产减值损失		
加：公允价值变动收益（损失以“－”号填列）		

续表

项　　目	本期金额	上期金额
投资收益(损失以"－"号填列)		
其中:对联营企业和合营企业的投资收益		
二、营业利润(亏损以"－"号填列)		
加:营业外收入		
减:营业外支出		
三、利润总额(亏损总额以"－"号填列)		
减:所得税费用		
四、净利润(净亏损以"－"号填列)		

单位负责人:　　　　财务负责人:　　　　复核:　　　　制表:

对企业内部管理者提供的利润表格式可以根据内部管理层决策信息要求,由会计人员进行修改设置,单独再编制一份供内部参考。如表 7-6 所示。

表 7-6　利润表(三)

编制单位:　　　　年　　月　　日　　　　单位:人民币元

序号	项　　目	行次	本月金额	本年金额
1	一、营业收入	1		
1.1	主营业务收入	2		
1.2	其他业务收入	3		
2	二、营业成本	4		
2.1	减:主营业务成本	5		
2.2	减:其他业务成本	6		
2.3	减:税金及附加	7		
2.4	减:管理费用	8		
2.5	减:销售费用	9		
2.6	减:财务费用	10		
3	三、营业利润	11		
3.1	加:投资收益	12		
3.2	加:营业外收入	13		

续表

序号	项　　目	行次	本月金额	本年金额
3.3	减:营业外支出	14		
4	四、利润总额	15		
	减:所得税费用	16		
5	五、净利润	17		

单位负责人:　　　　财务负责人:　　　　复核:　　　　制表:

职场智慧:

关于财务报表的格式:对外报送时,必须严格按规定采用统一的格式来编报;而对内财务报表是为企业管理者提供充分有效的会计信息,所以,其格式相对比较灵活,可以根据管理者需要来变换。对内报表格式没有特别要求,即报表编制岗位会计人员只要根据企业内部管理需要来修改设置就可以了。

三、利润表的编制

在编制利润表时,要在月末结账前打印一张科目余额表,根据科目余额表内相关数据来编制。利润表的编制在电算化背景下采用设置公式自动取数,相对简单。现在我们所学习的是手工编制背景下的原理和方法。表 7-7 为科目余额表。

表 7-7　科目余额表

企业名称:福兴公司　　　　会计期间:2021 年 10 月　　　　公司单位:元

科目名称	期初余额		本期发生额		期末余额	
主营业务收入				1 624 929.15		
税金及附加			40 623.23			
主营业务成本			1 103 030.78			
管理费用			268 293.19			
销售费用			154 808.74			
财务费用			758.00			
营业外收入				8 396.10		
营业外支出			500.00			

从以上科目余额表可以得到该企业 2021 年 10 月 31 日止的收入、成本费用相关数据，可以据以编制当月利润表，如表 7-8 所示。

表 7-8 福兴公司 2003 年 1 月利润表(一)

编制单位：福兴公司　　2021 年 10 月　　单位：元

项　　目	行次	本月金额	本月累计
一、营业收入	1	1 624 929.15	1 624 929.15
减：营业成本	2	1 103 030.78	1 103 030.78
税金及附加	3	40 623.23	40 623.23
管理费用	4	268 293.19	268 293.19
销售费用	5	154 808.74	154 808.74
财务费用	6	758.00	758.00
加：投资收益	7	0	0
二、营业利润	8	57 415.21	57 415.21
加：营业外收入	9	8 396.10	8 396.10
减：营业外支出	10	500.00	500.00
三、利润总额	11	65 311.31	65 311.31
减：所得税费用	12	16 327.83	16 327.83
四、净利润	13	48 983.48	48 983.48

单位负责人：　　财务负责人：　　复核：　　制表：

利润表中各项目的数据主要根据账簿上各损益类科目的发生额分析填列。在实际工作中，可以打印出科目余额表取数。

(1)"营业收入"项目反映企业经营主要业务和其他业务所确认的收入总额。本项目应根据"主营业务收入账户本月贷方发生额减借方发生额＋其他业务收入账户本月贷方发生额减借方发生额"填列。

(2)"营业成本"项目反映企业主要业务和其他业务发生的实际成本总额。本项目应根据"主营业务成本账户本月借方发生额减贷方发生额＋其他业务成本账户本月借方发生额减贷方发生额"填列。

(3)"税金及附加"项目反映企业经营业务应负担的消费税、城市维护建设税、资源税、土地增值税和教育费附加。本项目应根据"税金及附加账户本月借方发生额－贷方发生额"填列。

(4)“管理费用”项目反映企业本期发生的管理费用。本项目应根据“管理费用账户本月借方发生额－贷方发生额”填列。

(5)“销售费用”项目反映企业在销售商品和提供劳务等主要经营业务过程中所发生各项销售费用以及商品流通企业在购入商品等过程中发生的费用。本项目应根据“销售费用账户本月借方发生额－贷方发生额”填列。

(6)“财务费用”项目反映企业本期发生的财务费用。本项目应根据“财务费用账户本月借方发生额－贷方发生额”填列。

(7)“投资收益”项目反映企业以各种方式对外投资所取得的收益。本项目应根据“投资收益账户本月贷方发生额－借方发生额”填列。如果为投资净损失,在数字前以“－”号填列。

(8)“营业利润”项目反映企业当月营业收益情况。营业利润＝营业收入－营业成本－税金及附加－管理费用－销售费用－财务费用＋投资收益。本项目若为亏损,在数字前以“－”号填列。

(9)“营业外收入”项目,反映企业发生的与生产经营无直接关系的各项收入。本项目应根据“营业外收入账户本月贷方发生额”填列。

(10)“营业外支出”项目,反映企业发生的与生产经营无直接关系的各项支出。本项目应根据“营业外支出账户本月借方发生额”填列。

(11)“利润总额”项目是反映企业当月营业收益及营业外收支情况的项目。利润总额＝营业利润＋营业外收入－营业外支出。如为亏损,在数字前以“－”号填列。

(12)“所得税费用”项目反映企业从当期损益中计算得出的应交企业所得税费用。所得税费用＝利润总额×企业所得税率。

(13)“净利润”项目反映缴纳企业所得税后的净利润。净利润可以由投资人自行约定分配,也可以投入继续进行扩大再生产。净利润＝利润总额－所得税费用。净利润如为亏损,在数字前以“－”号填列。

利润表编制说明如表 7-9 所示。

表 7-9 福兴公司 2003 年 1 月利润表(二)

编制单位:福兴公司　　2021 年 10 月　　单位:元

项目	行次	本月金额	计算公式
一、营业收入	1	根据主营业务收入账户本月贷方发生额减借方发生额+其他业务收入贷方发生额减借方发生额	
减:营业成本	2	根据主营业务成本账户本月借方发生额减贷方发生额+其他业务成本借方发生额减贷方发生额	
减:税金及附加	3	根据税金及附加账上月末余额填列	
减:管理费用	4	根据管理费用账户本月借方发生额减贷方发生额	
减:销售费用	5	根据销售费用账户本月借方发生额减贷方发生额	
减:财务费用	6	根据财务费用账户本月借方发生额减贷方发生额	
加:投资收益	7	根据投资收益账户本月贷方发生额减借方发生额	
二、营业利润	8	营业利润=营业收入-营业成本-税金及附加-管理费用-销售费用-财务费用+投资收益	8=1-2-3-4-5-6+7
加:营业外收入	9	根据营业外收入本月贷方发生额填列	
减:营业外支出	10	根据营业外支出本月贷方发生额填列	
三、利润总额	11	利润总额=营业利润+营业外收入-营业外支出	11=8+9-10
减:所得税费用	12	所得税费用=利润总额×企业所得税率	12=11×25%
四、净利润	13	净利润=利润总额-企业所得税额	13=11-12

◎ 人生智慧

所长无用

有个鲁国人擅长编草鞋,而他的妻子擅长织白绢。他对友人说,他一家想迁到越国去。友人对他说:“你到越国去,一定会贫穷的。”鲁国人问:“为什么?”友人说:“你擅长编草鞋,而草鞋是用来穿着走路的,但越国人习惯于赤足走路;你妻子擅长织白绢,而白绢是用来做帽子的,但越国人习惯于披头散发,而且他们不喜欢白色。凭着你们的长处,到用不到你们特长的地方去,这样,难道不会使自己贫穷吗?”

心得:一个人要发挥其专长,就必须适合社会环境需要。如果脱离社会环境的需要,其专长也就失去了价值。因此,我们要根据社会需要决定自己的行动,以便更好地发挥自己的专长。

◎ 课后阅读建议

1.中华人民共和国财政部网址:http://gjs.mof.gov.cn/。

2.海峡财经导报网址:http://www.hxcjdb.com/。

◎ 自我提高再训练

请完成自我提高再训练任务17、18、19。

第二篇

自我提高再训练

俗话说:熟能生巧,不论哪一种能力,都需要经验的积累。在学习了会计基础知识和原理以后,有必要对相关知识进行训练,提高知识的认知度,更深入理解其内涵。本篇章旨在通过对制造业基本经济业务的会计核算,在反复实践工作中取得经验,为日后行业会计学习打好基础。

自我提高再训练任务 1

实训准备

认真阅读本教材项目一:会计基础知识

实训要求

1.请认真阅读以下单选题内容,将正确选项的英文字母写在括号内。

2.请认真阅读以下多选题内容,将正确选项的英文字母写在括号内。

实训资料

一、单选题

1.会计主要以(　　)为计量单位。

A 货币　　B 实物　　C 劳动量　　D 工作量

2.会计的基本职能是(　　)。

A.分析和考核　　B.预测和决策　　C.核算和监督　　D.核算和决策

3.(　　)是对会计对象进行的基本分类,是会计核算对象的具体化。

A.会计确认　　B.会计核算　　C.会计要素　　D.会计主体

4.下列不属于会计核算基本前提的是(　　)。

A.持续经营　　B.实质重于形式　　C.会计分期　　D.货币计量

5.下列各项中,不属于会计核算内容的是(　　)。

A.固定资产盘亏　　B.制订财务计划　　C.将现金存入银行　　D.采购原材料

6.我国《企业会计准则》规定,企业在对会计要素进行计量时,一般应当采用(　　)计量属性。

A 历史成本　　B 重置成本　　C 公允价值　　D 现值

7.(　　)是对会计核算时间无限性的假定。

A.会计主体　　B.持续经营　　C.会计分期　　D.货币计量

8.不同企业发生的相同或相似的交易或者事项,应当采用规定的会计政策,确保会计信息口径一致,体现了会计的(　　)要求。

A.可靠性　　B.可比性　　C.可理解性　　D.及时性

9.(　　)不属于会计信息质量要求。

A.可比性　　B.权责发生制　　C.实质重于形式　　D.重要性

二、多选题

1.下列属于会计对象的有(　　)。

A.会计所要核算和监督的具体内容　　B.社会再生产过程中的资金运动

C.预算资金收支活动　　D.企业的资金投入、周转和退出

2.权责发生制原则的要求有(　　)。

A.本期已经实现的收入无论款项是否收到,都作为本期收入处理

B.凡是在本期收到和付出的款项,都作为本期收入和费用处理

C.本期已经发生的费用无论款项是否实际支付,都作为本期费用处理

D.凡是本期发生的收入或费用,只要没有实际收到或付出款项,都不作为本期收入或费用处理

3.下列各项中,属于会计中期的会计期间有(　　)。

A.年度　　B.半年度　　C.季度　　D.月度

4.下列叙述中正确的有(　　)。

A.会计主体与法律主体并非对等

B.法人可作为会计主体

C.企业会计确认、计量和报告应当以持续经营为前提

D.会计主体不一定是法人

5.财务成果的计算和处理一般包括(　　)。

A.利润的计算　　B.所得税的计算　　C.利润分配　　D.亏损弥补

实训材料

无

自我提高再训练任务2

实训准备

认真阅读本教材项目一、二相关知识。

实训要求

认真阅读以下判断题,思考分析得出正确答案后在括号内填写。正确的打√,错误的打×。

实训资料

判断题

1.我国会计核算只能以人民币作为记账本位币,不得以外币记账。( )

2.在借贷记账法下,账户的借方登记增加数,贷方登记减少数。( )

3.会计包括五个要素。( )

4.会计主体不一定是法律主体,但法律主体一定是会计主体。( )

5.预付账款属于资产类会计科目。( )

6.任何经济业务发生后,都会引起资产、负债和所有者权益这三个会计要素在数量上发生增减变化,但不会破坏会计基本等式的平衡关系。( )

7.一个营业周期就是一年。( )

8.支付宝收支业务采用“银行存款”进行核算。( )

9.预收账款属于负债类会计科目。( )

10.应付债款属于负债类会计科目。( )

自我提高再训练任务3

实训准备

认真阅读本教材项目二:复式记账。

实训要求

1.根据所提供的经济业务,判断哪些会计要素发生了增减变动。

2.在表格中填写正确答案。

实训资料

会计要素变动分析表

序号	经济业务(会计事项)	哪些会计要素发生增减变动
1	2021 年 1 月 10 日陈小隆创办一家小型服装厂,投资现金 20 万元。	
2	2021 年 1 月 10 日陈小隆将现金 10 万元存入创办公司银行账户。	
3	2021 年 1 月 15 日陈小隆用现金 3 万元买入生产用机器设备。	
4	2021 年 1 月 20 日陈小隆用现金 2 万元购入一批原材料,准备用于生产服装。	
5	2021 年 1 月 25 日以现金支付销售业务员出差费用 2 500 元。	
6	2021 年 1 月 25 日以现金支付管理部门电话费、网络费 500 元。	
7	2021 年 1 月 30 日销售商品,取得现金收入 1 万元。	
8	2021 年 2 月 21 日陈小隆向银行借 10 万元流动资金借款,期限 6 个月。款项已经到公司账上。	

实训材料

无

自我提高再训练任务 4

实训准备

认真阅读本教材项目二:复式记账

实训要求

1.根据所提供的经济业务,判断哪些会计要素发生了增减变动,在表格中填写正确答案。

2.根据所提供的经济业务进行分析,并写出相应的会计分录。

实训资料

兴隆公司2021年2月,部分经济业务如下:

序号	经济业务	一方变动	对应方变动	会计分录
例	从银行收到加华公司投入的货币资金。	银行存款这项资产增加	实收资本这项所有者权益同时增加	借:银行存款 贷:实收资本
1	开出现金支票,从银行领出现金。			
2	从银行支付管理部门电费。			
3	向银行借入期限9个月的流动资金贷款,款项已到企业银行账户。			
4	以现金支付购买原材料的货款,材料已经到货并验收入库。			
5	从微信账户收到老板个人借给公司的款项。			
6	从支付宝账户支付销售部的网络费用。			

自我提高再训练任务5

实训准备

1.认真阅读本教材项目三:借贷记账法应用。

2.了解制造业企业资金筹集过程的经济业务。

实训要求

1.根据所提供的制造业企业资金筹集过程经济业务分析会计要素变动情况。

2.根据所提供的制造业企业资金筹集过程经济业务编制会计分录。

实训资料

兴隆公司2021年10月发生下列经济业务:

1.2021年10月1日,从工商银行收到股东王明敏投资款50 000元。

2.2021年10月2日,鑫达公司以一项专利权投资入股,协议价80 000元,当日验收交接完成。

3.2021 年 10 月 7 日，为扩大企业规模，经协商，接受弘伟公司投入资本金 100 000 元，款项已经存入银行。

4.2021 年 10 月 9 日，从支付宝借呗借入 8 000 元，款项当即到达公司的支付宝账户。

5.2021 年 10 月 15 日，从微信账户收到张平总经理个人借给公司的款项 60 000 元。

6.2021 年 10 月 16 日，兴隆公司向工商银行贷取流动资金贷款 100 000 元，期限 9 个月，所借款项已经存入银行。

7.2021 年 10 月 20 日，从支付宝账户归还张平总经理之前借给公司的款项 60 000 元。

8.2021 年 10 月 21 日，从工商银行支付本月应承担的银行借款利息 2 500 元。

9.2021 年 10 月 28 日，从支付宝账户归还之前向借呗借入的款项 8 000 元，利息 200 元。

实训材料

会计分录练习纸一张。

自我提高再训练任务 6

采购业务办理

——《基础会计》小组项目任务

（说明：本项目任务书由周丽华高级会计师原创，正在申请著作权，仅供学生完成任务时参考，未经同意，谢绝任何形式引用、传播。）

项目任务书

一、任务背景

采购，是企业经济活动的开始，也是日常生活中经常做的一件事。如何运用会计专业知识在请购、询价、确定供应商、签订购销合同、实施采购等环节完成一项富有成效的采购工作，是十分有意义的。

本项目任务采用项目任务法，引入美国教学法，即：“老师是导演，学生是演员”。

二、素质目标

1.培养敏锐的市场眼光。

2.培养实事求是的科学态度。

3.培养良好的执行力。

4.培养良好的团队合作能力。

5.培养良好的沟通协作能力。

三、能力目标

1.能够在工作与学习小组中进行合理分工。

2.能够制订合理有效的工作计划。

3.能够运用各种信息渠道收集采购物品价格信息。

4.能够合理选择供应商。

5.能够对工作过程进行准确描述。

6.能够制作上台汇报用的 PPT。

7.能够正确介绍表达本组的工作成果。

8.能够较好完成上台推介任务。

9.能够准确完成本次任务的实训小结。

四、知识目标

1.掌握基础会计中关于采购的专业知识。

2.了解采购基本方法。

3.了解各供货平台基本信息。

4.掌握供应商确定方法。

5.了解沟通合作技巧。

6.掌握 PPT 制作方法。

五、任务过程建议

为让学生更好完成本项目任务,可以给出 2～4 节课时,让学生可以在图书馆、学生宿舍、教室、操场、学生街等完成相关工作。可以建一个组长群,老师适时跟进指导。小组建立微信群,在各不同场景工作过程应拍照并做到汇报用的 PPT 中。

1.抽签或自行组成 5 人一组的工作小组,选出组长、资料收集人、PPT 制作人、上台推介人、评委,并上报任课老师。

2.组长组织本组成员,讨论确定拟采购商品,具体到品牌、商品名称、规格、型号、颜色、数量等。

3.组长组织本组成员分工协作,选择多个网络平台,也可以实地考察,对所确定商品进行询价并逐一截图保存。

4.对收集的信息进行比较分析，研讨选择并确定一个供应商。

5.比较并计算各平台收集的相关商品价格信息，设计表格计算采购成本节约额。

6.制作本项目任务报告用的 PPT。

7.上台推介人熟悉所有资料并进行上台推介演练。(注意掌握时间和讲述重点。)

8.召开上台推介会，各组完成上台推介，现场回答老师及同学的提问。

9.完成本项目任务的实训小结。

六、工作成果要求

在本学习与工作任务中，您与您的小组应该完成以下工作：

1.对确定采购的商品进行调查、询价，并确定供应商。

2.计算各平台收集的相关商品价格信息，设计表格计算成本节约额。

(1)建立电子表格，计算各平台商品价格情况。

(2)建立电子表格，计算商品采购成本。包括进价、相关采购费用(如运费、网络费、电话费、人工费等)。

(3)建立电子表格，计算本次采购节约成本(计算最优价格与最高价格之间节约了多少)。

(4)假设不考虑进项税。

3.将以上方案制作成 PPT，对上台报告用 PPT 的建议如下：

(1)在 PPT 母版中写上学校全称、课程名称、任务名称、制作时间。

(2)本 PPT 目录

(3)PPT 的第 1 页是小组名称(具体为：××系或二级学院《基础会计》课程××小组)。

(4)PPT 的第 2～3 页是小组分工及介绍(含小组成员个人照片或个人漫画)。

(5)PPT 的第 3～4 页是工作计划、实际进度、工作过程介绍(含调查过程照片、工作过程照片等)，具体可以参考如下内容，写成文字形式或表格形式均可。

工作过程记录表

本项目工作时间	组员	工作计划	实际工作内容记录
2021 年　月　日 下午 2:30—5:20	张三		
	李四		
2021 年　月　日上午	张三		
	李四		
……			

(5)PPT 的第 4(或 6)页后开始根据本项目任务第七部分:"工作成果要求"进行项目介绍。

(6)PPT 的倒数第 1 页是致谢。

(7)PPT 的倒数第 2～N 页写出本次项目任务的收获与不足。

(8)PPT 的倒数第 3～N 页写出本次项目任务实施过程的思考与争议。

以上 PPT 若遇到太多的文字解释说明或者报表,请使用超链接方式展示,不要使用密密麻麻文字进行说明,也可以把打印的推介稿件带上台。

七、上台推介会的要求

本次任务从 20　年　月　日开始,　月　日举行项目任务报告会。

1.上台推介要求

(1)仪容端庄,态度亲切自然,开始时要自我介绍,礼貌问候。

(2) 每组上台推介时间掌握在 10 分钟。超时扣分,推介时请把握好时间。

(3)明确推介主体,上台推介人就是本工作小组创办的虚拟采购部的职员或经理。

(4)推介结束,礼貌致谢,小组合影。(各组合影要提前准备,合影造型各有创意)

2.听众的要求

没有上台推介的学生均是推介会的听众,聆听时要专心、有礼貌,注重专业性,注意记录疑问及存在问题,准备提问,及时鼓掌鼓励。

3.听众提问的技巧

在进行提问的时候,要先自报家门(例如:您好,我是第一组的张三,请问:……),理性看待问题,要有针对性地提问,不要提太离谱的问题。

4.回答问题的要求

回答问题时间控制在 2 分钟内，当其他小组提问时，要做好记录，针对性回答，如果上台推介人不能准确回答，可以请本组其他成员协助回答。

5.执笔人要求

执笔人将收集的资料进行分类整理，提供给 PPT 制作人，协助完成上台推介的 PPT 制作，同时也帮助上台推介人撰写上台讲演稿。

6.对主持人的要求

(1)主持人要撰写主持稿，安排各组上台推介顺序(可以抽取也可以由主持人确定)。

(2)主持人要灵活应变，掌控整个推介会，在上台推介人将要超时的前 3 分钟给予提醒，对超时 5 分钟以上的不再给予演讲时间，要求停止讲演。

(3)主持人要掌控推介会提问环节，当多人同时举手提问时，由主持人按顺序指定哪位先提问。

(4)当提问环节出现大的争论或争吵时，主持人要技巧性地及时调停。

(5)提问环节出现冷场时，主持人要适时机智、幽默地活跃气氛，主动提问暖场。

7.对评委的要求

(1)评委可以为包括本组的所有小组打分。

(2)评委在打分时应公平、公正、严谨。

(3)评委应同时推荐 2 位优秀上台推介人、2 位优秀 PPT 制作人、2 位优秀听众。

八、考核与评价

本项目任务在整个课程考核中所占的比重为 15%。本项目任务考核维度比较多，综合后分配到学生个人分值。

本项目任务采用综合评价。各组成绩算出来后，按比例计入学生个人成绩。

评分参考：

(1)采购方案得分根据任务书第七点要求评分。

(2)上台推介效果根据上台推介人讲解是否顺畅、表达是否正确等评分。

(3)组织纪律及综合素质根据各组实际情况评分：到场准时得 2 分；认真聆听得 5 分；保持环境卫生得 3 分。

(4)任务完成及时性根据各组完成情况及其是否准时上交填写。

(详见实训材料)

九、实训小结

项目任务完成后,每位同学都要填写《采购业务办理项目任务实训小结》,正确评价自己在本任务中的角色、工作,分析收获与不足。(详见实训材料)

自我提高再训练任务 7

实训准备

1.认真阅读本教材项目三:借贷记账法应用。

2.熟悉制造业企业采购供应过程常见经济业务的会计核算方法。

实训要求

1.根据所提供的制造业企业采购供应过程经济业务分析会计要素变动情况。

2.根据所提供的制造业企业采购供应过程经济业务计算并编制会计分录。

实训资料

1.红日贸易公司是小规模纳税人企业,2021 年 10 月 3 日,购买 D 材料价值 10 000 元,同时支付运费 200 元,材料已验收入库,从银行账户支付全部货款。

2.红日贸易公司是小规模纳税人企业,2021 年 10 月 5 日,购买 D 材料价值 10 000 元,材料已验收入库,从支付宝账户支付全部货款。

3.红日贸易公司是小规模纳税人企业,2021 年 10 月 9 日,购买 E 材料价值 30 000 元,材料已验收入库,从微信账户支付 10 000 元,其余货款尚未支付。

4.红日贸易公司以现金支付采购人员报销的电话费 200 元。

5.高隆达公司是一般纳税人企业,2021 年 10 月 5 日,向福建利达公司购买 Z 材料价值 100 000元,增值税率 13%,增值税专用发票上注明的增值税额为 13 000 元;材料已验收入库,从银行支付全部货款。

6.高隆达公司是一般纳税人企业,2021 年 10 月 13 日,向福建明利达公司购买 Z 材料价值 200 000 元,增值税率 13%,增值税专用发票上注明的增值税额为 26 000 元;材料均已验收入库,货款均尚未支付。

7.高隆达公司是一般纳税人企业,2021 年 10 月 15 日,向厦门宏利公司购买 Z 材料价值 20 000 元,增值税专用发票上注明的增值税额为 2 600 元,材料未到,货款从支付宝账户付清。

8.高隆达公司 2021 年 10 月 15 日向厦门宏利公司购买 Z 材料,从微信账户支付了长途运费 1000 元,运费的增值税扣除率为 6%,可抵扣进项税 60 元。

9.高隆达公司 2021 年 10 月 25 日,以现金支付采购人员出差费用 1 020 元。

实训材料

1.采购供应过程经济业务会计要素变动情况分析表一张。

2.编制会计分录用空白练习纸一张。

自我提高再训练任务 8

实训准备

1.认真阅读本教材项目三:借贷记账法应用。

2.了解制造业生产过程的主要经济业务。

实训要求

1.根据所提供的制造业生产过程经济业务分析会计要素变动情况。

2.根据所提供的制造业生产过程经济业务编制会计分录,并与同学交换互相审核。

实训资料

兴隆公司 2021 年 10 月发生下列经济业务:

1.2021 年 10 月 5 日,办公室王明报销差旅费 2 000 元,以微信转账支付。

2.2021 年 10 月 10 日,从银行转账支付第一车间财产保险费 800 元。

3.2021 年 10 月 12 日,从银行转账支付生产车间设备修理费 7 000 元,管理部门修理费 700 元。

4.2021 年 10 月 30 日,从支付宝转账支付第一车间本月电话费 1 200 元。

5.2021 年 10 月 30 日,从支付宝账户支付本月电费,其中第一车间 2 000 元,第二车间 2 300元。

6.2021 年 10 月 31 日,计算并提取本月固定资产折旧,其中生产车间设备折旧 6 000 元,厂部管理部门办公设备折旧 2 000 元,销售部门办公设备折旧 800 元。

7.2021 年 10 月 31 日,计提本月应付职工薪酬,生产 A 产品工人工资 30 000 元,生产 B 产品工人工资 35 000 元,车间管理人员工资 6 000 元,销售部门员工工资 5 000 元,厂部管理部门管理人员工资 6 000 元。共计 82 000 元。

8.2021 年 10 月 31 日，从当月领料汇总表得知，仓库发出甲材料 250 000 元，其中用于生产 A 产品 150 000 元，用于生产 B 产品 100 000 元。

9.2021 年 10 月 31 日，车间管理部门领用修理备件 3 200 元。

10.2021 年 10 月 31 日，销售部门领用劳保用品 2 500 元。

11.2021 年 10 月 31 日，行政管理部门领用低值易耗品 780 元。

12.2021 年 10 月 31 日，计算并结转本月生产的 A 产品完工入库 180 000 元，B 产品完工入库 100 000 元。

实训材料

编制会计分录用空白练习纸 2 张

自我提高再训练任务 9

实训准备

1.认真阅读本教材项目三：借贷记账法应用。

2.了解制造业企业销售过程基本经济业务核算。

实训要求

1.根据所提供的制造业企业销售过程经济业务分析会计要素变动情况。

2.根据所提供的制造业企业销售过程经济业务编制会计分录，并与同学交换互相审核。

实训资料

1.假定兴隆公司是小规模纳税人，月销售收入不足 15 万元，按税收优惠政策规定不用缴税。2021 年 9 月、10 月发生下列服装销售业务：

(1)2021 年 9 月 6 日，从银行收到华门商场预付购买服装货款 12 000 元。

(2)2021 年 10 月 9 日，宁夏商场购买服装一批，总价款 9 000 元，产成品已经发出，款项已转到银行账户。

(3)2021 年 10 月 20 日，向华门商场发出服装一批，价款 60 000 元，货已发出，9 月 6 日已收到一笔华门商场预付货款。

2.假设福兴公司为一般纳税人，2021 年 10 月该公司发生下列经济业务：

(1)2021 年 10 月 8 日,以现金支付销售部门李明报销差旅费 3 800 元。

(2)2021 年 10 月 8 日,从工商银行支付展销会展位费 7 200 元。

(3)2021 年 10 月 11 日,向华胜公司出售衬衫 400 件,每件售价 50 元,增值税税率 13%,产品已发出,款项尚未收到。

(4)2021 年 10 月 12 日,向信德公司出售服装 500 套,每套售价 100 元,增值税税率 13%,产品已发出,款项已从支付宝账户收存。

(5)2021 年 10 月 13 日,销售服装一批,总价 200 000 元,增值税税率 13%,厦门三丰贸易公司全额开了 6 个月期的商业承兑汇票一张,汇票已由本公司出纳员收存,货已发出。

(6)2021 年 10 月 15 日,出售多余原材料,价款 1 000 元,从微信收到该款项。

(7)2021 年 10 月 31 日,计算当月应交城市维护建设税 1 200 元,教育费附加 600 元。

(8)2021 年 10 月 31 日,月末结转本月销售原材料成本 500 元。

(9)2021 年 10 月 31 日,月末结转本月销售的产品成本 180 000 元。

实训材料

编制会计分录用空白练习纸 2 张。

自我提高再训练任务 10

实训准备

1.认真阅读本教材项目三:借贷记账法应用。

2.了解制造业企业财务成果核算相关经济业务。

实训要求

1.根据所提供的制造业企业财务成果相关经济业务分析会计要素变动情况。

2.根据所提供的制造业企业财务成果相关经济业务编制会计分录。

实训资料

兴隆公司 2021 年 10 月发生下列经济业务:

1.2021 年 10 月 8 日,因台风造成库存原材料报废,价值 3 000 元,经批准直接列营业外支出。

2.2021 年 10 月 15 日,因供应单位利加公司倒闭,应付账款 1 600 元无法支付,经批准列营业外收入。

3.2021 年 10 月 31 日,接受香港万龙公司捐赠价值 50 000 元的设备一台,机器已经验收交付使用。

4.2021 年 10 月 31 日,将兴隆公司 10 月份发生的各收入账户余额结转到“本年利润”账户,主营业务收入 27 000 元,其他业务收入 1 000 元,营业外收入 51 600 元。

5.2021 年 10 月 31 日,将兴隆公司 10 月份部分成本费用账户余额结转到“本年利润”账户,主营业务成本 20 000 元,其他业务成本 500 元,营业外支出 3 000 元。

6.2021 年 10 月 31 日,假设兴隆公司 9 月份的利润 20 000 元,所得税税率为 20%,计算本月应交所得税。

实训材料

1.财务成果相关经济业务会计要素变动情况分析表 1 张。

2.编制会计分录用空白练习纸 1 张。

自我提高再训练任务 11

实训准备

1.认真阅读本教材项目四:会计凭证。

2.了解制造业企业反映经济业务的原始凭证。

实训要求

根据所提供的企业信息,按规定正确填写原始凭证。

实训资料

兴隆公司的相关信息

兴隆公司相关信息	兴隆公司开户银行信息	客户:华门商场的信息
纳税人识别号:356222541 付款行名称:中国银行漳州城西分行 地址电话:福建省漳州市金峰开发区,0596－7115461 出票人账号: 65111252 出纳:李红梅 制单:陈明发	开户银行:中国银行漳州城西分行 地址:福建省漳州市城西 15 号 行号:963582224	纳税人识别号:75866231 地址:福建省泉州市丰泽路 74 号 电话:0595－2557861 开户银行:中国银行泉州丰泽支行 账号:875593

1.2021 年 10 月 2 日,兴隆公司签发现金支票,提取备用金 72 360 元。请填写现金支票。

2.2021 年 10 月 9 日,办公室朱军预借出差款 4 000 元。出纳员李红梅以现金付讫。请填

写借款单。(注:部门负责人:杨沁心;单位领导:吴为,财务经理:张士达。以上借款领导已审批同意)

3.2021 年 10 月 11 日,出纳李红梅收到保卫科胡志兵交来的罚款 600 元,请填写收款收据。

4.2021 年 10 月 15 日,销售部王伟红出差福州对未来市场进行考察,回来后填写差旅费报销单。详细情况如下:10 月 10 日坐动车从厦门到福州,车费 105 元;10 月 13 日坐动车从福州到厦门,车费 125 元;市内交通费 30 元;住宿费 800 元;出差补贴一天 50 元。火车票、发票等原始票据共 6 张。请帮他填写差旅费报销单。

实训材料

1.空白现金支票 2 张。

2.空白借款单 2 张。

3.空白收款收据 2 张。

4.空白差旅费报销单 2 张。

自我提高再训练任务 12

实训准备

1.认真阅读本教材项目四:会计凭证。

2.了解记账凭证填写方法。

实训要求

按规定正确填写记账凭证。

实训资料

1.本教材自我提高再训练任务 8 制造业企业生产过程经济业务 1～10 题。

2.本教材自我提高再训练任务 8 会计分录。

实训材料

记账凭证 12 张。

自我提高再训练任务 13

实训准备

1.认真阅读本教材项目五:会计账簿。

2.了解制造业企业会计账簿启用表填写方法。

实训要求

根据以下企业信息,按规定填写银行存款日记账启用表。

实训资料

兴隆公司开户银行:中国银行漳州城西分行。从 2021 年 10 月 1 日开始登记银行存款日记账,是第 3 本账册。出纳员李红梅负责该日记账的登记,单位负责人:吴为;主办会计:张士达;复核人:张士达。

实训材料

会计账簿启用表 2 张。

自我提高再训练任务 14

实训准备

1.认真阅读本教材项目五:会计账簿。

2.了解制造业企业会计账簿设置及登记方法。

实训要求

按规定登记银行存款日记账。

实训资料

1.根据本教材自我提高再训练任务 8、9 相关题目已做出的会计分录,登记银行存款日记账。

2.假设 2021 年 10 月 28 日兴隆公司银行存款余额为 75 600 元。

实训材料

银行存款日记账账页 2 张。

自我提高再训练任务 15

实训准备

1.认真阅读本教材项目六：财产清查。

2.了解银行存款余额调节表填写方法。

实训要求

根据以下企业及银行信息，按规定编制银行存款余额调节表。

实训资料

兴隆公司 2021 年 10 月 31 日与银行对账发现以下未达账项：

1.兴隆公司 2021 年 10 月 31 日开出转账支票支付前欠账款 23 400 元，企业账上已经登记支出，银行尚未记账。

2.销售产品 42 240 元，收到支票一张送存银行，企业已经登记收入，银行尚未记账。

3.银行代扣电话费 2 300 元，企业尚未收到账单，银行已经记账，企业未记支出。

4.客户汇入保证金 10 000 元，企业尚未收到账单，银行已经记账，企业未记收入。

实训材料

银行存款余额调节表 2 张

自我提高再训练任务 16

实训准备

1.认真阅读本教材项目七：财务报表。

2.了解制造业企业利润表编制方法。

实训要求

根据以下企业信息，按规定填写利润表。

实训资料

科目余额表

企业名称:兴隆公司　　会计期间:2021 年 10 月　　单位:元

科目名称	期初余额		本期发生额		期末余额	
主营业务收入				468 000		
其他业务收入				10 000		
主营业务成本			329 000			
其他业务成本			15 300			
税金及附加			4 600			
管理费用			30 300			
销售费用			18 500			
财务费用			4 500			
投资收益				25 000		
营业外收入				4 200		
营业外支出			85 100			
所得税费用			4 975			

实训材料

利润表 2 张。

自我提高再训练任务 17

实训准备

1.认真阅读本教材项目七:财务报表。

2.了解制造业企业资产负债表编制方法。

实训要求

根据以下企业信息，按规定填写资产负债表。

实训资料

2021 年 10 月科目明细余额表

编制单位：漳州市兴隆股份有限公司　　　　单位：元

序号	科目名称	期初借方	期初贷方	期末借方	期末贷方
1	库存现金	600		800	
2	银行存款	105 600		2 025 900	
3	其他货币资金	138 580		161 300	
4	其他应收款	12 000		330 000	
5	应收账款	178 000		28 000	
6	预收账款		50 000		0.00
7	生产成本	25 000		35 000	
8	原材料	694 900		560 000	
9	库存商品	1 284 320		320 000	
10	固定资产	290 000		290 000	
11	累计折旧		12 000		20 000.00
12	实收资本		2 000 000		2 000 000
13	应付账款		152 000		980 000
14	短期借款		500 000		700 000
15	本年利润		0		36 000
16	利润分配		15 000		15 000
合计		2 729 000	2 729 000	3 751 000	3 751 000

实训材料

空白资产负债表 2 张。

高职高专财会专业课程思政教材

基础会计实训材料

主　编　陈　莺　周丽华
副主编　陈瑞芳　吴晓玲　陈泽罕　朱燕红

厦门大学出版社　国家一级出版社
XIAMEN UNIVERSITY PRESS　全国百佳图书出版单位

目　录

自我提高再训练任务实训材料 4

会计分录练习纸一张

自我提高再训练任务实训材料 5

会计分录练习纸一张

自我提高再训练任务实训材料 6

空白练习纸一张

自我提高再训练任务实训材料 7

采购供应过程经济业务会计要素变动情况分析表

采购供应过程经济业务会计要素变动情况分析表

经济业务序号	哪些会计要素发生增减变动
1	
2	
3	
4	
5	
6	

编制会计分录用空白练习纸一张

自我提高再训练任务实训材料 8

生产过程经济业务会计要素变动情况分析表

生产过程经济业务会计要素变动情况分析表

经济业务序号	哪些会计要素发生增减变动
1	
2	
3	
4	
5	
6	
7	
8	
9	
10	

编制会计分录用空白练习纸一张

自我提高再训练任务实训材料 9

销售过程经济业务会计要素变动情况分析表

销售过程经济业务会计要素变动情况分析表

经济业务序号	哪些会计要素发生增减变动
1	
2	
3	
4	
5	
6	
7	
8	

编制会计分录用空白练习纸一张

自我提高再训练任务实训材料 10

财务成果经济业务会计要素变动情况分析表

财务成果经济业务会计要素变动情况分析表

经济业务序号	哪些会计要素发生增减变动
1	
2	
3	
4	
5	
6	

编制会计分录用空白练习纸一张

自我提高再训练任务实训材料 11

空白现金支票 2 张

中国银行
现金支票存根（京）
$\frac{GE}{02}$ 23097142

附加信息

出票日期　年　月　日

收款人：

金　额：

用　途：

单位主管　会计

中国银行　现金支票（京）北京　$\frac{GE}{02}$ 23097142

出票日期（大写）　年　月　日　付款行名称：中国银行漳州城西分行

收款人：　出票人账号：65111252

本支票付款期限十天

人民币（大写）	亿	千	百	十	万	千	百	十	元	角	分

用途＿＿＿＿＿

上列款项请从

我账户内支付

出票人签章　复核　记账

正面　背面

中国银行
现金支票存根（京）
$\frac{GE}{02}$ 23097142

附加信息

出票日期　年　月　日

收款人：

金　额：

用　途：

单位主管　会计

中国银行　现金支票（京）北京　$\frac{GE}{02}$ 23097142

出票日期（大写）　年　月　日　付款行名称：中国银行漳州城西分行

收款人：　出票人账号：65111252

本支票付款期限十天

人民币（大写）	亿	千	百	十	万	千	百	十	元	角	分

用途＿＿＿＿＿

上列款项请从

我账户内支付

出票人签章　复核　记账

正面　背面

空白借款单 2 张

借 款 单

年 月 日 第089 号

<table>
<tr><td>借款部门</td><td></td><td>姓名</td><td></td><td>事由</td><td></td></tr>
<tr><td colspan="2">借款金额（大写）</td><td colspan="4">万 仟 佰 拾 元 角 分 ￥</td></tr>
<tr><td>部 门
负责人
签 署</td><td></td><td>借款人
签 章</td><td></td><td>注意事项</td><td>一、凡借用公款必须使用本单
二、出差返回后三天内结算</td></tr>
<tr><td>单 位
领 导
批 示</td><td></td><td>财 务
经 理
审 核
意 见</td><td colspan="3"></td></tr>
</table>

借 款 单

年 月 日 第089 号

<table>
<tr><td>借款部门</td><td></td><td>姓名</td><td></td><td>事由</td><td></td></tr>
<tr><td colspan="2">借款金额（大写）</td><td colspan="4">万 仟 佰 拾 元 角 分 ￥</td></tr>
<tr><td>部 门
负责人
签 署</td><td></td><td>借款人
签 章</td><td></td><td>注意事项</td><td>一、凡借用公款必须使用本单
二、出差返回后三天内结算</td></tr>
<tr><td>单 位
领 导
批 示</td><td></td><td>财 务
经 理
审 核
意 见</td><td colspan="3"></td></tr>
</table>

空白收款收据 2 张

收　　据

年　月　日　（税章）　No 022441

交款单位______________________ 交款人__________

交　　来______________________________________

人民币（大写）______________________ 小写__________

单位盖章：　会计：　出纳：

收　　据

年　月　日　（税章）　No 022441

交款单位______________________ 交款人__________

交　　来______________________________________

人民币（大写）______________________ 小写__________

单位盖章：　会计：　出纳：

空白差旅费报销单 2 张

差旅费报销单

年　月　日

所属部门					姓名		出差天数	自　月　日至　月　日共　天
出差事由					借旅支费	日期		金额¥
						结算金额:¥		
出发		到达		起止地点	交通费	住宿费	伙食费	其他
月	日	月	日					
合计				拾　万　仟　佰　拾　元　角　分　¥				

总经理：　财务经理：　部门经理：　会计：　出纳：　报销人：

差旅费报销单

年　月　日

所属部门					姓名		出差天数	自　月　日至　月　日共　天
出差事由					借旅支费	日期		金额¥
						结算金额:¥		
出发		到达		起止地点	交通费	住宿费	伙食费	其他
月	日	月	日					
合计				拾　万　仟　佰　拾　元　角　分　¥				

总经理：　财务经理：　部门经理：　会计：　出纳：　报销人：

自我提高再训练任务实训材料 12

记账凭证 12 张

记 账 凭 证

年 月 日 ____字第____号

摘 要	总账科目	明细科目	√	借方金额										贷方金额									
				千	百	十	万	千	百	十	元	角	分	千	百	十	万	千	百	十	元	角	分
合 计																							

会计主管 记账 出纳 审核 制单

记 账 凭 证

年 月 日 ____字第____号

摘 要	总账科目	明细科目	√	借方金额										贷方金额									
				千	百	十	万	千	百	十	元	角	分	千	百	十	万	千	百	十	元	角	分
合 计																							

会计主管 记账 出纳 审核 制单

记 账 凭 证

年 月 日 ____字第____号

摘 要	总账科目	明细科目	√	借方金额										贷方金额									
				千	百	十	万	千	百	十	元	角	分	千	百	十	万	千	百	十	元	角	分
合 计																							

会计主管 记账 出纳 审核 制单

记 账 凭 证

年 月 日 ____字第____号

摘 要	总账科目	明细科目	√	借方金额										贷方金额									
				千	百	十	万	千	百	十	元	角	分	千	百	十	万	千	百	十	元	角	分
合 计																							

会计主管 记账 出纳 审核 制单

记 账 凭 证

年 月 日　　　　____字第____号

摘 要	总账科目	明细科目	√	借方金额										贷方金额									
				千	百	十	万	千	百	十	元	角	分	千	百	十	万	千	百	十	元	角	分
合 计																							

会计主管　　　　记账　　　　出纳　　　　审核　　　　制单

记 账 凭 证

年 月 日　　　　____字第____号

摘 要	总账科目	明细科目	√	借方金额										贷方金额									
				千	百	十	万	千	百	十	元	角	分	千	百	十	万	千	百	十	元	角	分
合 计																							

会计主管　　　　记账　　　　出纳　　　　审核　　　　制单

记 账 凭 证

年 月 日 ____字第____号

摘 要	总账科目	明细科目	√	借方金额										贷方金额									
				千	百	十	万	千	百	十	元	角	分	千	百	十	万	千	百	十	元	角	分
合 计																							

会计主管 记账 出纳 审核 制单

记 账 凭 证

年 月 日 ____字第____号

摘 要	总账科目	明细科目	√	借方金额										贷方金额									
				千	百	十	万	千	百	十	元	角	分	千	百	十	万	千	百	十	元	角	分
合 计																							

会计主管 记账 出纳 审核 制单

记　账　凭　证

年　　月　　日　　　　　　　　____字第____号

摘　要	总账科目	明细科目	√	借方金额										贷方金额									
				千	百	十	万	千	百	十	元	角	分	千	百	十	万	千	百	十	元	角	分
合　计																							

会计主管　　　　记账　　　　出纳　　　　审核　　　　制单

记　账　凭　证

年　　月　　日　　　　　　　　____字第____号

摘　要	总账科目	明细科目	√	借方金额										贷方金额									
				千	百	十	万	千	百	十	元	角	分	千	百	十	万	千	百	十	元	角	分
合　计																							

会计主管　　　　记账　　　　出纳　　　　审核　　　　制单

记 账 凭 证

年 月 日　　　　____字第____号

摘　要	总账科目	明细科目	√	借方金额										贷方金额									
				千	百	十	万	千	百	十	元	角	分	千	百	十	万	千	百	十	元	角	分
合　计																							

会计主管　　记账　　出纳　　审核　　制单

记 账 凭 证

年 月 日　　　　____字第____号

摘　要	总账科目	明细科目	√	借方金额										贷方金额									
				千	百	十	万	千	百	十	元	角	分	千	百	十	万	千	百	十	元	角	分
合　计																							

会计主管　　记账　　出纳　　审核　　制单

自我提高再训练任务实训材料 13

会计账簿启用表 2 张

账 簿 启 用 表

<table>
<tr><td>机构名称</td><td colspan="12"></td><td colspan="4">印　鉴</td></tr>
<tr><td>账簿名称</td><td colspan="12">（第 册）</td><td colspan="4" rowspan="4"></td></tr>
<tr><td>账簿编号</td><td colspan="12"></td></tr>
<tr><td>账簿页数</td><td colspan="12">本账簿共计　　页（本账簿页数
检点人盖章　　）</td></tr>
<tr><td>启用日期</td><td colspan="12">公元　年　月　日</td></tr>
<tr><td rowspan="3">经管人员</td><td colspan="2">负责人</td><td colspan="2">主办会计</td><td colspan="4">复核</td><td colspan="8">记账</td></tr>
<tr><td>姓名</td><td>盖章</td><td>姓名</td><td>盖章</td><td colspan="3">姓名</td><td>盖章</td><td colspan="3">姓名</td><td colspan="5">盖章</td></tr>
<tr><td></td><td></td><td></td><td></td><td colspan="3"></td><td></td><td colspan="3"></td><td colspan="5"></td></tr>
<tr><td rowspan="6">接交记录</td><td colspan="4">经管人员</td><td colspan="4">接管</td><td colspan="8">交出</td></tr>
<tr><td colspan="2">职别</td><td colspan="2">姓名</td><td>年</td><td>月</td><td>日</td><td>盖章</td><td>年</td><td>月</td><td>日</td><td colspan="5">盖章</td></tr>
<tr><td colspan="2"></td><td colspan="2"></td><td></td><td></td><td></td><td></td><td></td><td></td><td></td><td colspan="5"></td></tr>
<tr><td colspan="2"></td><td colspan="2"></td><td></td><td></td><td></td><td></td><td></td><td></td><td></td><td colspan="5"></td></tr>
<tr><td colspan="2"></td><td colspan="2"></td><td></td><td></td><td></td><td></td><td></td><td></td><td></td><td colspan="5"></td></tr>
<tr><td colspan="2"></td><td colspan="2"></td><td></td><td></td><td></td><td></td><td></td><td></td><td></td><td colspan="5"></td></tr>
<tr><td>备注</td><td colspan="16"></td></tr>
</table>

账簿启用表

<table>
<tr><td>机构名称</td><td colspan="8"></td><td colspan="4">印　鉴</td></tr>
<tr><td>账簿名称</td><td colspan="8">（第　册）</td><td colspan="4" rowspan="4"></td></tr>
<tr><td>账簿编号</td><td colspan="8"></td></tr>
<tr><td>账簿页数</td><td colspan="8">本账簿共计　　页（本账簿页数检点人盖章　　）</td></tr>
<tr><td>启用日期</td><td colspan="8">公元　年　月　日</td></tr>
<tr><td rowspan="3">经管人员</td><td colspan="2">负责人</td><td colspan="2">主办会计</td><td colspan="4">复核</td><td colspan="4">记账</td></tr>
<tr><td>姓名</td><td>盖章</td><td>姓名</td><td>盖章</td><td colspan="3">姓名</td><td>盖章</td><td colspan="3">姓名</td><td>盖章</td></tr>
<tr><td></td><td></td><td></td><td></td><td colspan="3"></td><td></td><td colspan="3"></td><td></td></tr>
<tr><td rowspan="6">接交记录</td><td colspan="4">经管人员</td><td colspan="4">接管</td><td colspan="4">交出</td></tr>
<tr><td colspan="2">职别</td><td colspan="2">姓名</td><td>年</td><td>月</td><td>日</td><td>盖章</td><td>年</td><td>月</td><td>日</td><td>盖章</td></tr>
<tr><td colspan="2"></td><td colspan="2"></td><td></td><td></td><td></td><td></td><td></td><td></td><td></td><td></td></tr>
<tr><td colspan="2"></td><td colspan="2"></td><td></td><td></td><td></td><td></td><td></td><td></td><td></td><td></td></tr>
<tr><td colspan="2"></td><td colspan="2"></td><td></td><td></td><td></td><td></td><td></td><td></td><td></td><td></td></tr>
<tr><td colspan="2"></td><td colspan="2"></td><td></td><td></td><td></td><td></td><td></td><td></td><td></td><td></td></tr>
<tr><td>备注</td><td colspan="12"></td></tr>
</table>

自我提高再训练任务实训材料 14

银行存款日记账账页 2 张

银行存款日记账

年		凭证编号	对方科目	摘要	√	借方(收入)金额										贷方(支出)金额										余额									
月	日					千	百	十	万	千	百	十	元	角	分	千	百	十	万	千	百	十	元	角	分	千	百	十	万	千	百	十	元	角	分

银行存款日记账

年		凭证编号	对方科目	摘要	√	借方(收入)金额										贷方(支出)金额										余额									
月	日					千	百	十	万	千	百	十	元	角	分	千	百	十	万	千	百	十	元	角	分	千	百	十	万	千	百	十	元	角	分

自我提高再训练任务实训材料 15

银行存款余额调节表 2 张

银行存款余额调节表

单位名称：　　　　　　　　年　　月　　日　　　　　　　　单位:元

项　　目	金额	项　　目	金额
银行存款日记账余额	23 010	银行对账单余额	11 870
加:银行已收,企业未收		加:企业已收,银行未收	
减:银行已付,企业未付		减:企业已付,银行未付	
调节后的存款余额		调节后的存款余额	

主管会计：　　　　　　　　制表：

银行存款余额调节表

单位名称：　　　　　　　　年　　月　　日　　　　　　　　单位:元

项　　目	金额	项　　目	金额
银行存款日记账余额	23 010	银行对账单余额	11 870
加:银行已收,企业未收		加:企业已收,银行未收	
减:银行已付,企业未付		减:企业已付,银行未付	
调节后的存款余额		调节后的存款余额	

主管会计：　　　　　　　　制表：

自我提高再训练任务实训材料 16

空白记账凭证 8 张

记 账 凭 证

年 月 日　　　　____字第____号

摘　要	总账科目	明细科目	√	借方金额										贷方金额									
				千	百	十	万	千	百	十	元	角	分	千	百	十	万	千	百	十	元	角	分
合　计																							

会计主管　　记账　　出纳　　审核　　制单

记 账 凭 证

年 月 日　　　　____字第____号

摘　要	总账科目	明细科目	√	借方金额										贷方金额									
				千	百	十	万	千	百	十	元	角	分	千	百	十	万	千	百	十	元	角	分
合　计																							

会计主管　　记账　　出纳　　审核　　制单

记 账 凭 证

年 月 日 ____字第____号

摘 要	总账科目	明细科目	√	借方金额										贷方金额									
				千	百	十	万	千	百	十	元	角	分	千	百	十	万	千	百	十	元	角	分
合 计																							

会计主管 记账 出纳 审核 制单

记 账 凭 证

年 月 日 ____字第____号

摘 要	总账科目	明细科目	√	借方金额										贷方金额									
				千	百	十	万	千	百	十	元	角	分	千	百	十	万	千	百	十	元	角	分
合 计																							

会计主管 记账 出纳 审核 制单

记 账 凭 证

年 月 日　　　　____字第____号

摘　要	总账科目	明细科目	√	借方金额										贷方金额									
				千	百	十	万	千	百	十	元	角	分	千	百	十	万	千	百	十	元	角	分
合　计																							

会计主管　　记账　　出纳　　审核　　制单

记 账 凭 证

年 月 日　　　　____字第____号

摘　要	总账科目	明细科目	√	借方金额										贷方金额									
				千	百	十	万	千	百	十	元	角	分	千	百	十	万	千	百	十	元	角	分
合　计																							

会计主管　　记账　　出纳　　审核　　制单

记 账 凭 证

年 月 日 ____字第____号

摘 要	总账科目	明细科目	√	借方金额										贷方金额									
				千	百	十	万	千	百	十	元	角	分	千	百	十	万	千	百	十	元	角	分
合 计																							

会计主管 记账 出纳 审核 制单

记 账 凭 证

年 月 日 ____字第____号

摘 要	总账科目	明细科目	√	借方金额										贷方金额									
				千	百	十	万	千	百	十	元	角	分	千	百	十	万	千	百	十	元	角	分
合 计																							

会计主管 记账 出纳 审核 制单

自我提高再训练任务实训材料 17

空白利润表 2 张

利润表

编制单位： 2013 年 月 单位:元

项　　目	行次	本月金额	本月累计
一、营业收入	1		
减:营业成本	2		
营业税金及附加	3		
管埋费用	4		
销售费用	5		
财务费用	6		
加：投资收益	7		
二、营业利润	8		
加:营业外收入	9		
减:营业外支出	10		
三、利润总额	11		
减:所得税费用	12		
四、净利润	13		

单位负责人： 财务负责人： 审核： 制表：

利润表

编制单位：　　2013 年　　月　　单位:元

项　　目	行次	本月金额	本月累计
一、营业收入	1		
减:营业成本	2		
营业税金及附加	3		
管理费用	4		
销售费用	5		
财务费用	6		
加：投资收益	7		
二、营业利润	8		
加:营业外收入	9		
减:营业外支出	10		
三、利润总额	11		
减:所得税费用	12		
四、净利润	13		

单位负责人：　　财务负责人：　　审核：　　制表：

自我提高再训练任务实训材料 18

空白资产负债表 2 张

资产负债表

单位名称： 年 月 日 单位:元

项 目	行次	年初数	年末数	项 目	行次	年初数	年末数
流动资产：				**流动负债：**			
货币资金	1			短期借款	20		
应收票据	2			应付票据	21		
应收账款	3			应付账款	22		
预付账款	4			预收账款	23		
应收利息	5			应付职工薪酬	24		
应收股利	6			应交税费	25		
其他应收款	7			应付利息	26		
存货	8			应付股利	27		
其他流动资产	9			其他应付款	28		
流动资产合计				**流动负债合计**			
非流动资产：				**非流动负债：**			
长期应收款	10			长期借款	29		
固定资产	11			应付债券	30		
减：累计折旧	12			长期应付款	31		
固定资产净值	13			专项应付款	32		
在建工程	14			**非流动负债合计**			
工程物资	15			**负债合计**			
固定资产清理	16			**所有者权益：**			
无形资产	17			实收资本	33		
开发支出	18			资本公积	34		
长期待摊费用	19			盈余公积	35		
				未分配利润	36		
非流动资产合计				**所有者权益合计**			
资产总计				**负债和所有者权益合计**			

单位负责人： 财务负责人： 复核： 制表：

资产负债表

单位名称：　　　　　　　　　　　年　　月　　日　　　　　　　　　　单位：元

项　目	行次	年初数	年末数	项　目	行次	年初数	年末数
流动资产：				**流动负债：**			
货币资金	1			短期借款	20		
应收票据	2			应付票据	21		
应收账款	3			应付账款	22		
预付账款	4			预收账款	23		
应收利息	5			应付职工薪酬	24		
应收股利	6			应交税费	25		
其他应收款	7			应付利息	26		
存货	8			应付股利	27		
其他流动资产	9			其他应付款	28		
流动资产合计				**流动负债合计**			
非流动资产：				**非流动负债：**			
长期应收款	10			长期借款	29		
固定资产	11			应付债券	30		
减：累计折旧	12			长期应付款	31		
固定资产净值	13			专项应付款	32		
在建工程	14			**非流动负债合计**			
工程物资	15			**负债合计**			
固定资产清理	16			**所有者权益：**			
无形资产	17			实收资本	33		
开发支出	18			资本公积	34		
长期待摊费用	19			盈余公积	35		
				未分配利润	36		
非流动资产合计				**所有者权益合计**			
资产总计				**负债和所有者权益合计**			

单位负责人：　　　　　　财务负责人：　　　　　　复核：　　　　　　制表：

附　录

小企业会计准则

中华人民共和国财政部 财会〔2011〕17 号

第一章　总则

第一条　为了规范小企业会计确认、计量和报告行为，促进小企业可持续发展，发挥小企业在国民经济和社会发展中的重要作用，根据《中华人民共和国会计法》及其他有关法律和法规，制定本准则。

第二条　本准则适用于在中华人民共和国境内依法设立的、符合《中小企业划型标准规定》所规定的小型企业标准的企业。

下列三类小企业除外：

(一)股票或债券在市场上公开交易的小企业。

(二)金融机构或其他具有金融性质的小企业。

(三)企业集团内的母公司和子公司。

前款所称企业集团、母公司和子公司的定义与《企业会计准则》的规定相同。

第三条　符合本准则第二条规定的小企业，可以执行本准则，也可以执行《企业会计准则》。

(一)执行本准则的小企业，发生的交易或者事项本准则未作规范的，可以参照《企业会计准则》中的相关规定进行处理。

(二)执行《企业会计准则》的小企业，不得在执行《企业会计准则》的同时，选择执行本准则的相关规定。

(三)执行本准则的小企业公开发行股票或债券的，应当转为执行《企业会计准则》；因经营规模或企业性质变化导致不符合本准则第二条规定而成为大中型企业或金融企业的，应当从次年 1 月 1 日起转为执行《企业会计准则》。

(四)已执行《企业会计准则》的上市公司、大中型企业和小企业，不得转为执行本准则。

第四条　执行本准则的小企业转为执行《企业会计准则》时，应当按照《企业会计准则第

38号——首次执行企业会计准则》等相关规定进行会计处理。

第二章 资产

第五条 资产，是指小企业过去的交易或者事项形成的、由小企业拥有或者控制的、预期会给小企业带来经济利益的资源。

小企业的资产按照流动性，可分为流动资产和非流动资产。

第六条 小企业的资产应当按照成本计量，不计提资产减值准备。

第一节 流动资产

第七条 小企业的流动资产，是指预计在1年内(含1年，下同)或超过1年的一个正常营业周期内变现、出售或耗用的资产。

小企业的流动资产包括：货币资金、短期投资、应收及预付款项、存货等。

第八条 短期投资，是指小企业购入的能随时变现并且持有时间不准备超过1年(含1年，下同)的投资，如小企业以赚取差价为目的从二级市场购入的股票、债券、基金等。

短期投资应当按照以下规定进行会计处理：

(一)以支付现金取得的短期投资，应当按照购买价款和相关税费作为成本进行计量。

实际支付价款中包含的已宣告但尚未发放的现金股利或已到付息期但尚未领取的债券利息，应当单独确认为应收股利或应收利息，不计入短期投资的成本。

(二)在短期投资持有期间，被投资单位宣告分派的现金股利或在债务人应付利息日按照分期付息、一次还本债券投资的票面利率计算的利息收入，应当计入投资收益。

(三)出售短期投资，出售价款扣除其账面余额、相关税费后的净额，应当计入投资收益。

第九条 应收及预付款项，是指小企业在日常生产经营活动中发生的各项债权。包括：应收票据、应收账款、应收股利、应收利息、其他应收款等应收款项和预付账款。

应收及预付款项应当按照发生额入账。

第十条 小企业应收及预付款项符合下列条件之一的，减除可收回的金额后确认的无法收回的应收及预付款项，作为坏账损失：

(一)债务人依法宣告破产、关闭、解散、被撤销，或者被依法注销、吊销营业执照，其清算财产不足清偿的。

(二)债务人死亡，或者依法被宣告失踪、死亡，其财产或者遗产不足清偿的。

(三)债务人逾期3年以上未清偿，且有确凿证据证明已无力清偿债务的。

(四)与债务人达成债务重组协议或法院批准破产重整计划后，无法追偿的。

(五)因自然灾害、战争等不可抗力导致无法收回的。

(六)国务院财政、税务主管部门规定的其他条件。

应收及预付款项的坏账损失应当于实际发生时计入营业外支出，同时冲减应收及预付款项。

第十一条 存货，是指小企业在日常生产经营过程中持有以备出售的产成品或商品、处在生产过程中的在产品、将在生产过程或提供劳务过程中耗用的材料和物料等，以及小企业（农、林、牧、渔业）为出售而持有的，或在将来收获为农产品的消耗性生物资产。

小企业的存货包括：原材料、在产品、半成品、产成品、商品、周转材料、委托加工物资、消耗性生物资产等。

（一）原材料，是指小企业在生产过程中经加工改变其形态或性质并构成产品主要实体的各种原料及主要材料、辅助材料、外购半成品（外购件）、修理用备件（备品备件）、包装材料、燃料等。

（二）在产品，是指小企业正在制造尚未完工的产品。包括：正在各个生产工序加工的产品，以及已加工完毕但尚未检验或已检验但尚未办理入库手续的产品。

（三）半成品，是指小企业经过一定生产过程并已检验合格交付半成品仓库保管，但尚未制造完工成为产成品，仍需进一步加工的中间产品。

（四）产成品，是指小企业已经完成全部生产过程并已验收入库，

符合标准规格和技术条件，可以按照合同规定的条件送交订货单位，或者可以作为商品对外销售的产品。

（五）商品，是指小企业（批发业、零售业）外购或委托加工完成并已验收入库用于销售的各种商品。

（六）周转材料，是指小企业能够多次使用、逐渐转移其价值但仍保持原有形态且不确认为固定资产的材料。包括：包装物、低值易耗品、小企业（建筑业）的钢模板、木模板、脚手架等。

（七）委托加工物资，是指小企业委托外单位加工的各种材料、商品等物资。

（八）消耗性生物资产，是指小企业（农、林、牧、渔业）生长中的大田作物、蔬菜、用材林以及存栏待售的牲畜等。

第十二条 小企业取得的存货，应当按照成本进行计量。

（一）外购存货的成本包括：购买价款、相关税费、运输费、装卸费、保险费以及在外购存货过程发生的其他直接费用，但不含按照税法规定可以抵扣的增值税进项税额。

（二）通过进一步加工取得存货的成本包括：直接材料、直接人工以及按照一定方法分配的制造费用。

经过1年期以上的制造才能达到预定可销售状态的存货发生的借款费用，也计入存货的成本。

前款所称借款费用，是指小企业因借款而发生的利息及其他相关成本。包括：借款利息、辅助费用以及因外币借款而发生的汇兑差额等。

（三）投资者投入存货的成本，应当按照评估价值确定。

（四）提供劳务的成本包括：与劳务提供直接相关的人工费、材料费和应分摊的间接费用。

（五）自行栽培、营造、繁殖或养殖的消耗性生物资产的成本，应当按照下列规定确定：

1.自行栽培的大田作物和蔬菜的成本包括：在收获前耗用的种子、肥料、农药等材料费、人工费和应分摊的间接费用。

2.自行营造的林木类消耗性生物资产的成本包括：郁闭前发生的造林费、抚育费、营林设施费、良种试验费、调查设计费和应分摊的间接费用。

3.自行繁殖的育肥畜的成本包括：出售前发生的饲料费、人工费和应分摊的间接费用。

4.水产养殖的动物和植物的成本包括：在出售或入库前耗用的苗种、饲料、肥料等材料费、人工费和应分摊的间接费用。

（六）盘盈存货的成本，应当按照同类或类似存货的市场价格或评估价值确定。

第十三条 小企业应当采用先进先出法、加权平均法或者个别计价法确定发出存货的实际成本。计价方法一经选用，不得随意变更。

对于性质和用途相似的存货，应当采用相同的成本计算方法确定发出存货的成本。

对于不能替代使用的存货、为特定项目专门购入或制造的存货以及提供的劳务，采用个别计价法确定发出存货的成本。

对于周转材料，采用一次转销法进行会计处理，在领用时按其成本计入生产成本或当期损益；金额较大的周转材料，也可以采用分次摊销法进行会计处理。出租或出借周转材料，不需要结转其成本，但应当进行备查登记。

对于已售存货，应当将其成本结转为营业成本。

第十四条 小企业应当根据生产特点和成本管理的要求，选择适合于本企业的成本核算对象、成本项目和成本计算方法。

小企业发生的各项生产费用，应当按照成本核算对象和成本项目分别归集。

（一）属于材料费、人工费等直接费用，直接计入基本生产成本和辅助生产成本。

（二）属于辅助生产车间为生产产品提供的动力等直接费用，可以先作为辅助生产成本进行归集，然后按照合理的方法分配计入基本生产成本；也可以直接计入所生产产品发生的生产成本。

（三）其他间接费用应当作为制造费用进行归集，月度终了，再按一定的分配标准，分配计入有关产品的成本。

第十五条 存货发生毁损，处理收入、可收回的责任人赔偿和保险赔款，扣除其成本、相关税费后的净额，应当计入营业外支出或营业外收入。

盘盈存货实现的收益应当计入营业外收入。

盘亏存货发生的损失应当计入营业外支出。

第二节 长期投资

第十六条 小企业的非流动资产，是指流动资产以外的资产。

小企业的非流动资产包括：长期债券投资、长期股权投资、固定资产、生产性生物资产、无形资产、长期待摊费用等。

第十七条 长期债券投资，是指小企业准备长期(在1年以上，下同)持有的债券投资。

第十八条 长期债券投资应当按照购买价款和相关税费作为成本进行计量。

实际支付价款中包含的已到付息期但尚未领取的债券利息，应当单独确认为应收利息，不计入长期债券投资的成本。

第十九条 长期债券投资在持有期间发生的应收利息应当确认为投资收益。

(一)分期付息、一次还本的长期债券投资，在债务人应付利息日按照票面利率计算的应收未收利息收入应当确认为应收利息，不增加长期债券投资的账面余额。

(二)一次还本付息的长期债券投资，在债务人应付利息日按照票面利率计算的应收未收利息收入应当增加长期债券投资的账面余额。

(三)债券的折价或者溢价在债券存续期间内于确认相关债券利息收入时采用直线法进行摊销。

第二十条 长期债券投资到期，小企业收回长期债券投资，应当冲减其账面余额。处置长期债券投资，处置价款扣除其账面余额、相关税费后的净额，应当计入投资收益。

第二十一条 小企业长期债券投资符合本准则第十条所列条件之一的，减除可收回的金额后确认的无法收回的长期债券投资，作为长期债券投资损失。

长期债券投资损失应当于实际发生时计入营业外支出，同时冲减长期债券投资账面余额。

第二十二条 长期股权投资，是指小企业准备长期持有的权益性投资。

第二十三条 长期股权投资应当按照成本进行计量。

(一)以支付现金取得的长期股权投资，应当按照购买价款和相关税费作为成本进行计量。

实际支付价款中包含的已宣告但尚未发放的现金股利，应当单独确认为应收股利，不计入长期股权投资的成本。

(二)通过非货币性资产交换取得的长期股权投资，应当按照换出非货币性资产的评估价值和相关税费作为成本进行计量。

第二十四条 长期股权投资应当采用成本法进行会计处理。

在长期股权投资持有期间，被投资单位宣告分派的现金股利或利润，应当按照应分得的金额确认为投资收益。

第二十五条 处置长期股权投资，处置价款扣除其成本、相关税费后的净额，应当计入投资收益。

第二十六条 小企业长期股权投资符合下列条件之一的，减除可收回的金额后确认的无法收回的长期股权投资，作为长期股权投资损失：

(一)被投资单位依法宣告破产、关闭、解散、被撤销，或者被依法注销、吊销营业执照的。

(二)被投资单位财务状况严重恶化，累计发生巨额亏损，已连续停止经营3年以上，且无重新恢复经营改组计划的。

（三）对被投资单位不具有控制权，投资期限届满或者投资期限已超过10年，且被投资单位因连续3年经营亏损导致资不抵债的。

（四）被投资单位财务状况严重恶化，累计发生巨额亏损，已完成清算或清算期超过3年以上的。

（五）国务院财政、税务主管部门规定的其他条件。

长期股权投资损失应当于实际发生时计入营业外支出，同时冲减长期股权投资账面余额。

第三节　固定资产和生产性生物资产

第二十七条　固定资产，是指小企业为生产产品、提供劳务、出租或经营管理而持有的，使用寿命超过1年的有形资产。

小企业的固定资产包括：房屋、建筑物、机器、机械、运输工具、设备、器具、工具等。

第二十八条　固定资产应当按照成本进行计量。

（一）外购固定资产的成本包括：购买价款、相关税费、运输费、装卸费、保险费、安装费等，但不含按照税法规定可以抵扣的增值税进项税额。

以一笔款项购入多项没有单独标价的固定资产，应当按照各项固定资产或类似资产的市场价格或评估价值比例对总成本进行分配，分别确定各项固定资产的成本。

（二）自行建造固定资产的成本，由建造该项资产在竣工决算前发生的支出（含相关的借款费用）构成。

小企业在建工程在试运转过程中形成的产品、副产品或试车收入冲减在建工程成本。

（三）投资者投入固定资产的成本，应当按照评估价值和相关税费确定。

（四）融资租入的固定资产的成本，应当按照租赁合同约定的付款总额和在签订租赁合同过程中发生的相关税费等确定。

（五）盘盈固定资产的成本，应当按照同类或者类似固定资产的市场价格或评估价值，扣除按照该项固定资产新旧程度估计的折旧后的余额确定。

第二十九条　小企业应当对所有固定资产计提折旧，但已提足折旧仍继续使用的固定资产和单独计价入账的土地不得计提折旧。

固定资产的折旧费应当根据固定资产的受益对象计入相关资产成本或者当期损益。

前款所称折旧，是指在固定资产使用寿命内，按照确定的方法对应计折旧额进行系统分摊。应计折旧额，是指应当计提折旧的固定资产的原价（成本）扣除其预计净残值后的金额。预计净残值，是指固定资产预计使用寿命已满，小企业从该项固定资产处置中获得的扣除预计处置费用后的净额。已提足折旧，是指已经提足该项固定资产的应计折旧额。

第三十条　小企业应当按照年限平均法（即直线法，下同）计提折旧。小企业的固定资产由于技术进步等原因，确需加速折旧的，可以采用双倍余额递减法和年数总和法。

小企业应当根据固定资产的性质和使用情况，并考虑税法的规定，合理确定固定资产的使用寿命和预计净残值。

固定资产的折旧方法、使用寿命、预计净残值一经确定，不得随意变更。

第三十一条 小企业应当按月计提折旧，当月增加的固定资产，当月不计提折旧，从下月起计提折旧；当月减少的固定资产，当月仍计提折旧，从下月起不计提折旧。

第三十二条 固定资产的日常修理费，应当在发生时根据固定资产的受益对象计入相关资产成本或者当期损益。

第三十三条 固定资产的改建支出，应当计入固定资产的成本，但已提足折旧的固定资产和经营租入的固定资产发生的改建支出应当计入长期待摊费用。

前款所称固定资产的改建支出，是指改变房屋或者建筑物结构、延长使用年限等发生的支出。

第三十四条 处置固定资产，处置收入扣除其账面价值、相关税费和清理费用后的净额，应当计入营业外收入或营业外支出。

前款所称固定资产的账面价值，是指固定资产原价（成本）扣减累计折旧后的金额。

盘亏固定资产发生的损失应当计入营业外支出。

第三十五条 生产性生物资产，是指小企业（农、林、牧、渔业）为生产农产品、提供劳务或出租等目的而持有的生物资产。包括：经济林、薪炭林、产畜和役畜等。

第三十六条 生产性生物资产应当按照成本进行计量。

（一）外购的生产性生物资产的成本，应当按照购买价款和相关税费确定。

（二）自行营造或繁殖的生产性生物资产的成本，应当按照下列规定确定：

1.自行营造的林木类生产性生物资产的成本包括：达到预定生产经营目的前发生的造林费、抚育费、营林设施费、良种试验费、调查设计费和应分摊的间接费用等必要支出。

2.自行繁殖的产畜和役畜的成本包括：达到预定生产经营目的前发生的饲料费、人工费和应分摊的间接费用等必要支出。

前款所称达到预定生产经营目的，是指生产性生物资产进入正常生产期，可以多年连续稳定产出农产品、提供劳务或出租。

第三十七条 生产性生物资产应当按照年限平均法计提折旧。

小企业（农、林、牧、渔业）应当根据生产性生物资产的性质和使用情况，并考虑税法的规定，合理确定生产性生物资产的使用寿命和预计净残值。

生产性生物资产的折旧方法、使用寿命、预计净残值一经确定，不得随意变更。

小企业（农、林、牧、渔业）应当自生产性生物资产投入使用月份的下月起按月计提折旧；停止使用的生产性生物资产，应当自停止使用月份的下月起停止计提折旧。

第四节　无形资产

第三十八条　无形资产，是指小企业为生产产品、提供劳务、出租或经营管理而持有的、没有实物形态的可辨认非货币性资产。

小企业的无形资产包括：土地使用权、专利权、商标权、著作权、非专利技术等。

自行开发建造厂房等建筑物，相关的土地使用权与建筑物应当分别进行处理。外购土地及建筑物支付的价款应当在建筑物与土地使用权之间按照合理的方法进行分配；难以合理分配的，应当全部作为固定资产。

第三十九条　无形资产应当按照成本进行计量。

（一）外购无形资产的成本包括：购买价款、相关税费和相关的其他支出（含相关的借款费用）。

（二）投资者投入的无形资产的成本，应当按照评估价值和相关税费确定。

（三）自行开发的无形资产的成本，由符合资本化条件后至达到预定用途前发生的支出（含相关的借款费用）构成。

第四十条　小企业自行开发无形资产发生的支出，同时满足下列条件的，才能确认为无形资产：

（一）完成该无形资产以使其能够使用或出售在技术上具有可行性；

（二）具有完成该无形资产并使用或出售的意图；

（三）能够证明运用该无形资产生产的产品存在市场或无形资产自身存在市场，无形资产将在内部使用的，应当证明其有用性；

（四）有足够的技术、财务资源和其他资源支持，以完成该无形资产的开发，并有能力使用或出售该无形资产；

（五）归属于该无形资产开发阶段的支出能够可靠地计量。

第四十一条　无形资产应当在其使用寿命内采用年限平均法进行摊销，根据其受益对象计入相关资产成本或者当期损益。

无形资产的摊销期自其可供使用时开始至停止使用或出售时止。有关法律规定或合同约定了使用年限的，可以按照规定或约定的使用年限分期摊销。

小企业不能可靠估计无形资产使用寿命的，摊销期不得低于10年。

第四十二条　处置无形资产，处置收入扣除其账面价值、相关税费等后的净额，应当计入营业外收入或营业外支出。

前款所称无形资产的账面价值，是指无形资产的成本扣减累计摊销后的金额。

第五节　长期待摊费用

第四十三条　小企业的长期待摊费用包括：已提足折旧的固定资产的改建支出、经营租入固定资产的改建支出、固定资产的大修理支出和其他长期待摊费用等。

前款所称固定资产的大修理支出，是指同时符合下列条件的支出：

（一）修理支出达到取得固定资产时的计税基础50%以上；

（二）修理后固定资产的使用寿命延长2年以上。

第四十四条 长期待摊费用应当在其摊销期限内采用年限平均法进行摊销，根据其受益对象计入相关资产的成本或者管理费用，并冲减长期待摊费用。

（一）已提足折旧的固定资产的改建支出，按照固定资产预计尚可使用年限分期摊销。

（二）经营租入固定资产的改建支出，按照合同约定的剩余租赁期限分期摊销。

（三）固定资产的大修理支出，按照固定资产尚可使用年限分期摊销。

（四）其他长期待摊费用，自支出发生月份的下月起分期摊销，摊销期不得低于3年。

第三章 负债

第四十五条 负债，是指小企业过去的交易或者事项形成的，预期会导致经济利益流出小企业的现时义务。

小企业的负债按照其流动性，可分为流动负债和非流动负债。

第一节 流动负债

第四十六条 小企业的流动负债，是指预计在1年内或者超过1年的一个正常营业周期内清偿的债务。

小企业的流动负债包括：短期借款、应付及预收款项、应付职工薪酬、应交税费、应付利息等。

第四十七条 各项流动负债应当按照其实际发生额入账。

小企业确实无法偿付的应付款项，应当计入营业外收入。

第四十八条 短期借款应当按照借款本金和借款合同利率在应付利息日计提利息费用，计入财务费用。

第四十九条 应付职工薪酬，是指小企业为获得职工提供的服务而应付给职工的各种形式的报酬以及其他相关支出。

小企业的职工薪酬包括：

（一）职工工资、奖金、津贴和补贴。

（二）职工福利费。

（三）医疗保险费、养老保险费、失业保险费、工伤保险费和生育保险费等社会保险费。

（四）住房公积金。

（五）工会经费和职工教育经费。

(六)非货币性福利。

(七)因解除与职工的劳动关系给予的补偿。

(八)其他与获得职工提供的服务相关的支出等。

第五十条 小企业应当在职工为其提供服务的会计期间,将应付的职工薪酬确认为负债,并根据职工提供服务的受益对象,分别下列情况进行会计处理:

(一)应由生产产品、提供劳务负担的职工薪酬,计入产品成本或劳务成本。

(二)应由在建工程、无形资产开发项目负担的职工薪酬,计入固定资产成本或无形资产成本。

(三)其他职工薪酬(含因解除与职工的劳动关系给予的补偿),计入当期损益。

第二节 非流动负债

第五十一条 小企业的非流动负债,是指流动负债以外的负债。

小企业的非流动负债包括:长期借款、长期应付款等。

第五十二条 非流动负债应当按照其实际发生额入账。

长期借款应当按照借款本金和借款合同利率在应付利息日计提利息费用,计入相关资产成本或财务费用。

第四章 所有者权益

第五十三条 所有者权益,是指小企业资产扣除负债后由所有者享有的剩余权益。

小企业的所有者权益包括:实收资本(或股本,下同)、资本公积、盈余公积和未分配利润。

第五十四条 实收资本,是指投资者按照合同协议约定或相关规定投入到小企业、构成小企业注册资本的部分。

(一)小企业收到投资者以现金或非货币性资产投入的资本,应当按照其在本企业注册资本中所占的份额计入实收资本,超出的部分,应当计入资本公积。

(二)投资者根据有关规定对小企业进行增资或减资,小企业应当增加或减少实收资本。

第五十五条 资本公积,是指小企业收到的投资者出资额超过其在注册资本或股本中所占份额的部分。

小企业用资本公积转增资本,应当冲减资本公积。小企业的资本公积不得用于弥补亏损。

第五十六条 盈余公积,是指小企业按照法律规定在税后利润中提取的法定公积金和任意公积金。

小企业用盈余公积弥补亏损或者转增资本,应当冲减盈余公积。小企业的盈余公积还可以用于扩大生产经营。

第五十七条 未分配利润,是指小企业实现的净利润,经过弥补亏损、提取法定公积金和任意公积金、向投资者分配利润后，留存在本企业的、历年结存的利润。

第五章 收入

第五十八条 收入，是指小企业在日常生产经营活动中形成的、会导致所有者权益增加、与所有者投入资本无关的经济利益的总流入。包括：销售商品收入和提供劳务收入。

第五十九条 销售商品收入，是指小企业销售商品（或产成品、材料，下同）取得的收入。

通常，小企业应当在发出商品且收到货款或取得收款权利时，确认销售商品收入。

（一）销售商品采用托收承付方式的，在办妥托收手续时确认收入。

（二）销售商品采取预收款方式的，在发出商品时确认收入。

（三）销售商品采用分期收款方式的，在合同约定的收款日期确认收入。

（四）销售商品需要安装和检验的，在购买方接受商品以及安装和检验完毕时确认收入。安装程序比较简单的，可在发出商品时确认收入。

（五）销售商品采用支付手续费方式委托代销的，在收到代销清单时确认收入。

（六）销售商品以旧换新的，销售的商品作为商品销售处理，回收的商品作为购进商品处理。

（七）采取产品分成方式取得的收入，在分得产品之日按照产品的市场价格或评估价值确定销售商品收入金额。

第六十条 小企业应当按照从购买方已收或应收的合同或协议价款，确定销售商品收入金额。

销售商品涉及现金折扣的，应当按照扣除现金折扣前的金额确定销售商品收入金额。现金折扣应当在实际发生时，计入当期损益。

销售商品涉及商业折扣的，应当按照扣除商业折扣后的金额确定销售商品收入金额。

前款所称现金折扣，是指债权人为鼓励债务人在规定的期限内付款而向债务人提供的债务扣除。商业折扣，是指小企业为促进商品销售而在商品标价上给予的价格扣除。

第六十一条 小企业已经确认销售商品收入的售出商品发生的销售退回（不论属于本年度还是属于以前年度的销售），应当在发生时冲减当期销售商品收入。

小企业已经确认销售商品收入的售出商品发生的销售折让，应当在发生时冲减当期销售商品收入。

前款所称销售退回，是指小企业售出的商品由于质量、品种不符合要求等原因发生的退货。销售折让，是指小企业因售出商品的质量不合格等原因而在售价上给予的减让。

第六十二条 小企业提供劳务的收入，是指小企业从事建筑安装、修理修配、交通运输、仓储租赁、邮电通信、咨询经纪、文化体育、科学研究、技术服务、教育培训、餐饮住宿、中介代理、卫生保健、社区服务、旅游、娱乐、加工以及其他劳务服务活动取得的收入。

第六十三条 同一会计年度内开始并完成的劳务，应当在提供劳务交易完成且收到款项或取得收款权利时，确认提供劳务收入。提供劳务收入的金额为从接受劳务方已收或应收的合同或协议价款。

劳务的开始和完成分属不同会计年度的，应当按照完工进度确认提供劳务收入。年度资产负债表日，按照提供劳务收入总额乘以完工进度扣除以前会计年度累计已确认提供劳务收入后的金额，确认本年度的提供劳务收入；同时，按照估计的提供劳务成本总额乘以完工进度扣除以前会计年度累计已确认营业成本后的金额，结转本年度营业成本。

第六十四条 小企业与其他企业签订的合同或协议包含销售商品和提供劳务时，销售商品部分和提供劳务部分能够区分且能够单独计量的，应当将销售商品的部分作为销售商品处理，将提供劳务的部分作为提供劳务处理。

销售商品部分和提供劳务部分不能够区分，或虽能区分但不能够单独计量的，应当作为销售商品处理。

第六章　费用

第六十五条 费用，是指小企业在日常生产经营活动中发生的、会导致所有者权益减少、与向所有者分配利润无关的经济利益的总流出。

小企业的费用包括：营业成本、营业税金及附加、销售费用、管理费用、财务费用等。

（一）营业成本，是指小企业所销售商品的成本和所提供劳务的成本。

（二）营业税金及附加，是指小企业开展日常生产经营活动应负担的消费税、营业税、城市维护建设税、资源税、土地增值税、城镇土地使用税、房产税、车船税、印花税和教育费附加、矿产资源补偿费、排污费等。

（三）销售费用，是指小企业在销售商品或提供劳务过程中发生的各种费用。包括：销售人员的职工薪酬、商品维修费、运输费、装卸费、包装费、保险费、广告费、业务宣传费、展览费等费用。

小企业（批发业、零售业）在购买商品过程中发生的费用（包括：运输费、装卸费、包装费、保险费、运输途中的合理损耗和入库前的挑选整理费等）也构成销售费用。

（四）管理费用，是指小企业为组织和管理生产经营发生的其他费用。包括：小企业在筹建期间内发生的开办费、行政管理部门发生的费用（包括：固定资产折旧费、修理费、办公费、水电费、差旅费、管理人员的职工薪酬等）、业务招待费、研究费用、技术转让费、相关长期待摊费用摊销、财产保险费、聘请中介机构费、咨询费（含顾问费）、诉讼费等费用。

（五）财务费用，是指小企业为筹集生产经营所需资金发生的筹资费用。包括：利息费用（减利息收入）、汇兑损失、银行相关手续费、小企业给予的现金折扣（减享受的现金折扣）等费用。

第六十六条 通常,小企业的费用应当在发生时按照其发生额计入当期损益。

小企业销售商品收入和提供劳务收入已予确认的,应当将已销售商品和已提供劳务的成本作为营业成本结转至当期损益。

第七章 利润及利润分配

第六十七条 利润,是指小企业在一定会计期间的经营成果。包括:营业利润、利润总额和净利润。

(一)营业利润,是指营业收入减去营业成本、营业税金及附加、销售费用、管理费用、财务费用,加上投资收益(或减去投资损失)后的金额。

前款所称营业收入,是指小企业销售商品和提供劳务实现的收入总额。投资收益,由小企业股权投资取得的现金股利(或利润)、债券投资取得的利息收入和处置股权投资和债券投资取得的处置价款扣除成本或账面余额、相关税费后的净额三部分构成。

(二)利润总额,是指营业利润加上营业外收入,减去营业外支出后的金额。

(三)净利润,是指利润总额减去所得税费用后的净额。

第六十八条 营业外收入,是指小企业非日常生产经营活动形成的、应当计入当期损益、会导致所有者权益增加、与所有者投入资本无关的经济利益的净流入。

小企业的营业外收入包括:非流动资产处置净收益、政府补助、捐赠收益、盘盈收益、汇兑收益、出租包装物和商品的租金收入、逾期未退包装物押金收益、确实无法偿付的应付款项、已作坏账损失处理后又收回的应收款项、违约金收益等。

通常,小企业的营业外收入应当在实现时按照其实现金额计入当期损益。

第六十九条 政府补助,是指小企业从政府无偿取得货币性资产或非货币性资产,但不含政府作为小企业所有者投入的资本。

(一)小企业收到与资产相关的政府补助,应当确认为递延收益,并在相关资产的使用寿命内平均分配,计入营业外收入。

收到的其他政府补助,用于补偿本企业以后期间的相关费用或亏损的,确认为递延收益,并在确认相关费用或发生亏损的期间,计入营业外收入;用于补偿本企业已发生的相关费用或亏损的,直接计入营业外收入。

(二)政府补助为货币性资产的,应当按照收到的金额计量。

政府补助为非货币性资产的,政府提供了有关凭据的,应当按照凭据上标明的金额计量;政府没有提供有关凭据的,应当按照同类或类似资产的市场价格或评估价值计量。

(三)小企业按照规定实行企业所得税、增值税、消费税、营业税等先征后返的,应当在实际收到返还的企业所得税、增值税(不含出口退税)、消费税、营业税时,计入营业外收入。

第七十条 营业外支出,是指小企业非日常生产经营活动发生的、应当计入当期损益、会导致所有者权益减少、与向所有者分配利润无关的经济利益的净流出。

小企业的营业外支出包括：存货的盘亏、毁损、报废损失，非流动资产处置净损失，坏账损失，无法收回的长期债券投资损失，无法收回的长期股权投资损失，自然灾害等不可抗力因素造成的损失，税收滞纳金，罚金，罚款，被没收财物的损失，捐赠支出，赞助支出等。

通常，小企业的营业外支出应当在发生时按照其发生额计入当期损益。

第七十一条 小企业应当按照企业所得税法规定计算的当期应纳税额，确认所得税费用。

小企业应当在利润总额的基础上，按照企业所得税法规定进行纳税调整，计算出当期应纳税所得额，按照应纳税所得额与适用所得税税率为基础计算确定当期应纳税额。

第七十二条 小企业以当年净利润弥补以前年度亏损等剩余的税后利润，可用于向投资者进行分配。

小企业(公司制)在分配当年税后利润时，应当按照公司法的规定提取法定公积金和任意公积金。

第八章 外币业务

第七十三条 小企业的外币业务由外币交易和外币财务报表折算构成。

第七十四条 外币交易，是指小企业以外币计价或者结算的交易。

小企业的外币交易包括：买入或者卖出以外币计价的商品或者劳务、借入或者借出外币资金和其他以外币计价或者结算的交易。

前款所称外币，是指小企业记账本位币以外的货币。记账本位币，是指小企业经营所处的主要经济环境中的货币。

第七十五条 小企业应当选择人民币作为记账本位币。业务收支以人民币以外的货币为主的小企业，可以选定其中一种货币作为记账本位币，但编报的财务报表应当折算为人民币财务报表。

小企业记账本位币一经确定，不得随意变更，但小企业经营所处的主要经济环境发生重大变化除外。

小企业因经营所处的主要经济环境发生重大变化，确需变更记账本位币的，应当采用变更当日的即期汇率将所有项目折算为变更后的记账本位币。

前款所称即期汇率，是指中国人民银行公布的当日人民币外汇牌价的中间价。

第七十六条 小企业对于发生的外币交易，应当将外币金额折算为记账本位币金额。

外币交易在初始确认时，采用交易发生日的即期汇率将外币金额折算为记账本位币金额；也可以采用交易当期平均汇率折算。

小企业收到投资者以外币投入的资本，应当采用交易发生日即期汇率折算，不得采用合同约定汇率和交易当期平均汇率折算。

第七十七条 小企业在资产负债表日,应当按照下列规定对外币货币性项目和外币非货币性项目进行会计处理:

(一)外币货币性项目,采用资产负债表日的即期汇率折算。因资产负债表日即期汇率与初始确认时或者前一资产负债表日即期汇率不同而产生的汇兑差额,计入当期损益。

(二)以历史成本计量的外币非货币性项目,仍采用交易发生日的即期汇率折算,不改变其记账本位币金额。

前款所称货币性项目,是指小企业持有的货币资金和将以固定或可确定的金额收取的资产或者偿付的负债。货币性项目分为货币性资产和货币性负债。货币性资产包括:库存现金、银行存款、应收账款、其他应收款等;货币性负债包括:短期借款、应付账款、其他应付款、长期借款、长期应付款等。非货币性项目,是指货币性项目以外的项目。包括:存货、长期股权投资、固定资产、无形资产等。

第七十八条 小企业对外币财务报表进行折算时,应当采用资产负债表日的即期汇率对外币资产负债表、利润表和现金流量表的所有项目进行折算。

第九章 财务报表

第七十九条 财务报表,是指对小企业财务状况、经营成果和现金流量的结构性表述。小企业的财务报表至少应当包括下列组成部分:

(一)资产负债表;

(二)利润表;

(三)现金流量表;

(四)附注。

第八十条 资产负债表,是指反映小企业在某一特定日期的财务状况的报表。

(一)资产负债表中的资产类至少应当单独列示反映下列信息的项目:

1.货币资金;

2.应收及预付款项;

3.存货;

4.长期债券投资;

5.长期股权投资;

6.固定资产;

7.生产性生物资产;

8.无形资产;

9.长期待摊费用。

(二)资产负债表中的负债类至少应当单独列示反映下列信息的项目:

1.短期借款；

2.应付及预收款项；

3.应付职工薪酬；

4.应交税费；

5.应付利息；

6.长期借款；

7.长期应付款。

（三）资产负债表中的所有者权益类至少应当单独列示反映下列信息的项目：

1.实收资本；

2.资本公积；

3.盈余公积；

4.未分配利润。

（四）资产负债表中的资产类应当包括流动资产和非流动资产的合计项目；负债类应当包括流动负债、非流动负债和负债的合计项目；所有者权益类应当包括所有者权益的合计项目。

资产负债表应当列示资产总计项目，负债和所有者权益总计项目。

第八十一条 利润表，是指反映小企业在一定会计期间的经营成果的报表。

费用应当按照功能分类，分为营业成本、营业税金及附加、销售费用、管理费用和财务费用等。

利润表至少应当单独列示反映下列信息的项目：

（一）营业收入；

（二）营业成本；

（三）营业税金及附加；

（四）销售费用；

（五）管理费用；

（六）财务费用；

（七）所得税费用；

（八）净利润。

第八十二条 现金流量表，是指反映小企业在一定会计期间现金流入和流出情况的报表。

现金流量表应当分别经营活动、投资活动和筹资活动列报现金流量。现金流量应当分别按照现金流入和现金流出总额列报。

前款所称现金，是指小企业的库存现金以及可以随时用于支付的存款和其他货币资金。

第八十三条 经营活动，是指小企业投资活动和筹资活动以外的所有交易和事项。

小企业经营活动产生的现金流量应当单独列示反映下列信息的项目：

（一）销售产成品、商品、提供劳务收到的现金；

（二）购买原材料、商品、接受劳务支付的现金；

（三）支付的职工薪酬；

（四）支付的税费。

第八十四条 投资活动，是指小企业固定资产、无形资产、其他非流动资产的购建和短期投资、长期债券投资、长期股权投资及其处置活动。

小企业投资活动产生的现金流量应当单独列示反映下列信息的项目：

（一）收回短期投资、长期债券投资和长期股权投资收到的现金；

（二）取得投资收益收到的现金；

（三）处置固定资产、无形资产和其他非流动资产收回的现金净额；

（四）短期投资、长期债券投资和长期股权投资支付的现金；

（五）购建固定资产、无形资产和其他非流动资产支付的现金。

第八十五条 筹资活动，是指导致小企业资本及债务规模和构成发生变化的活动。

小企业筹资活动产生的现金流量应当单独列示反映下列信息的项目：

（一）取得借款收到的现金；

（二）吸收投资者投资收到的现金；

（三）偿还借款本金支付的现金；

（四）偿还借款利息支付的现金；

（五）分配利润支付的现金。

第八十六条 附注，是指对在资产负债表、利润表和现金流量表等报表中列示项目的文字描述或明细资料，以及对未能在这些报表中列示项目的说明等。

附注应当按照下列顺序披露：

（一）遵循小企业会计准则的声明。

（二）短期投资、应收账款、存货、固定资产项目的说明。

（三）应付职工薪酬、应交税费项目的说明。

（四）利润分配的说明。

（五）用于对外担保的资产名称、账面余额及形成的原因；未决诉讼、未决仲裁以及对外提供担保所涉及的金额。

（六）发生严重亏损的，应当披露持续经营的计划、未来经营的方案。

（七）对已在资产负债表和利润表中列示项目与企业所得税法规定存在差异的纳税调整过程。

（八）其他需要在附注中说明的事项。

第八十七条 小企业应当根据实际发生的交易和事项，按照本准则的规定进行确认和计量，在此基础上按月或者按季编制财务报表。

第八十八条 小企业对会计政策变更、会计估计变更和会计差错更正应当采用未来适用法进行会计处理。

前款所称会计政策，是指小企业在会计确认、计量和报告中所采用的原则、基础和会计处理方法。会计估计变更，是指由于资产和负债的当前状况及预期经济利益和义务发生了变化，从而对资产或负债的账面价值或者资产的定期消耗金额进行调整。前期差错包括：计算错误、应用会计政策错误、应用会计估计错误等。未来适用法，是指将变更后的会计政策和会计估计应用于变更日及以后发生的交易或者事项，或者在会计差错发生或发现的当期更正差错的方法。

第十章　附则

第八十九条　符合《中小企业划型标准规定》所规定的微型企业标准的企业参照执行本准则。

第九十条　本准则自 2013 年 1 月 1 日起施行。财政部 2004 年发布的《小企业会计制度》(财会〔2004〕2 号)同时废止。

会计基础工作规范

（1996 年 6 月 17 日财政部财会字 19 号发布）

目　录

第一章　总则

第一条　为了加强会计基础工作，建立规范的会计工作秩序，提高会计工作水平，根据《中华人民共和国会计法》的有关规定，制定本规范。

第二条　国家机关、社会团体、企业、事业单位、个体工商户和其他组织的会计基础工作，应当符合本规范的规定。

第三条　各单位应当依据有关法律、法规和本规范的规定，加强会计基础工作，严格执行会计法规制度，保证会计工作依法有序地进行。

第四条　单位领导人对本单位的会计基础工作负有领导责任。

第五条 各省,自治区、直辖市财政厅(局)要加强对会计基础工作的管理和指导,通过政策引导、经验交流、监督检查等措施,促进基层单位加强会计基础工作,不断提高会计工作水平。

国务院各业务主管部门根据职责权限管理本部门的会计基础工作。

第二章 会计机构和会计人员

第一节 会计机构设置和会计人员配备

第六条 各单位应当根据会计业务的需要设置会计机构;不具备单独设置会计机构条件的,应当在有关机构中配人员。

事业行政单位会计机构的设置和会计人员的配备,应当符合国家统一事业行政单位会计制度的规定。

设置会计机构,应当配备会计机构负责人;在有关机构中配备专职会计人员,应当在专职会计人员中指定会计主管人员。

会计机构负责人、会计主管人员的任免,应当符合《中华人民共和国会计法》和有关法律的规定。

第七条 会计机构负责人、会计主管人员应当具备下列基本条件:

(一)坚持原则,廉洁奉公;

(二)具有会计专业技术资格;

(三)主管一个单位或者单位内一个重要方面的财务会计工作时间不少于 2 年;

(四)熟悉国家财经法律、法规、规章和方针、政策,掌握本行业业务管理的有关知识;

(五)有较强的组织能力;

(六)身体状况能够适应本职工作的要求。

第八条 没有设置会计机构和配备会计人员的单位,应当根据《代理记账管理暂行办法》委托会计师事务所或者持有代理记账许可证书的其他代理记账机构进行代理记账。

第九条 大、中型企业、事业单位、业务主管部门应当根据法律和国家有关规定设置总会计师。总会计师由具有会计师以上专业技术资格的人员担任。

总会计师行使《总会计师条例》规定的职责、权限。

总会计师的任命(聘任)、免职(解聘)依照《总会计师条例》和有关法律的规定办理。

第十条 各单位应当根据会计业务需要配备持有会计证的会计人员。未取得会计证的人员,不得从事会计工作。

第十一条 各单位应当根据会计业务需要设置会计工作岗位。

会计工作岗位上般可分为:会计机构负责人或者会计主管人员,出纳,财产物资核算,工资核算，成本费用核算；财务成果核算，资金核算，往来结算，总账报表，稽核，档案管理等。开展会计电算化和管理会计的单位，可以根据需要设置相应工作岗位，也可以与其他工作岗位相结合。

第十二条 会计工作岗位，可以一人一岗、一人多岗或者一岗多人。但出纳人员不得兼管稽核、会计档案保管和收入、费用、债权债务账目的登记工作。

第十三条 会计人员的工作岗位应当有计划地进行轮换。

第十四条 会计人员应当具备必要的专业知识和专业技能，熟悉国家有关法律、法规，规章和国家统一会计制度，遵守职业道德。

会计人员应当按照国家有关规定参加会计业务的培训。各单位应当合理安排会计人员的培训，保证会计人员每年有一定时间用于学习和参加培训。

第十五条 各单位领导人应当支持会计机构、会计人员依法行使职权；对忠于职守，坚持原则，做出显著成绩的会计机构、会计人员，应当给予精神的和物质的奖励。

第十六条 国家机关、国有企业、事业单位任用会计人员应当实行回避制度。

单位领导人的直系亲属不得担任本单位的会计机构负责人、会计主管人员。会计机构负责人，会计主管人员的直系亲属不得在本单位会计机构中担任出纳工作。

需要回避的直系亲属为：夫妻关系、直系血亲关系、三代以内旁系血亲以及配偶亲关系。

第二节 会计人员职业道德

第十七条 会计人员在会计工作中应当遵守职业道德，树立良好的职业品质、严谨的工作作风，严守工作纪律，努力提高工作效率和工作质量。

第十八条 会计人员应当热爱本职工作，努力钻研业务，使自己的知识和技能适应所从事工作的要求。

第十九条 会计人员应当熟悉财经法律、法规、规章和国家统一会计制度，并结合会计工作进行广泛宣传。

第二十条 会计人员应当按照会计法律、法规和国家统一会计制度规定的程序和要求进行会计工作，保证所提供的会计信息合法、真实、准确、及时、完整。

第二十一条 会计人员办理会计事务应当实事求是、客观公正。

第二十二条 会计人员应当熟悉本单位的生产经营和业务管理情况，运用掌握的会计信息和会计方法，为改善单位内部管理、提高经济效益服务。

第二十三条 会计人员应当保守本单位的商业秘密。除法律规定和单位领导人同意外，不能私自向外界提供或者泄露单位的会计信息。

第二十四条 财政部门、业务主管部门和各单位应当定期检查会计人员遵守职业道德的情况，并作为会计人员晋升、晋级、聘任专业职务、表彰奖励的重要考核依据。

会计人员违反职业道德的，由所在单位进行处罚；情节严重的，由会计证发证机关吊销其会计证。

第三节 会计工作交接

第二十五条 会计人员工作调动或者因故离职，必须将本人所经管的会计工作全部移交给接替人员。没有办清交接手续的，不得调动或者离职。

第二十六条 接替人员应当认真接管移交工作，并继续办理移交的未了事项。

第二十七条 会计人员办理移交手续前，必须及时做好以下工作：

（一）已经受理的经济业务尚未填制会计凭证的，应当填制完毕。

（二）尚未登记的账目，应当登记完毕，并在最后一笔余额后加盖经办人员印章。

（三）整理应该移交的各项资料，对未了事项写出书面材料。

（四）编制移交清册，列明应当移交的会计凭证、会计账簿、会计报表、印章、现金、有价证券、支票簿、发票、文件、其他会计资料和物品等内容；实行会计电算化的单位，从事该项工作的移交人员还应当在移交清册中列明会计软件及密码、会计软件数据磁盘（磁带等）及有关资料、实物等内容。

第二十八条 会计人员办理交接手续，必须有监交人负责监交。一般会计人员交接，由单位会计机构负责人、会计主管人员负责监交；会计机构负责人、会计主管人员交接，由单位领导人负责监交，必要时可由上级主管部门派人会同监交。

第二十九条 移交人员在办理移交时，要按移交清册逐项移交；接替人员要逐项核对点收。

（一）现金、有价证券要根据会计账簿有关记录进行点交。库存现金、有价证券必须与会计账簿记录保持一致。不一致时，移交人员必须限期查清。

（二）会计凭证、会计账簿、会计报表和其他会计资料必须完整无缺。如有短缺，必须查清原因，并在移交清册中注明，由移交人员负责。

（三）银行存款账户余额要与银行对账单核对，如不一致，应当编制银行存款余额调节表调节相符，各种财产物资和债权债务的明细账户余额要与总账有关账户余额核对相符；必要时，要抽查个别账户的余额，与实物核对相符，或者与往来单位、个人核对清楚。

（四）移交人员经管的票据、印章和其他实物等，必须交接清楚；移交人员从事会计电算化工作的，要对有关电子数据在实际操作状态下进行交接。

第三十条 会计机构负责人、会计主管人员移交时，还必须将全部财务会计工作、重大财务收支和会计人员的情况等，向接替人员详细介绍。对需要移交的遗留问题，应当写出书面材料。

第三十一条 交接完毕后，交接双方和监交人员要在移交注册上签名或者盖章，并应在移交注册上注明：单位名称，交接日期，交接双方和监交人员的职务、姓名，移交清册页数以及需要说明的问题和意见等。

移交清册一般应当填制一式三份，交接双方各执一份，存档一份。

第三十二条 接替人员应当继续使用移交的会计账簿，不得自行另立新账，以保持会计记录的连续性。

第三十三条 会计人员临时离职或者因病不能工作且需要接替或者代理的，会计机构负责人、会计主管人员或者单位领导人必须指定有关人员接替或者代理，并办理交接手续。

临时离职或者因病不能工作的会计人员恢复工作的，应当与接替或者代理人员办理交接手续。

移交人员因病或者其他特殊原因不能亲自办理移交的，经单位领导人批准，可由移交人员委托他人代办移交，但委托人应当承担本规范第三十五条规定的责任。

第三十四条 单位撤销时，必须留有必要的会计人员，会同有关人员办理清理工作，编制决算。未移交前，不得离职。接收单位和移交日期由主管部门确定。

单位合并、分立的，其会计工作交接手续比照上述有关规定办理。

第三十五条 移交人员对所移交的会计凭证、会计账簿、会计报表和其他有关资料的合法性、真实性承担法律责任。

第三章 会计核算

第一节 会计核算一般要求

第三十六条 各单位应当按照《中华人民共和国会计法》和国家统一会计制度的规定建立会计账册，进行会计核算，及时提供合法、真实、准确、完整的会计信息。

第三十七条 各单位发生的下列事项，应当及时办理会计手续、进行会计核算：

(一)款项和有价证券的收付；

(二)财物的收发、增减和使用；

(三)债权债务的发生和结算；

(四)资本、基金的增减；

(五)收入、支出、费用、成本的计算；

(六)财务成果的计算和处理；

(七)其他需要办理会计手续、进行会计核算的事项。

第三十八条 各单位的会计核算应当以实际发生的经济业务为依据，按照规定的会计处理方法进行，保证会计指标的口径一致、相互可比和会计处理方法的前后各期相一致。

第三十九条 会计年度自公历 1 月 1 日起至 12 月 31 日止。

第四十条 会计核算以人民币为记账本位币。

收支业务以外国货币为主的单位，也可以选定某种外国货币作为记账本位市，但是编制的会计报表应当折算为人民币反映。

境外单位向国内有关部门编报的会计报表,应当折算为人民币反映。

第四十一条 各单位根据国家统一会计制度的要求,在不影响会计核算要求、会计报表指标汇总和对外统一会计报表的前提下,可以根据实际情况自行设置和使用会计科目。

事业行政单位会计科目的设置和使用,应当符合国家统一事业行政单位会计制度的规定。

第四十二条 会计凭证、会计账簿、会计报表和其他会计资料的内容和要求必须符合国家统一会计制度的规定,不得伪造、变造会计凭证和会计账簿,不得设置账外账,不得报送虚假会计报表。

第四十三条 各单位对外报送的会计报表格式由财政部统一规定。

第四十四条 实行会计电算化的单位,对使用的会计软件及其生成的会计凭证、会计账簿。会计报表和其他会计资料的要求,应当符合财政部关于会计电算化的有关规定。

第四十五条 各单位的会计凭证、会计账簿、会计报表和其他会计资料,应当建立档案,妥善保管。

会计档案建档要求、保管期限、销毁办法等依据《会计档案管理办法》的规定进行。

实行会计电算化的单位,有关电子数据、会计软件资料等应当作为会计档案进行管理。

第四十六条 会计记录的文字应当使用中文,少数民族自治地区可以同时使用少数民族文字。中国境内的外商投资企业、外国企业和其他外国经济组织也可以同时使用某种外国文字。

第二节 填制会计凭证

第四十七条 各单位办理本规范第三十七条规定的事项,必须取得或者填制原始凭证,并及时送交会计机构。

第四十八条 原始凭证的基本要求是:

(一)原始凭证的内容必须具备:凭证的名称;填制凭证的日期;填制凭证单位名称或者填制人姓名;经办人员的签名或者盖章;接受凭证单位名称;经济业务内容;数量、单价和金额

(二)从外单位取得的原始凭证,必须盖有填制单位的公章;从个人取得的原始凭证,必须有填制人员的签名或者盖章。自制原始凭证必须有经办单位领导人或者其指定的人员签名或者盖章。对外开出的原始凭证,必须加盖本单位公章。

(三)凡填有大写和小写金额的原始凭证,大写与小写金额必须相符。购买实物的原始凭证,必须有验收证明。支付款项的原始凭证。必须有收款单位和收款人的收款证明。

(四)一式几联的原始凭证,应当注明各联的用途,只能以一联作为报销凭证。

一式几联的发票和收据,必须用双面复写纸(发票和收据本身具备复写纸功能的除外)套写,并连续编号。作废时应当加盖“作废”戳记,连同存根一起保存,不得撕毁。

(五)发生销货退回的,除填制退货发票外,还必须有退货验收证明;退款时,必须取得对方的收款收据或者汇款银行的凭证,不得以退货发票代替收据。

（六）职工公出借款凭据，必须附在记账凭证之后。收回借款时，应当另开收据或者退还借据副本，不得退还原借款收据。

（七）经上级有关部门批准的经济业务，应当将批准文件作为原始凭证附件；如果批准文件需要单独归档的，应当在凭证上注明批准机关名称、日期和文件字号。

第四十九条 原始凭证不得涂改、挖补。发现原始凭证有错误的，应当由开出单位重开或者更正。

更正处应当加盖开出单位的公章。

第五十条 会计机构、会计人员要根据审核无误的原始凭证填制记账凭证。

记账凭证可以分为收款凭证、付款凭证和转账凭证，也可以使用通用记账凭证。

第五十一条 记账凭证的基本要求是：

（一）记账凭证的内容必须具备：填制凭证的日期；凭证编号；经济业务摘要；会计科目；金额；所附原始凭证张数；填制凭证人员、稽核人员、记账人员、会计机构负责人、会计主管人员签名或者盖章。收款和付款记账凭证还应当由出纳人员签名或者盖章。以自制的原始凭证或者原始凭证汇总表代替记账凭证的，也必须具备记账凭证应有的项目。

（二）填制记账凭证时，应当对记账凭证进行连续编号。一笔经济业务需要填制两张以上记账凭证的，可以采用分数编号法编号：

（三）记账凭证可以根据每一张原始凭证填制，或者根据若干张同类原始凭证汇总填制，也可以根据原始凭证汇总表填制。但不得将不同内容和类别的原始凭证汇总填制在一张记账凭证上。

（四）除结账和更正错误的记账凭证可以不附原始凭证外，其他记账凭证必须附有原始凭证。如果一张原始凭证涉及几张记账凭证，可以把原始凭证附在一张主要的记账凭证后面，并在其他记账凭证上注明附有该原始凭证的记账凭证的编号或者附原始凭证复印件。一张复始凭证所列支出需要几个单位共同负担的，应当将其他单位负担的部分，开给对方原始凭证分割单，进行结算。原始凭证分割单必须具备原始凭证的基本内容：凭证名称、填制凭证日期、填制凭证单位名称或者填制人姓名、经办人的签名或者盖章、接受凭证单位名称、经济业务内容、数量、单价、金额和费用分摊情况等。

（五）如果在填制记账凭证时发生错误，应当重新填制。

已经登记入账的记账凭证，在当年内发现填写错误时，可以用红字填写一张与原内容相同的记账凭证，在摘要栏注明“注销某月某日某号凭证”字样，同时再用蓝字重新填制一张正确的记账凭证，注明“订正某月某日某号凭证”字样。如果会计科目没有错误，只是金额错误，也可以将正确数字与错误数字之间的差额，另编一张调整的记账凭证，调增金额用蓝字，调减金额用红字。发现以前年度记账凭证有错误的，应当用蓝字填制一张更正的记账凭证。

记账凭证填制完经济业务事项后，如有空行，应当自金额栏最后一笔金额数字下的空行处至合计数上的空行处划线注销。

第五十二条 填制会计凭证，字迹必须清晰、工整，并符合下列要求：

（一）阿拉伯数字应当一个一个地写，不得连笔写。阿拉伯金额数字前面应当书写货币币种符号或者货币名称简写和币种符号。币种符号与阿拉伯金额数字之间不得留有空白。凡阿拉伯数字前写有币种符号的，数字后面不再写货币单位

（二）所有以元为单位（其他货币种类为货币基本单位，下同）的阿拉伯数字，除表示单价等情况外，一律填写到角分；元角分的，角位和分位可写“00”，或者符号“——”；有角无分的，分位应当写“0”，不得用符号“——”代替。

（三）汉字大写数字金额如零、壹、贰、叁、肆、伍、陆、柒、捌、玖、拾、佰、仟、万、亿等，一律用正楷或者行书体书写，不得用0、一、二、三、四、五、六、七、八、九、十等简化字代替，不得任意自造简化字。大写金额数字到元或者角为止的，在“元”或者“角”字之后应当写“整”字或者“正”字；大写金额数字有分的，分字后面不写“整”或者“正”字。

（四）大写金额数字前未印有货币名称的，应当加填货币名称，货币名称与金额数字之间不得留有空白。

（五）阿拉伯金额数字中间有“0”时，汉字大写金额要写“零”字；阿拉伯数字金额中间连续有几个“0”时，汉字大写金额中可以只写一个“零”字；阿拉伯金额数字元位是“0”，或者数字中间连续有几个“0”、元位也是“0”但角位不是“0”时，汉字大写金额可以只写一个“零”字，也可以不写“零”字。

第五十三条 实行会计电算化的单位，对于机制记账凭证，要认真审核，做到会计科目使用正确，数字准确无误。打印出的机制记账凭证要加盖制单人员、审核人员、记账人员及会计机构负责人、会计主管人员印章或者签字。

第五十四条 各单位会计凭证的传递程序应当科学、合理，具体办法由各单位根据会计业务需要自行规定。

第五十五条 会计机构、会计人员要妥善保管会计凭证。

（一）会计凭证应当及时传递，不得积压

（二）会计凭证登记完毕后，应当按照分类和编号顺序保管，不得散乱丢失

（三）记账凭证应当连同所附的原始凭证或者原始凭证汇总表，按照编号顺序，折叠整齐，按期装订成册，并加具封面，注明单位名称、年度、月份和起讫日期、凭证种类、起讫号码，由装订人在装订线封签外签名或者盖章。

（四）对于数量过多的原始凭证，可以单独装订保管，在封面上注明记账凭证日期、编号、种类，同时在记账凭证上注明“附件另订”和原始凭证名称及编号。

（五）各种经济合同、存出保证金收据以及涉外文件等重要原始凭证，应当另编目录，单独登记保管，并在有关的记账凭证和原始凭证上相互注明日期和编号。

（六）原始凭证不得外借，其他单位如因特殊原因需要使用原始凭证时，经本单位会计机构负责人、会计主管人员批准，可以复制。向外单位提供的原始凭证复制件，应当在专设的登记

簿上登记，并由提供人员和收取人员共同签名或者盖章。

（七）从外单位取得的原始凭证如有遗失，应当取得原开出单位盖有公章的证明，并注明原来凭证的号码、金额和内容等，由经办单位会计机构负责人、会计主管人员和单位领导人批准后，才能代作原始凭证。如果确实无法取得证明的，如火车、轮船、飞机票等凭证，由当事人写出详细情况，由经办单位会计机构负责人、会计主管人员和单位领导人批准后，代作原始凭证。

第三节　登记会计账簿

第五十六条　各单位应当按照国家统一会计制度的规定和会计业务的需要设置会计账簿。会计账簿包括总账、明细账、日记账和其他辅助性账簿。

第五十七条　现金日记账和银行存款日记账必须采用订本式账簿。不得用银行对账单或者其他方法代替日记账。

第五十八条　实行会计电算化的单位，用计算机打印的会计账簿必须连续编号，经审核无误后装订成册，并由记账人员和会计机构负责人、会计主管人员签字或者盖章。

第五十九条　启用会计账簿时，应当在账簿封面上写明单位名称和账簿名称。在账簿扉页上应当附启用表，内容包括：启用日期、账簿页数、记账人员和会计机构负责人、会计主管人员姓名，并加盖名章和单位公章。记账人员或者会计机构负责人、会计主管人员调动工作时，应当注明交接日期、接办人员或者监交人员姓名，并由交接双方人员签名或者盖章。

启用订本式账簿，应当从第一页到最后一页顺序编定页数，不得跳页、缺号。使用活页式账页，应当按账户顺序编号，并须定期装订成册。装订后再接实际使用的账页顺序编定页码。另加目录，记明每个账户的名称和页次。

第六十条　会计人员应当根据审核无误的会计凭证登记会计账簿。登记账簿的基本要求是：

（一）登记会计账簿时，应当将会计凭证日期、编号、业务内容摘要、金额和其他有关资料逐项记入账内；做到数字准确、摘要清楚、登记及时、字迹工整。

（二）登记完毕后，要在记账凭证上签名或者盖章，并注明已经登账的符号，表示已经记账。

（三）账簿中书写的文字和数字上面要留有适当空格，不要写满格；一般应占格距的二分之一。

（四）登记账簿要用蓝黑墨水或者碳素墨水书写，不得使用圆珠笔（银行的复写账簿除外）或者铅笔书写。

（五）下列情况，可以用红色墨水记账：

1.按照红字冲账的记账凭证，冲销错误记录；

2.在不设借贷等栏的多栏式账页中，登记减少数；

3.在三栏式账户的余额栏前，如未印明余额方面的，在余额栏内登记负数余额；

4.根据国家统一会计制度的规定可以用红字登记的其他会计记录。

（六）各种账簿按页次顺序连续登记，不得跳行、隔页。如果发生跳行、隔页，应当将空行、空页划线注销，或者注明“此行空白”、“此页空白”字样，并由记账人员签名或者盖章。

（七）凡需要结出余额的账户，结出余额后。应当在“借或贷”等栏内写明“借”或者“贷”等字样。没有余额的账户，应当在“借或贷”等栏内写“平”字，并在余额栏内用“Q”表示。

现金日记账和银行存款日记账必须逐日结出余额。

（八）每一账页登记完毕结转下页时，应当结出本页合计数及余额，写在本页最后一行和下页第一行有关栏内，并在摘要栏内注明“过次页”和“承前页”字样；也可以将本页合计数及金额只写在下页第一行有关栏内，并在摘要栏内注明“承前页”字样。

对需要结计本月发生额的账户，结计“过次页”的本页合计数应当为自本月初起至本页末止的发生额合计数；对需要结计本年累计发生额的账户，结计“过次页”的本页合计数应当为自年初起至本页末止的累计数；对既不需要结计本月发生额也不需要结计本年累计发生额的账户，可以只将每页末的余额结转次页。

第六十一条 实行会计电算化的单位，总账和明细账应当定期打印。

发生收款和付款业务的，在输入收款凭证和付款凭证的当天必须打印出现金日记账和银行存款日记账，并与库存现金核对无误。

第六十二条 账簿记录发生错误，不准涂改、挖补、刮擦或者用药水消除字迹，不准重新抄写，必须按照下列方法进行更正：

（一）登记账簿时发生错误，应当将错误的文字或者数字划红线注销，但必须使原有字迹仍可辨认；然后在划线上方填写正确的文字或者数字，并由记账人员在更正处盖章。对于错误的数字，应当全部划红线更正，不得只更正其中的错误数字。对于文字错误，可只划去错误的部分

（二）由于记账凭证错误而使账簿记录发生错误，应当按更正的记账凭证登记账簿。

第六十三条 各单位应当定期对会计账簿记录的有关数字与库存实物、货币资金、有价证券、往来单位或者个人等进行相互核对，保证账证相符、账账相符、账实相符。对账工作每年至少进行一次。

（一）账证核对。核对会计账簿记录与原始凭证、记账凭证的时间、凭证字号、内容、金额是否一致，记账方向是否相符

（二）账账核对。核对不同会计账簿之间的账簿记录是否相符，包括：总账有关账户的余额核对，总账与明细账核对，总账与日记账核对，会计部门的财产物资明细账与财产物资保管和使用部门的有关明细账核对等。

（三）账实核对。核对会计账簿记录与财产等实有数额是否相符。包括：现金日记账账面余额与现金实际库存数相核对；银行存款日记账账面余额定期与银行对账单相核对；各种财物明细账账面余额与财物实存数额相核对；各种应收、应付款明细账账面余额与有关债务、债权单位或者个人核对等。

第六十四条 各单位应当按照规定定期结账。

(一)结账前,必须将本期内所发生的各项经济业务全部登记入账。

(二)结账时,应当结出每个账户的期末余额。需要结出当月发生额的,应当在摘要栏内注明"本月合计"字样,并在下面通栏划单红线。需要结出本年累计发生额的,应当在摘要栏内注明"本年累计"字样,并在下面通栏划单红线;12 月末的"本年累计"就是全年累计发生额。全年累计发生额下面应当通栏划双红线。年度终了结账时,所有总账账户都应当结出全年发生额和年末余额。

(三)年度终了,要把各账户的余额结转到下一会计年度,并在摘要栏注明"结转下年"字样;在下一会计年度新建有关会计账簿的第一行余额栏内填写上年结转的余额,并在摘要栏注明"上年结转"字样。

第四节　编制财务报告

第六十五条　各单位必须按照国家统一会计制度的规定,定期编制财务报告。财务报告包括会计报表及其说明。会计报表包括会计报表主表、会计报表附表、会计报表附注。

第六十六条　各单位对外报送的财务报告应当根据国家统一会计制度规定的格式和要求编制。

单位内部使用的财务报告,其格式和要求由各单位自行规定。

第六十七条　会计报表应当根据登记完整、核对无误的会计账簿记录和其他有关资料编制,做到数字真实、计算准确、内容完整、说明清楚。

任何人不得篡改或者授意、指使、强令他人篡改会计报表的有关数字。

第六十八条　会计报表之间、会计报表各项目之间,凡有对应关系的数字,应当相互一致。本期会计报表与上期会计报表之间有关的数字应当相互衔接。如果不同会计年度会计报表中各项目的内容和核算方法有变更的,应当在年度会计报表中加以说明。

第六十九条　各单位应当按照国家统一会计制度的规定认真编写会计报表附注及其说明,做到项目齐全,内容完整。

第七十条　各单位应当按照国家规定的期限对外报送财务报告。

对外报送的财务报告,应当依次编定页码,加具封面,装订成册,加盖公章。封面上应当注明:单位名称,单位地址,财务报告所属年度、季度、月度,送出日期,并由单位领导人、总会计师、会计机构负责人、会计主管人员签名或者盖章。

单位领导人对财务报告的合法性、真实性负法律责任。

第七十一条　根据法律和国家有关规定应当对财务报告进行审计的,则务报告编制单位应当先行委托注册会计师进行审计,并将注册会计师出具的审计报告随同财务报告按照规定的期限报送有关部门。

第七十二条　如果发现对外报送的财务报告有错误,应当及时办理更正手续。除更正本单位留存的财务报告外,并应同时通知接受财务报告的单位更正。错误较多的,应当重新编报。

第四章 会计监督

第七十三条 各单位的会计机构、会计人员对本单位的经济活动进行会计监督。

第七十四条 会计机构、会计人员进行会计监督的依据是：

(一)财经法律、法规、规章；

(二)会计法律、法规和国家统一会计制度；

(三)各省、自治区、直辖市财政厅(局)和国务院业务主管部门根据《中华人民共和国会计法》和国家统一会计制度制定的具体实施办法或者补充规定；

(四)各单位根据《中华人民共和国会计法》和国家统一会计制度制定的单位内部会计管理制度；

(五)各单位内部的预算、财务计划、经济计划、业务计划。

第七十五条 会计机构、会计人员应当对原始凭证进行审核和监督。

对不真实、不合法的原始凭证，不予受理。对弄虚作假、严重违法的原始凭证，在不予受理的同时，应当予以扣留，并及时向单位领导人报告，请求查明原因，追究当事人的责任。

对记载不明确、不完整的原始凭证，予以退回，要求经办人员更正、补充。

第七十六条 会计机构、会计人员对伪造、变造、故意毁灭会计账簿或者账外设账行为，应当制止和纠正；制止和纠正无效的，应当向上级主管单位报告，请求做出处理。

第七十七条 会计机构、会计人员应当对实物、款项进行监督，督促建立并严格执行财产清查制度。

发现账簿记录与实物、款项不符时，应当按照国家有关规定进行处理。超出会计机构、会计人员职权范围的，应当立即向本单位领导报告，请求查明原因，做出处理。

第七十八条 会计机构、会计人员对指使、强令编造、篡改财务报告行为，应当制止和纠正；制止和纠正无效的，应当向上级主管单位报告，请求处理

第七十九条 会计机构、会计人员应当对财务收支进行监督。

(一)对审批手续不全的财务收支，应当退回，要求补充、更正。

(二)对违反规定不纳入单位统一会计核算的财务收支，应当制止和纠正。

(三)对违反国家统一的财政、财务、会计制度规定的财务收支，不予办理。

(四)对认为是违反国家统一的财政、财务、会计制度规定的财务收支。应当制止和纠正；制止和纠正无效的，应当向单位领导人提出书面意见请求处理。单位领导人应当在接到书面意见起十日内做出书面决定，并对决定承担责任。

(五)对违反国家统一的财政、财务、会计制度规定的财务收支，不予制止和纠正，又不向单位领导人提出书面意见的，也应当承担责任。

(六)对严重违反国家利益和社会公众利益的财务收支，应当向主管单位或者财政、审计、

税务机关报告。

第八十条 会计机构、会计人员对违反单位内部会计管理制度的经济活动，应当制止和纠正；制止和纠正无效的，向单位领导人报告，请求处理。

第八十一条 会计机构、会计人员应当对单位制定的预算、财务计划、经济计划、业务计划的执行情况进行监督。

第八十二条 各单位必须依照法律和国家有关规定接受财政、审计、税务等机关的监督，如实提供会计凭证、会计账簿、会计报表和其他会计资料以及有关情况，不得拒绝、隐匿、谎报。

第八十三条 按照法律规定应当委托注册会计师进行审计的单位，应当委托注册会计师进行审计，并配合注册会计师的工作，如实提供会计凭证、会计账簿、会计报表和其他会计资料以及有关情况，不得拒绝、隐匿、谎报；不得示意注册会计师出具不当的审计报告。

第五章　内部会计管理制度

第八十四条 各单位应当根据《中华人民共和国会计法》和国家统一会计制度的规定，结合单位类型和内容管理的需要，建立健全相应的内部会计管理制度。

第八十五条 各单位制定内部会计管理制度应当遵循下列原则。

（一）应当执行法律、法规和国家统一的财务会计制度。

（二）应当体现本单位的生产经营、业务管理的特点和要求。

（三）应当全面规范本单位的各项会计工作，建立健全会计基础，保证会计工作的有序进行。

（四）应当科学、合理，便于操作和执行。

（五）应当定期检查执行情况。

（六）应当根据管理需要和执行中的问题不断完善。

第八十六条 各单位应当建立内部会计管理体系。主要内容包括：单位领导人、总会计师对会计工作的领导职责；会计部门及其会计机构负责人、会计主管人员的职责、权限；会计部门与其他职能部门的关系；会计核算的组织形式等。

第八十七条 各单位应当建立会计人员岗位责任制度。主要内容包括：会计人员的工作岗位设置；会计工作岗位的职责和标准；各会计工作岗位的人员和具体分工；会计工作岗位轮换办法；对各会计工作岗位的考核办法。

第八十八条 各单位应当建立账务处理程序制度。主要内容包括：会计科目及其明细科目的设置和使用；会计凭证的格式、审核要求和传递程序；会计核算方法；会计账簿的设置；编制会计报表的种类和要求；单位会计指标体系。

第八十九条 各单位应当建立内部牵制制度。主要内容包括：内部牵制制度的原则；组织分工；出纳岗位的职责和限制条件；有关岗位的职责和权限。

第九十条 各单位应当建立稽核制度。主要内容包括：稽核工作的组织形式和具体分工；稽核工作的职责、权限；审核会计凭证和复核会计账簿、会计报表的方法。

第九十一条 各单位应当建立原始记录管理制度。主要内容包括：原始记录的内容和填制方法；原始记录的格式；原始记录的审核；原始记录填制人的责任；原始记录签署；传递、汇集要求。

第九十二条 各单位应当建立定额管理制度。主要内容包括：定额管理的范围；制定和修订定额的依据、程序和方法；定额的执行；定额考核和奖惩办法等。

第九十三条 各单位应当建立计量验收制度。主要内容包括：计量检测手段和方法；计量验收管理的要求；计量验收人员的责任和奖惩办法。

第九十四条 各单位应当建立财产清查制度。主要内容包括：财产清查的范围；财产清查的组织；财产清查的期限和方法；对财产清查中发现问题的处理办法；对财产管理人员的奖惩办法。

第九十五条 各单位应当建立财务收支审批制度。主要内容包括：财务收支审批人员和审批权限；财务收支审批程序；财务收支审批人员的责任。

第九十六条 实行成本核算的单位应当建立成本核算制度。主要内容包括：成本核算的对象；成本核算的方法和程序；成本、分析等。

第九十七条 各单位应当建立财务会计分析制度。主要内容包括：财务会计分析的主要内容；财务会计分析的基本要求和组织程序；财务会计分析的具体方法；财务会计分析报告的编写要求等。

第六章 附则

第九十八条 本规范所称国家统一会计制度，是指由财政部制定，或者财政部与国务院有关部门联合制定，或者经财政部审核批准的在全国范围内统一执行的会计规章、准则、办法等规范性文件。

本规范第三章第二节和第三节关于填制会计凭证、登记会计账簿的规定，除特别指出外，一般适用于手工记账。实行会计电算化的单位，填制会计凭证和登记会计账簿的有关要求，应当符合财政部关于会计电算化的有关规定。

第九十九条 各省、自治区、直辖市财政厅（局）、国务院各业务主管部门可以根据本规范的原则，结合本地区、本部门的具体情况，制定具体实施办法，报财政部备案。

第一百条 本规范由财政部负责解释、修改。

第一百〇一条 本规范自公布之日起实施。1984 年 4 月 24 日财政部发布的《会计人员工作规则》同时废止。

会计人员岗位职责

会计工作是公司的一项重要管理工作。为了规范会计行为，保证会计工作在经营管理中起发挥重要作用，根据《会计法》有关规定和公司具体情况，特制定本岗位职责。

1.热爱公司，爱岗敬业，遵守职业道德，提高业务素质。

2.忠诚于公司，保密公司商业秘密。

3.协助总经理管理和监督公司各项收支活动，严格按照公司有关财务管理制度审核一切经济业务，保证所有收支符合审批程序，符合公司利益。

4.依法设置会计账簿，依照有关会计法规的规定进行会计核算，填制和审核会计凭证，及时编制会计报表。所有核算应做到内容完整，数字正确，账目健全，日清月结，保证账证、账账、账实相符。

5.负责各种票据的管理与发放、审查、核算、核对、保管工作。

6.依照“会计档案管理办法”建立健全会计档案管理，做到资料齐全、保存完整、保守秘密。

7.对与财务有关的计算机内文件进行日常整理，经常进行杀病毒工作，注意监督计算机及会计软件系统的运行，保证计算机正常使用，对财务数据盘进行多硬盘备份和异地备份，妥善保管备份资料。

8.指导出纳员做好现金、银行存款业务办理及核算工作，重视对出纳人员相关业务进行审核和监督，保护公司资金安全。

9.指导仓库管理人员、统计人员、人力资源部人员、销售业务人员做好相关工作，提高公司资金及资产管理水平。

10.负责办理公司税款的缴纳、查对、复核、免税申请及退税等事项，注重纳税筹划。

11.在总经理领导下，组织、指导、实施公司的财产清查。

12.在公司需要时协助办理银行贷款。

13.负责定期对会计信息进行管理、汇总、分析、报告，对外报送的财务报表须报总经理审核同意，对外报送报表应详细审核，确认无误后，加公司负责人、主管会计负责人签名并盖章。

14.负责会计人员招聘、录用、离职、移交的指导、监督和管理，保证相关工作顺利进行。

15.会计人员在工作中违反财经制度规定或公司有关规定者的，依法承担法律责任。

出纳员岗位职责

为提高公司财务管理水平，规范出纳工作，特制定本岗位职责。

1.严格按照公司的财务制度规定，办理各种现金收支业务。

2.严格按照公司的财务制度规定，办理各种费用报销业务。

3.严格按照公司的财务制度规定，办理各种银行结算业务。

4.妥善保管库存现金和各种有价证券。

5.妥善保管有关印章、空白收据和空白支票、银行空白凭证，并定期整理装订银行对账单。

6.认真登记现金日记账和银行存款日记账，并做到日清月结，每日核对库存现金，做到账实相符。

7.按规定办理工资的发放工作。

8.按规定及时准确地向相关会计人员传递有关凭证。

9.及时编制公司资金日报表、月报表，并上报相关主管。

10.主动接受会计的指导及监督，配合会计对现金及银行存款的清查及不定期抽查。

11.完成公司领导交办的其他工作任务。

费用报销流程

为提升公司规范化管理水平，提高办事效率，特制定费用报销流程，希望有关人员遵照执行。

一、日常办公费用报销流程

本规定所规范的日常办公费用是指：行政部门办公用品采购费用、各种办证费用、快递费用、电话费用等。

公司指定业务员办理相关支出事项，并取得相关原始单据，没有单据的也应填写支出凭单。

日常办公费用报销流程：

1.经办人签名。经办人办理相关事务，取得发票后，在相关发票或单据背面签名。有数量的支出且金额较大的，应附上验收单。

2.经办人所在部门经理签名。经办人将签名好的相关发票或单据送所在部门经理审核，确认其真实性后，部门经理签名表示对本开支负责。

3.财务部会计审核签名。经办人将自己和部门经理签名好的相关发票或单据送财务部，经负责原始凭证事前审批的会计人员审核，确认正确性、合理性、合法性后，由会计人员在单据背面签名，表示对本项目开支审核负责。

4.总经理审批签字。以上流程完成后，经办人将相关发票或单据送总经理审批并签名。

5.以上流程完整后，相关单据方可向财务部出纳员报销。

二、接待费报销流程

1.接待费开支前审批流程

公司因业务需要接待相关客户时，应按规定程序审批后报销。审批流程如下：

(1)部门因工作需要接待相关客户的，由相关人员填写接待费开支审批单，写明接待客户名称、人数、陪同人员数量、接待标准等；

(2)填写完整的接待费开支审批单经部门经理审核确认后签名；

(3)将以后手续完备的接待费开支审批单报总经理审批签名；

(4)审批完整的接待费开支审批单由接待经办人员自行保管，备报销时用。

如果来不及办理相关审批的，应先打电话报总经理同意后，接待后补办接待费开支前审批手续。

2.接待费报销流程

(1)经办人填写报销单。公司员工因公接待相关客户,应在10天内填写接待费报销单,报部门经理审核。

(2)部门经理审核。经办人员将填写完整的接待费报销单,附上接待费审批单、相关用餐发票等单据,一并送部门经理审核后签名。

(3)财务部会计审核。经办人将完成以上流程的接待费报销单送财务部,经负责原始凭证事前审批的会计人员审核,确认正确性、合理性后,会计人员在单据相应位置签名,表示已经审核。

(4)总经理审批签字。以上流程完成后,经办人将相关发票或单据送总经理审批并签名。

(5)以上流程完整后,相关单据方可向财务部出纳员报销。

三、交通费报销流程

公司员工因公事开车外出,报销相关交通费用:过路费、加油费、停车费等,

按以下程序审批报销。

1.经办人汇总、粘贴、签名。经办人将该次外出取得的相关所有单据,按规定粘贴好,按所附单据相关内容、金额、张数填写支出凭单,在相关位置签名。

2.经办人所在部门经理签名。经办人将粘贴、签名好的相关票据送所在部门经理审核,确认其真实性后,部门经理签名表示对本开支负责。

3.财务部会计审核签名。经办人将自己和部门经理签名好的相关发票或单据送财务部,经负责原始凭证事前审批的会计人员审核,确认准确性、正确性、合理性后,会计人员也要在单上相关位置签名,表示对本项目开支审核负责。

4.总经理审批签字。以上流程完成后,经办人将相关发票或单据送总经理审批并签名。

5.以上流程完整后,相关单据方可向财务部出纳员报销。

为方便会计人员审核,不同时间外出而产生的单据,不得粘贴在同一张纸上,应分开粘贴。支出原始单据不得遗失,若确实有开支而找不到原始单据的,经总经理同意,可以书面写一个过程,注明相关费用,经一起外出人员或部门经理证明确认,按以上程序审批。

四、本费用报销流程管理办法从发布之日起实行,请各有关人员遵照执行。

差旅费报销制度

为完善和健全公司财务管理制度，加强财务管理与监督，控制费用支出，防范财务风险，结合出差费用开支的实际情况，明确出差审批与报销程序、差旅费报销标准，对差旅费管理办法进行规定，制定本制度。

一、出差审批

1.出差申请

公司职员因工作需要出差，无论是否借款，出差前均应填写《出差申请单》明确出差任务、出行路线、逗留时间及随行人员等相关事宜，《出差申请单》应由部门负责人、分管领导审核签字。若同次出差任务涉及多部门员工的，应按其所在部门分别填制《出差申请单》。未经过审批的出差任务，财务部门不予借支和报销差旅费。《出差申请单》由财务部留存，并作为部门费用考核依据。如要借款，应填写《借款单》，根据《出差申请单》确定借款金额。《借款单》凭《出差申请单》经部门分管领导审核批准方可执行。同时财务部实行“前账不清、后账不借”的原则。

2.《出差申请单》审批流程图如下所示：

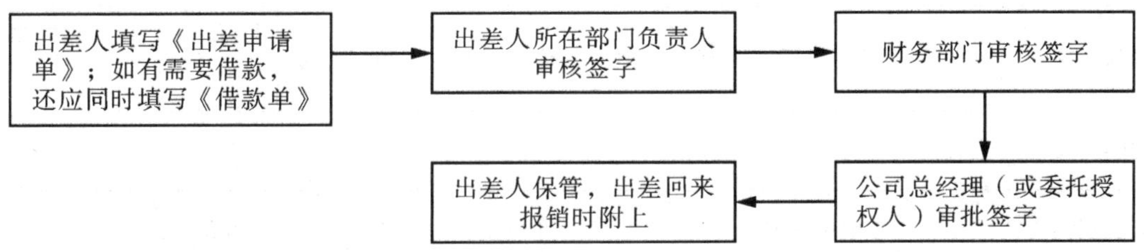

3.《出差申请单》格式如下所示：

出差审批单

姓　名		所在部门		出差地点		交通工具	
出差事由（注明会议通知、邀请函）					出差人数	（大写）	
					预计费用		
出差时间	从　年　月　日至　年　月　日，共计　天						

续表

出差人所在部门意见	签(章)字　　　　　　年　　月　　日
分管领导审批意见	签(章)字　　　　　　年　　月　　日
总经理审批意见	签(章)字　　　　　　年　　月　　日

4.《借款单》审批流程图如下所示：

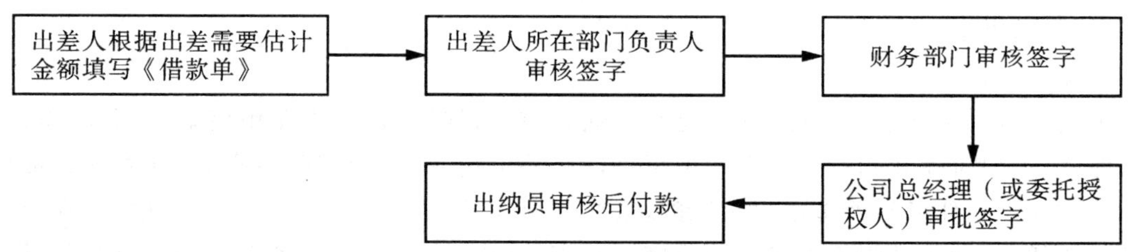

5.《借款单》格式如下所示：

借款单

<table>
<tr><td>所属部门</td><td></td><td>借款人</td><td></td><td colspan="8">年　　月　　日</td></tr>
<tr><td rowspan="2">借款金额</td><td rowspan="2" colspan="3">（大写）　拾　万　仟　佰　拾　元　角　分</td><td>十</td><td>万</td><td>千</td><td>百</td><td>十</td><td>元</td><td>角</td><td>分</td></tr>
<tr><td></td><td></td><td></td><td></td><td></td><td></td><td></td><td></td></tr>
<tr><td colspan="12">用途：</td></tr>
<tr><td colspan="12">单位主管：　　　　财务审核：　　　　部门主管：　　　　借款人：</td></tr>
</table>

二、差旅费报销程序

公司职员经批准出差办事人员，应根据出差费用开支情况如实填写《差旅费报销单》，并列明出差地点、事由、时间、线路后交部门分管领导审核签字，再交财务部门负责人审核签字，按差旅费费用报销程序予以报销。若出差前出差人有借款行为，则应将报销的差旅费先还清原借款，不够归还借款的补上现金。这个环节出纳员应认真把关，对出差前有借款的，出纳员不能将差旅费报销全部以现金支付，而应先扣除原借款。

差旅费用报销流程图如下所示：

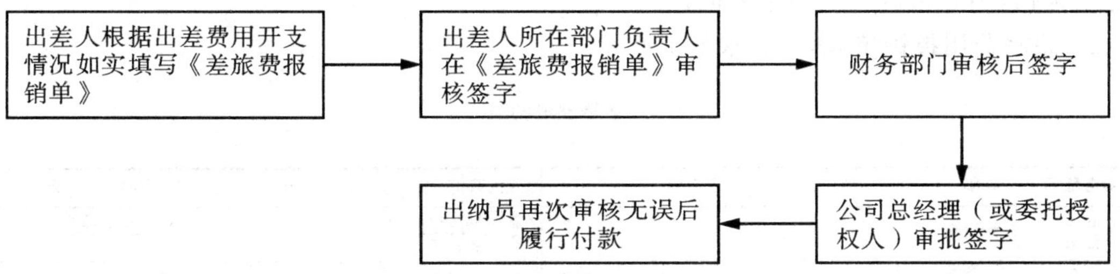

《差旅费用报销单》格式如下所示：

组织名称：________________　　　　　　　　　　　　　会字第　　　　号

借方	贷方

旅差费报销单　　字第　　号第　　页共　　页

单位__________ 出差人________ 职别__________　　　　年　月　日

事由	起讫时间	起讫地点	舟车机费		伙食补助费						旅馆费	行李费				合计
					途中补助			住勤补助								
	月日—月日		舟车机	金额	天数	定量	金额	天数	定量	金额						
	--	--														
	--	--														
	--	--														
	--	--														
	小	计														
	合	计	仟		佰		拾		元		角		分整			
	备	注	附单据				张									

主管　　　　会计　　　　证明人　　　　制单

三、差旅费报销原则

1.差旅费用报销细则

(1)市区内出差不论时间长短,均不发给出差补助费。超出市区范围的,发出差补助费每天 50 元。

(2)住宿费报销条件:按出差的实际天数凭正式发票计算报销,没有正式发票的均不给报销。

(3)车费报销条件:超出市区范围的凭正式发票给予报销,没有正式发票均不给报销。

(4)出差人员应在回公司后 20 天内报账,需延期报销的应有书面申请并有部门领导和分管领导审批。

(5)出差人员随车(包括因工作需要随货车)乘坐到目的地,未发生车船票,只按规定报销出差各项补贴。

(6)出差人员一般不得乘坐飞机,经批准才能乘坐飞机,其乘坐往返机场的专线客车费用可凭票报销，不在市内交通费报销的范围。

2.《差旅费用报销单》填写要求如下所示：

差旅费报销单

<table>
<tr><td colspan="2">服务部门</td><td colspan="5">采购部</td><td>姓名</td><td colspan="2">刘海</td><td>出差天数</td><td colspan="4">自 12 月 03 日至 12 月 07 日共 4 天</td></tr>
<tr><td colspan="2" rowspan="2">出差事由</td><td colspan="8" rowspan="2">采购材料</td><td rowspan="2">借旅支费</td><td>日期</td><td colspan="2">11月28日</td><td>金额¥ 2000.00</td></tr>
<tr><td colspan="4">结算金额 :¥660.00</td></tr>
<tr><td colspan="3">出发</td><td colspan="3">到达</td><td rowspan="2">起 地 点</td><td rowspan="2">交通费</td><td rowspan="2">行李费</td><td rowspan="2">旅馆费</td><td rowspan="2">住勤费</td><td rowspan="2">途中伙食费</td><td rowspan="2">出差补贴</td><td rowspan="2">电话</td><td rowspan="2"></td></tr>
<tr><td>月</td><td>日</td><td>时分</td><td>月</td><td>日</td><td>时分</td></tr>
<tr><td>12</td><td>03</td><td></td><td>12</td><td>03</td><td></td><td>北京---上海</td><td>384.00</td><td></td><td></td><td>300.00</td><td>272.00</td><td></td><td></td><td></td></tr>
<tr><td>12</td><td>07</td><td></td><td>12</td><td>07</td><td></td><td>上海---北京</td><td>384.00</td><td></td><td></td><td></td><td></td><td></td><td></td><td></td></tr>
<tr><td></td><td></td><td></td><td></td><td></td><td></td><td></td><td></td><td></td><td></td><td></td><td></td><td>现金付讫</td><td></td><td></td></tr>
<tr><td></td><td></td><td></td><td></td><td></td><td></td><td></td><td></td><td></td><td></td><td></td><td></td><td></td><td></td><td></td></tr>
<tr><td></td><td></td><td></td><td></td><td></td><td></td><td></td><td></td><td></td><td></td><td></td><td></td><td></td><td></td><td></td></tr>
<tr><td></td><td></td><td></td><td></td><td></td><td></td><td></td><td></td><td></td><td></td><td></td><td></td><td></td><td></td><td></td></tr>
<tr><td colspan="6">合计</td><td colspan="9">零 万 壹 仟 叁 佰 肆 拾 零 元 零 角 零 分 ¥ 1340.00</td></tr>
<tr><td colspan="2">主管</td><td colspan="4">林玲</td><td>会计</td><td>张翔</td><td>出纳</td><td colspan="2">李明</td><td>报销人</td><td colspan="3">刘海</td></tr>
</table>

四、差旅费报销有关注意事项

1.报账人须在报销单上填写清楚出差人数、姓名和职称、出差事由、起讫时间及地点。

2.出差人员不准超标准住宿和坐飞机，因公确需乘坐飞机、软席卧铺或高标准住宿的，须持有经部门分管领导在机票、软席卧铺及住宿发票背面签审后方可报销。否则一律按火车票价或住宿基本标准执行。

3.出差参加会议的须将会议通知附于报销单后，电话通知的须在出差事由中注明。

4.一事一单，不得将数次出差合并一单报销。

5.出差期间购买的物品、资料等，需加填费用报销单报销，不得合并在差旅费中报销。

6.订票手续费不得超过车船等票价的10%，因个人原因退票而发生的各项费用均不予报销，因公司原因退票而发生的各项费用准予报销。

7.车票遗失的须书面说明情况（注明乘坐的交通工具、起讫地点、时间、票价等），并上网下载相关票价作为佐证，由审批部门分管领导签字证实，由财务人员按照乘坐最低交通工具的票价予以核定金额。

五、本规定自发布之日起实行，请各有关人员遵照执行，解释权归财务部。

仓库管理规定

为保护公司资产安全与完整，加强日常管理，明确仓库管理员职责，特制定本仓库管理规定。

一、原材料仓库管理

1.公司应根据原材料存量情况，设立1～3个原材料仓库，仓库应设置门锁及相关安全措施，相关钥匙只能由仓库管理员管理。

2.原材料仓库管理员是原材料仓库的第一责任人，对所验收入库的原材料保管负全责。

3.原材料采购运达公司后，仓库管理员应根据采购合同书、供应单位开来的发票，认真细致核对实际收到的原材料，对其质量、规格、型号、颜色、重量等进行一一核对，确认无误后填写入库单，办理相关验收入库手续。

4.原材料仓库管理员要严格把关，对与采购合同计划或请购单不相符的原材料拒绝验收入库，并及时报告总经理。

5.原材料仓库管理员对验收入库后的原材料，必须按类别，分区域堆放，做到安全、整齐、容易取用。

6.因生产急需或其他原因不能形成入库的原材料，原材料库管员要到生产车间或生产现场核对验收，并及时补填“入库单”，办妥验收手续。

7.原材料仓库管理员负责按生产计划发放原材料，保证所发放的原材料数量、质量与领料单一致。

8.原材料仓库管理员应配合会计人员按期做好收、发料统计工作，及时将有关入库存单、出库单移交相关会计人员进行会计核算。

9.原材料仓库管理员负责对原材料进行安全管理，妥善保管，保证材料不出现过期、受潮、变质。若因仓库条件问题，应及时报告总经理，及时维护。

10.原材料仓库管理员应配合会计人员进行定期、不定期资产清查，保证原材料安全与完整。大宗原材料每月清查一次，所有原材料每半年全面清查一次。

二、产成品仓库管理

1.公司应根据产成品存量情况，设立1～3个产成品仓库，仓库应安全可靠，设置好门锁，相关钥匙只能由产成品仓库管理员本人管理。

2.仓库管理员是产成品仓库的第一责任人，对所验收入库的产成品保管负全责。

3.生产车间应将当天完成的产成品，及时移交产成品仓库，仓库管理员应对生产车间填写的入库单，对其质量、规格、型号、颜色、重量等进行一一核对，确认无误后填写入库单，签名确认。

4.产成品仓库管理员负责审核销售部转来的购销合同或订货单、销售发票、出库通知书、收款凭证，确认无误后进行发货，保证所发出的产成品数量、规格、型号、质量与合同、发票一致。

5.每月，产成品仓库管理员应配合会计人员做好产成品收、发统计工作，及时将有关入库单、出库单移交相关会计人员进行会计核算。

6.仓库管理员负责对产成品进行安全管理，保证不出现受潮、变质等情况，若因仓库条件问题，应及时向总经理报告，及时维修改进。

7.产成品仓库管理员应配合会计人员定期、不定期进行资产清查，保证产成品安全与完整。大宗产成品每月清查一次，所有产成品每半年全面清查一次。

三、原材料和产成品是公司重要资产，公司应重视日常管理工作，配备相关管理人员，总经理也可以亲自进行抽查，发现问题，责令纠正。为防范财务风险，公司可以考虑为原材料和产成品办理财产保险。

四、本仓库管理规定从发布之日起执行。未完善事项以补充规定规范之。

致加西亚的信

阿尔伯特·哈伯德

在所有关于古巴的事情中,有一个人就像近日点的火星一样在我的记忆中挥之不去。

美西战争爆发后,美国必须马上与古巴起义军首领加西亚将军取得联系。加西亚将军当时隐藏在古巴的大山深处——没有人知道他的具体位置,因而无法送信给他。可是美国总统又必须尽快与他取得联系,怎么办呢?

有人对总统推荐说:“有一个名叫罗文的人,如果有人能找到加西亚将军,那个人一定就是他。”

于是,他们将罗文找来,交给他一封信——写给加西亚的信。关于那个名叫罗文的人,如何拿了信,将它装进一个油纸袋里,打封,吊在胸口藏好,如何在3个星期之后,徒步穿越一个危机四伏的国家,将信交到加西亚手上——这些细节都不是我想说明的,我要强调的重点是:

美国总统将一封写给加西亚的信交给了罗文,罗文接过信后,并没有问:“他在哪里?”

像罗文这样的人,我们应该为他塑造一座不朽的雕像,放在每一所大学里。年轻人所需要的不仅仅是学习书本上的知识,也不仅仅是聆听他人的种种教诲,而是更需要一种敬业精神,对上级的托付,立即采取行动,全心全意去完成任务——“把信送给加西亚”。

加西亚将军已不在人世,但现在还有其他的“加西亚”。没有人能经营好这样的企业——需要众多人手,但其中大部分人碌碌无为,他们要么没有能力,要么根本不用心。

懒懒散散、漠不关心、马马虎虎的工作态度,对于许多人来说似乎已经变成常态。除非苦口婆心、威逼利诱地强迫他们做事,或者,请上帝创造奇迹,派一名天使相助,否则,这些人什么也做不了。

不信的话我们来做个试验:

此刻你正坐在办公室里——有6名职员在等待安排任务。你将其中一位叫过来,吩咐他说:“请你帮我查查百科全书,把克里吉奥的生平做成一篇摘要。”

这位职员一定会静静地、和蔼地、慢声细语地对你说:“好的,先生。”

然而,他真的能转过身去,快速地执行你的指令吗?

我敢说,绝不会!他所能做到的,是用疑惑不解的眼光望着你,用一向乖巧而现在变得僵硬的嘴,向你连续提出一个或数个问题:

他是谁呀?

哪套百科全书?

百科全书放在哪儿?

这是我的工作吗?

为什么不让查理去做呢?

这件事紧急吗?

我能不能把书给你,你自己去查?

你为什么想了解他的情况?

然后我敢说,十有八九在你回答了这些问题,并且解释了怎样去查那些资料以及你要查阅的原因之后,他会从你那里离开,再找另一个职员帮助他弄清楚自己的任务,然后回来对你说,根本查不到这样一个人。当然这个打赌我也可能输掉,但是根据平均率法则,我不会输的。

现在,如果你足够聪明,你就不必费神地对你的“助理”解释:克里吉奥编在什么类,而不是什么类。你会微笑着说:“没关系。”然后自己去查。

这种自主行动的无能,这种道德上的愚行,这种意志上的脆弱和惰性,就是未来社会被带到崩溃境地的根源。

如果人们都不能为了自己而自主行动,又怎么可能心甘情愿地为他人服务呢?

如果你刊登广告招聘一名速记员,应征者十有八九是既不会拼写也不会使用标点符号的,因为他们根本就不认为这是速记员必须具备的条件。

这样的人能把信带给加西亚吗?

在一家大工厂里,一位主管对我说:“你看那位会计。”

“哦,我看到了,他怎么样?”

“他是个不错的会计,但是,如果我派他到城里去办个小差事,他也许能够完成任务,但也可能中途走进一家酒吧。而到了闹市区,他甚至可能完全忘记自己是来干什么的。”

这种人你能派他送信给加西亚吗?

最近,我们经常听到许多人对那些“收入微薄而毫无出头之日”以及“但求温饱却无家可归”的人表示同情,同时将那些雇主骂得体无完肤。

但是,从没有人提到,有些老板如何一直到年老,都无法使那些不求上进的懒虫勤奋起来;也没有人谈及,有些雇主如何持久而有耐心地希望感动那些当他一转身就投机取巧的员工,使他们能够振作起来。

在每家商店和工厂,都有一些常规性的调整过程。公司负责人经常送走那些显然无法对公司有所贡献的员工,同时也吸纳新的成员。不论业务如何繁忙,这种整顿一直在进行着。只有当经济不景气,就业机会不多时,整顿才有明显的效果——那些能胜任、有才能的人,才会被留下来。为了自己的利益,每个老板只会留住那些最优秀的职员——那些能“把信送给加西亚”的人。

我认识一个极为聪明的人，但他没有自己独立创业的能力，对他人来说也没有丝毫价值，因为他总是偏执地怀疑自己的老板在压榨他，或存心压迫他。他既没有能力指挥他人，也没有勇气接受他人的指挥。如果你让他“送封信给加西亚”，他极有可能回答：“你自己去吧。”

很显然，像这种道德品质不健全的人，是不会像那些四肢残缺的人那样令人同情的；但是，对那些用毕生精力去营造一个伟大事业的人，我们应对他们表示出极大的敬意。下班的铃声不能停止他们的工作，他们会为了那些对工作懒散不羁、投机取巧的员工的薪金而白发日增，而这些员工却从来不想一想，如果没有这些为事业肯于献身的人，他们的家在哪里？

不知我的话是否太离谱了？但是，即使世界即将变成一座贫民窟，我也仍然要为成功者说几句公道话：

“在承受着失败和破产的巨大压力的同时，他们领导着众人的力量，终于获得了成功。但他们此时所得到的，仅仅是一片掌声后的空虚，除了腹内食物和腹外的衣服外，他们一无所有。”

我也曾经为了一日三餐而为他人打工，也曾经当过雇佣别人的老板，我深知这两方面的种种甘苦。贫穷不是优点，衣衫褴褛更不值得骄傲；并非所有的雇主都急功近利、奸诈狡猾，竭尽所能压榨员工，就像不是所有的穷人都有美德一样。我衷心敬佩那些在老板已经离开后还在努力干活，就像老板在场一样的人。当你交给他一封致加西亚的信时，他会默默地接受任务，不会问任何愚蠢的问题，也不会千方百计地把它推给最近的同伴，而是全力以赴地将信送到。这种人永远不会被解雇，也永远不会为了要求加薪而罢工。文明，就是孜孜不倦地寻找这种人才的一段长久过程。

这种人无论有什么样的愿望都能够实现。在每个城市、村庄、乡镇，以及每个办公室、商店、工厂，他们都会受到欢迎。世界上急需这种人才，这种能够把信送给加西亚的人。

谁将把信送给加西亚？

自我提高再训练任务实训 2“创业方案设计”小组项目任务成果展示

《会计综合实训》创业方案设计

- 市场调查调查
- 目标客户分析
- 可行性分析
- 经营策略
- 融资计划
- 优惠政策——会员制
- 盈运能力分析
- 资金流向表
- 服务项目与收入比例表
- 股东权益表
- 潜在风险
- 思考与争议
- 收获与不足
- 结束语

《会计综合实训》创业方案设计

工作计划与工作过程

9月4日	接收任务
9月5日-9月10	分配任务、收集资料
9月11-9月17日	市场调研、制作PPT
9月18日	与老师共同研讨成果
9月18-9月23日	完善PPT、上推介台

《会计综合实训》创业方案设计

9月5日 确认方案、分配任务

9月10日 收集资料、 市场调研

9月18日 与老师共同研讨成果

如果一个方案有90%的人说好的话，我一定把它扔进垃圾桶里去。因为这么多人说好的方案必然有很多人在做了，机会肯定不是我的了。

——马云

《会计综合实训》创业方案设计

- 诚信经营是我们的招牌
-
- 顾客满意是我们的承诺

经营地点：漳州职业技术学院
西洋公寓学生街

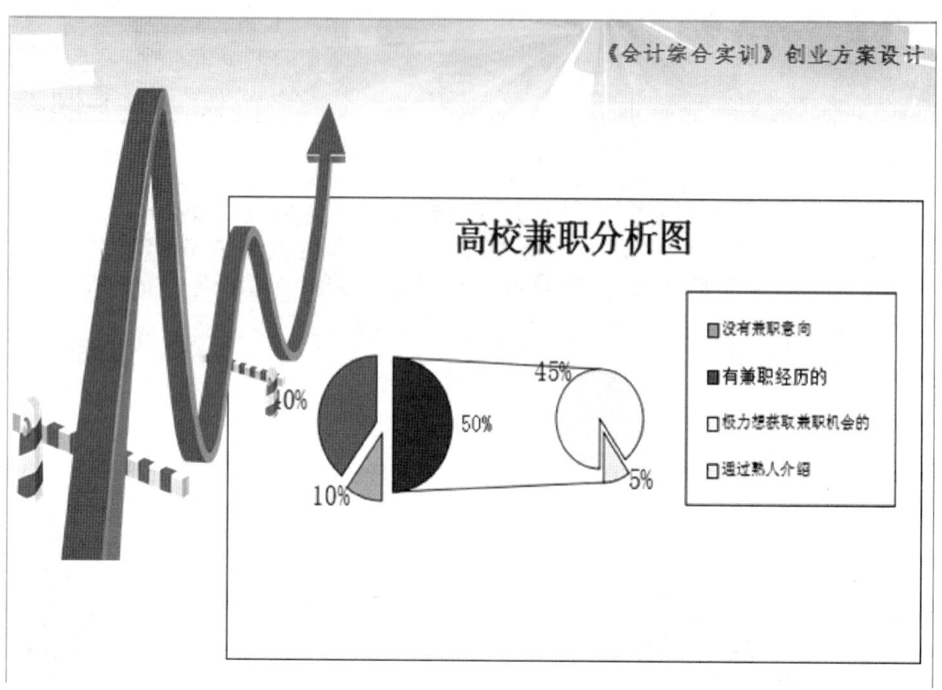

目标客户分析

我们的目标客户主要是各高校大学生，服务对象是芗城区各大型商场及相关企业。据市场调查，绝大多数的大学生均有做兼职的意向，家教在中小学生群体中需求很高，诸如新华都等大型商场每逢节假日都需要做兼职的人，这些群体就是我们的目标客户群。

《会计综合实训》创业方案设计

可行性分析

首先，漳大一带高校众多，所以我们的顾客群大而且额稳定，其次，据我们调查，各大高校基本上没有正规的兼职中介机构，有利于我们市场的开拓，所以我们的地点设在学生街，营业地点稳定而且值得信赖，我们这里的可以提供的兼职人员相对比较固定而且信誉度也都比较高，各大商场在每个节假日都会有大型促销活动，需要大量的兼职人员，我们是以高校的为基点的兼职中介，又十分丰富且高质量的劳动力资源，如果与我们建立长期的合作关系，可以给他们提供充足的劳动力保障，也可以为他们节省招聘成本和时间。

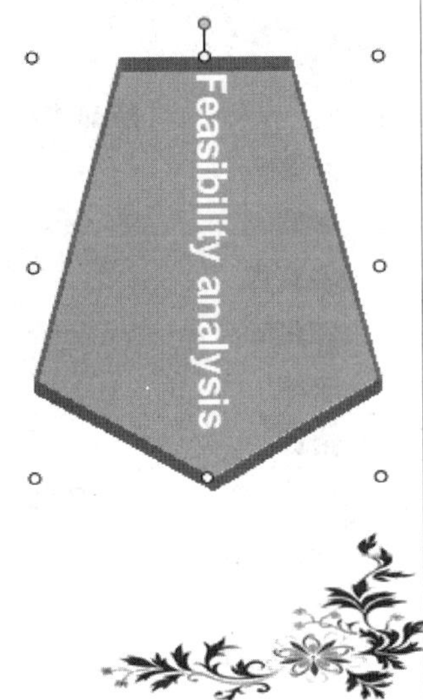

《会计综合实训》创业方案设计

经营策略

经营前期最主要的策略和任务就是宣传。
我们的宣传主要针对群体是各大高校学生。
具体方法：
1）建立属于我们的网站，把本机构的服务内容宗旨等基本信息发布在网上。比如，通过微信QQ人人网等。
2）首先占领大市场，然后以漳大的大学生为示范进行对外宣传，主要以发传单，问卷调查，免费咨询等方式进行，其次占领各个高校市场。
3）当我们的规模有所扩大的时候，可以举行一个小型的经验交流会，让所有通过我们的服务兼职成功的会员与想要兼职的学生进行 交流，为我们的服务进行无形宣传。

《会计综合实训》创业方案设计

融资计划

所有者权益	金额
何彩云	5000
梁钦	5000
庄真真	5000
陈凤婷	5000
李艳	5000
合计	25000
负债	
长辈处借入	10000
合计	10000
负债与所有者权益合计	35000

《会计综合实训》创业方案设计

自身优势分析

1 公司管理层均为在校大学生，易把握现在在校大学生的兼职心理。

2 在大学生做相应的兼职前，公司组织进行相应的专业知识技能培训和经验分享交流会。让大学生做兼职不再盲目。

3 高校区内专门的兼职类公司少之又少，市场前景广阔，而且本公司请经济管理学院的专业老师给我们作相应的技能培训和市场战略分析，更有利于我们抢占商机。

4 我们与漳州市多家大型超市长期合作（例如：沃尔玛、新华都等）还有多种品牌饮料（例如：康师傅、统一、哇哈哈等）

《会计综合实训》创业方案设计

优惠政策-会员制

为了吸引更多的客户群，我们推出会员政策。我们的会员将享有更多的优惠。

1. 我们会在第一时间将兼职信息公布给会员，以供他们挑选更适合自己的兼职工作.
2. 会员的信息将会被发布在我们的网站上，他们想找何种兼职也都被注册在我们的网站，一有用人单位点击预订，我们会在第一时间通知您，这样会为你提供更多的兼职机会。
3. 对于会员我们收取得服务费更低，每成功介绍一份兼职，只收取5%的手续费（普通客户收取10%-30%的手续费）
4. 办理会员卡每张二十元。

《会计综合实训》创业方案设计

盈利能力预测

由于我们所做的这个兼职中介是真正以人为本，为广大学生服务，比如节假日的婚庆公司合作、餐饮业兼职、家教、临促、会场活动宣传人员等主要的项目以抽取20%-25%中介费作为利润，所以我们坚信，通过我们的努力宣传和诚信服务，我们初期的市场份额应该会达到30%，经过后期努力，我们一定会做到更好。

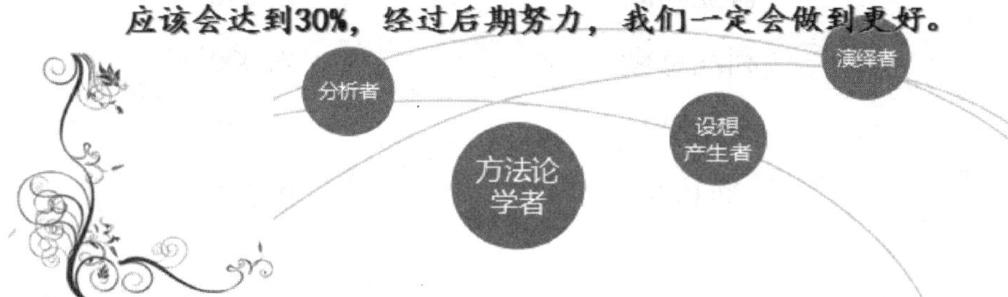

资金流向表

成本费用	
项目	金额（元）
经营费用（交通、宣传、电话费等）	3000
人员工资	6000
流动资金	25000
合计	10000

股东权益表	
项目	金额
主营业务收入	30000
经营费用	3000
营业利润	27000
利润总额	27000
营业税	1350
净利润	25650

《会计综合实训》创业方案设计

潜在风险

1. 经营前期风险主要在于财务与市场运作方面。首先，所谓大学生，因为实践经验不足，所以创业初期很容易碰壁。其次，流动资金的不足也可能导致整个项目的失败。再加上对市场运作的不了解，如：华为打开市场，还是一个需要我们探索和学习得薄弱环节。

2. 经营中期风险主要在于管理与策略。因为到时候我们的市场已经完全打开了，客户群会大量增加，如何有效地管理，在不断吸收新顾客的同时保留住老顾客会成为一大障碍。

3. 经营后期风险主要在于竞争方面。等到我们的市场做到成熟期，一定会出现很多同类企业与我们竞争，面对那些新出现的有生命力的企业，如何与之竞争继续保持我们的优势也是一个巨大的挑战。

风险预测与解决方案

《会计综合实训》创业方案设计

我们的合作伙伴

公司名称	工作职位
康师傅控股有限公司	临促
新梦想家教机构	家教
万达嘉华酒店	服务员、礼仪
大润发、永辉超市	超市收银
福建省康之味食品工业有限公司	盐典产品推介
福建省老瑞林药店	节日促销员
海峡两岸花博会	安保工作
康泰漳州旅游发展公司	临时导游

《会计综合实训》创业方案设计

酒店兼职服务员

超市兼职收银员

康师傅兼职促销员

新梦想兼职家教员

咖啡厅兼职

婚庆公司现场布置

《会计综合实训》创业方案设计

漳州五中发传单人员留照纪念

红星美凯龙3.15百团大战

漳州龙海安保工作

中闽百汇传单发放点

《会计综合实训》创业方案设计

思考与争议

3 经营期前一定要抓紧财务，开源节流，保证资金周转。

2 经营中期要注意管理与策略。可以派本机构人员外出学习优势企业的管理办法，然后运用到本机构的管理。

1 经营后期要学会竞争。要不断的引新鲜的管理办法与策略，为本机构新鲜血液，应且要走出自己的特色将是本机构最大的财富。

《会计综合实训》创业方案设计

收获与不足

Please enter your text here . Please enter your text here

收获：

通过此次创业方案的研究与设计，让我们从开始的磨合期到现在的默契，体会到了团队合作的重要性，也明白了彼此之间的有效沟通为我们带来的效益远远要比沉默所带来的默契要大的多。在这些日子里收获的友情与经验，不仅仅能为我们将来步入工作岗位带来有利的效益，也更愿意去相信在未来的生活里它能成为我们在磨难时期坚实的垫脚石。

不足：

做项目策划之前我们有很多的想法与思路，但等到真正开始落实执行时却出现了诸多的困难，例如怎么做才能更好的体现该项目的可行性以及他所存在的必然风险，又要通过哪些方式才能更好的为企业创造最大的利润，以减少在初期以及日后经营的风险等。就因为前进的途中存在困难，才能使得我们小组成员之间能携手共进，共同面对前方未知的风险与困难。

参考资料

1.中华人民共和国财政部:《小企业会计准则》,2011 年 10 月 18 日。
2.中华人民共和国财政部:《小企业会计准则释义》,2011 年 12 月。
3.中华会计网校:《小企业会计准则实务操作指南》,人民出版社 2011 年版。
4.中华人民共和国财政部:《企业内部控制基本规范》,2010 年 4 月。
5.陈少华:《会计学原理学习指导与练习》,厦门大学出版社 2006 年版。
6.周丽华:《出纳岗位操作实务训练》,厦门大学出版社 2012 年版。
7.叶桐、罗先锋:《会计学基础》,厦门大学出版社 2007 年版。
8.周丽华:《会计分岗位综合实务训练》,厦门大学出版社 2013 年版。
9.葛军:《会计学原理》(第三版),高等教育出版社 2007 年版。
10.杨桂洁:《会计基础与实务》,人民邮电出版社 2010 年版。
11.http://zgcjbao.i.sohu.com/中国财经报。
12.http://www.mof.gov.cn/ 中华人民共和国财政部。
13.http://www.moj.gov.cn/ 中华人民共和国司法部。
14.http://www.pbc.gov.cn/ 中国人民银行。
15.http://www.ccgp.gov.cn/ 中国政府采购网。
16.http://www.mohrss.gov.cn/ 中华人民共和国人力资源和社会保障部。